소프트웨어와 문제해결기초

김경덕 · 김상욱 · 김황수 공저

홍릉과학출판사

저자들이 다년간 컴퓨터 및 프로그래밍 관련 강의와 실습수업을 통하여 얻은 결론은 많은 학생들이 코딩 자체보다는 문제를 어떻게 접근하여 풀고, 어떻게 프로그램으로 변환하는가를 어려워 한다는 것이다. 이 책은 창의적인 '거꾸로 수업'이 절대적으로 요구된다는 신념으로 다년간 강의를 통해 만들어진 수업과 실습 자료는 물론 필요한 자료로 창의적 사고를 위한 교육 방법을 시도하기 위해 새로운 개념의 교재를 개발하게 되었다.

컴퓨터학부 전공자가 아닌 대학 기초 혹은 교양 수준의 비전공 학생들에게 소프트웨어 중심 교육을 수행하려면 새로운 개념의 교육 방법이 필요하다. 소프트웨어 개발이 단순한 '코딩'의 문제가 아니라, '주어진 문제를 어떻게 해결하는가'에 대한 깊은 사고와 창의력이 필요한 시대이다.

이러한 관점에서 이 교재는 주어진 문제를 해결하는 기본 사고력과 창의력을 향상시키고, 자신의 전공 분야에 활용하여 명실공히 '융합'적 사고를 배양하도록 한다. 또한 소프트웨어가 무엇인지를 빨리 인지하도록 한다. 이 교재는 소프트웨어 시대를 적응하여야 하는 많은 대학생에게 소프트웨어적인 사고와 창의적으로 문제를 해결하도록 하여 소프트웨어 개발에 빨리 접근하도록 한다.

이 교재는 크게 네 개의 부분으로 구성된다. 제1부는 소프트웨어, 프로그램과 컴퓨터의 이해, 제2부는 암기식 교육에 적응된 두뇌를 회전하도록 하는 '두뇌풀기'용 문제해결 방법이다. 또한 제3부는 창의력을 향상하기 위한 예를 통한 여러 문제해결 방법, 제4부는 창의력을 동원하여 응용문제를 스스로 해결하기와 소프트웨어 설계 방법이다. 그리고 매시간 실습 후 실습 보고서를 제출하도록 한다. 결과적으로 각 문제 풀이 기법을 소프트웨어 개발 방법과 연계하도록 구성한다.

끝으로 이 책을 통하여 문제해결 능력을 배양하여 각자에게 필요한 소프트웨어 개발에게 도움이 되길 바란다. 또한 책이 나오도록 애써 주신 관계자들에게 감사드린다.

2016. 1.
저 자

CONTENTS

CONTENTS

CHAPTER 10 찾기 / 131

CHAPTER 11 정렬 / 143

CHAPTER 12 한 쪽으로만 자료를 넣거나 제거하기 / 174

CONTENTS

CHAPTER 1

컴퓨터의 원리 및 개념

컴퓨터란 무엇인가? 컴퓨터는 왜 다른 기계들과 다르게 보이나? 컴퓨터는 왜 특별한 기계인가? 컴퓨터는 계산을 할 수 있는 기계이기 때문인가? 그렇다면 주산, 계산기도 계산을 할 수 있으므로 컴퓨터라고 할 수 있는가? 이들 질문에 대한 답은 바로 컴퓨터는 “프로그램”이 가능한 연산하는 기계이기 때문이다. 다양한 무늬의 천을 짤 수 있는 쟈카드 직조기도 프로그램 가능한 기계이지만 계산을 하지 않으므로 컴퓨터라 하지 않는다. 위에서 언급한 주산이나 계산기는 계산은 하지만 프로그램이 가능하지 않기 때문에 컴퓨터라고 할 수 없다. 바로 이 “프로그램 할 수 있는” 기계라는 점이 컴퓨터를 특별한 기계로 보이게 한다. 그런데 여기서 프로그램이란 무엇을 말하는가? 다음에 더 자세히 나오겠지만 우선 간단히 말하자면 어떤 문제를 풀기위한 조치를 순서대로 기술한 것을 말한다. 컴퓨터는 풀어야 할 문제에 따라 그 프로그램을 바꿈으로써 다른 기계들과는 달리 여러 가지 목적에 활용될 수 있다. 여러 가지 문제에 대해 프로그램이 가능 하려면 계산뿐만 아니라 어떤 조건이 만족될 때에만 수행하는 조건 연산, 반복수행 연산 등이 필요하다.

1.1 컴퓨터 시스템: 하드웨어와 소프트웨어

컴퓨터는 하드웨어와 소프트웨어로 나누어 생각할 수 있다. 사람에 비유하면 하드웨어는 컴퓨터의 육체이고 소프트웨어는 정신이라 할 수 있다. 하드웨어는 눈에 보이는 물건으로서 중앙처리장치, 메모리, 입력과 출력 장치로 나눌 수 있는데 이들이 모두 갖춰져야 컴퓨터라 할 수 있고 이들을 컴퓨터 하드웨어의 3요소라 한다.

소프트웨어는 컴퓨터에서 수행되는 프로그램들을 말하는데 컴퓨터를 관리하기 위한 시스템 소프트웨어(운영체제)와 컴퓨터 사용자가 원하는 작업을 수행하기 위한 응용 소프트웨어로 나눌 수 있다. 그림 1.1은 이들 사이의 관계이다.

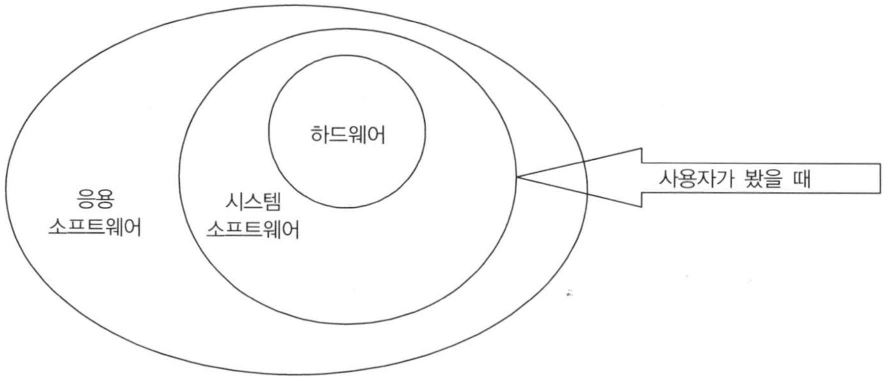

| 그림 1.1 | 하드웨어, 시스템 소프트웨어와 응용 소프트웨어

그림 1.1에서 보듯이 컴퓨터에 접근했을 때 사용자에게 보이는 것은 운영체제이며 사용자는 하드웨어를 직접 접근할 수 없고 운영체제를 통해서만 접근 가능하다. 운영체제의 예를 들자면 윈도우즈(Windows), 맥오에스(MacOS), 안드로이드(Android), 아이오에스(iOS), 리눅스(Linux) 등이 있다.

운영체제의 역할은 하드웨어를 추상화하여 사용자에게 편리한 서비스를 제공하는 것이다. 여기서 추상화(abstraction)란 어떤 사물에서 불필요한 디테일을 숨기고 꼭 필요한 성질들만 뽑아서 보여 주는 것을 말하는데 우리말 용어로는 추상이라고 하지만 실제 그 뜻은 추출에 더 가깝다. 운영체제는 컴퓨터의 자원들 - 처리기, 메모리, 입출력 장치 등을 관리하며, 응용 프로그램이 호출하여 사용할 수 있는 응용 프로그램 인터페이스(API)를 제공하고, 사용자로부터 명령을 받아 들여 프로그램을 수행 해 주는 역할을 한다.

응용 소프트웨어 또는 응용 프로그램들은 사용자의 어떤 작업을 수행하는 모든 프로그램을 말하는데, 예를 들자면 "한글" 같은 워드 프로세서, 인터넷 익스플로러, 오피스 등이 있다. 이들은 운영체제의 도움을 받아야만 돌아갈 수 있으며 운영체제가 제공하는 응용 프로그램 인터페이스들을 다수 이용할 수 있다.

1.2 컴퓨터 하드웨어의 구성

컴퓨터를 구성하는 하드웨어는 중앙처리기, 메모리, 입출력장치이며 이들은 서로 다양하게 연결되어 있다. 그림 1.2는 간단한 컴퓨터 하드웨어의 구성을 보여 주는데 처리기와 메모리는 브릿지를 통하여 아주 빠른 처리기-메모리 버스로 연결되어 있고, 브릿지는 다른 입출력 장치들을 연결하는 버스와 메모리를 연결하는 장치(칩)이다. 버스는 여러 장치들이 공용으로 이용하는 연결선이며, 각 입출력 장치들은 해당 입출력 컨트롤러를 통해 입출력 버스에 연결되어 있다.

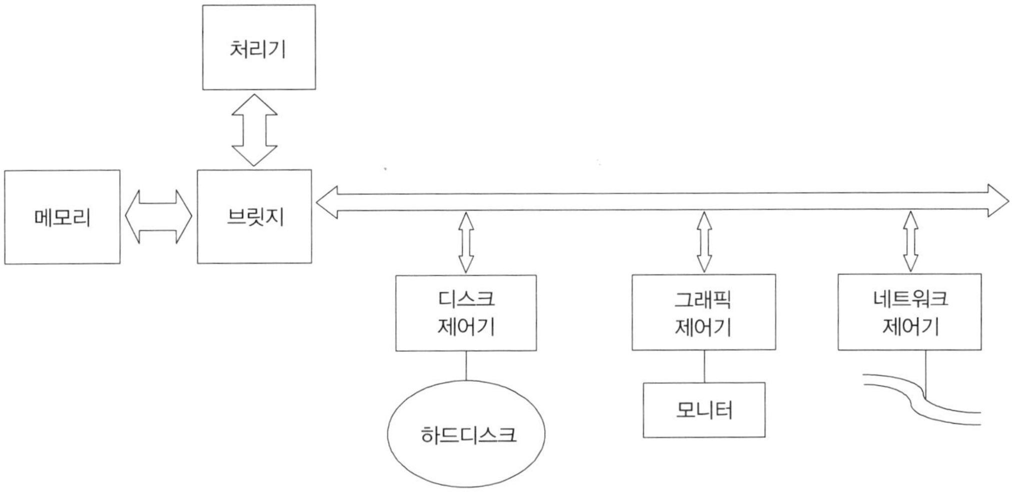

| 그림 1.2 | 간단한 컴퓨터 하드웨어 구성

각 입출력 컨트롤러는 운영체제의 장치 드라이버를 통하여 입출력 작업지시를 받으면 부착된 입출력장치를 구동시키는 전기신호로 바꾸거나 (출력의 경우), 입출력장치가 발생시킨 전기신호를 데이터로 바꾸어 드라이버에 전달(입력의 경우)하는 역할을 하는데, 이런 동작을 위해서 내부에 제어/상태 레지스터, 자료 레지스터를 가지고 있다. 이들 레지스터처럼 각각 주소가 부여되어 있으며 입출력에 사용되는 레지스터를 포트라 한다. 모니터는 바로 우리가 보는 화면이고 이것의 컨트롤러는 보통 그래픽 카드라 한다. 네트워크 컨트롤러는 바로 네트워크 인터페이스 카드이다.

1.3 계층구조로 본 컴퓨터 – 모래에서 어플까지

컴퓨터는 어떻게 만들어 지나? 그 제조과정을 가장 기초적인 것부터 살펴보자. 우선 위에서 언급한 추상화의 개념을 좀 더 이해하기 위한 예로서 현재 우리가 있는 곳의 위치를 써 보자.

우주 – 은하계 – 태양계 – 지구 – 아시아 – 대한민국 – xx시 – 북구 – yy동 xx번지 – ss대학교 – xx빌딩 – 강의실 xx호

이 주소에는 여러 레벨의 추상화가 있음을 볼 수 있다. 예를 들어 세계의 레벨에서 이야기 할 때는 도시단위, 더 나아가 동 단위로 이야기 하는 것은 아주 불편하며 국가단위로 생각하는 게 편리하다는 것을 알 수 있다. 또 다른 예로서 사용되는 언어를 토론할 때는 도시단위보다는 국가단위가 적당하다. 이렇게 어떤 문제를 놓고 생각할 때 그 문제에 맞는 정도로 자세하지만 불필요할 정도까지 자세할 필요는 없기 때문에 너무 자세한 것은 생략하고 그 문제를 풀기에 적절한 수준의 성질만을 뽑아서 기술하는 것이 추상화이다. 추상화는 편리한 생각의 단위와도 관계가 있는데, 예를 들자면 국가의 예산을 이야기 할 땐 "조" 단위로 말하는 게 편리한 반면, 개인의 월간 소득을 말할 때는 "만" 단위로 이야기 하는 게 편리한 것과 같다. 위의 예에서 우주에서 강의실 방향으로 설명하는 것을 하향식이라 하고 그 반대 방향을 상향식이라 한다. 지금부터 컴퓨터의 제작 과정을 상향식으로 설명하기로 한다.

프로그램 레벨
알고리즘 레벨
고급 언어 레벨
어셈블리어 레벨
기계언어(인스트럭션) 레벨
프로세서 레벨
레지스터 레벨
게이트 레벨
소자 레벨
반도체 레벨

| 그림 1.3 | 추상화 계층

1.3.1 반도체 레벨

반도체의 원료는 실리콘이다. 이것은 유리의 주성분으로 모래에 많이 포함되어 있다. 모래를 고온에서 녹여 액체 상태로 만들고 거기에 순수 실리콘을 만들기 위해 '씨'를 넣으면 씨 주위에 있던 실리콘 분자들이 붙는 성질을 이용하여 원통형의 순수 실리콘 덩어리를 만드는데 이를 '잉곳'이라 부른다. 여기서 "순수"하게 만드는 기술이 중요한데 99.9999999% 이상 순수한 실리콘을 만들어야 한다.

다음 과정은 잉곳을 얇은 원판 모양으로 자르고, 자른 표면을 연마하여 거울같이 매끈하게 만드는 것이다. 이렇게 만들어진 것을 웨이퍼라 한다.

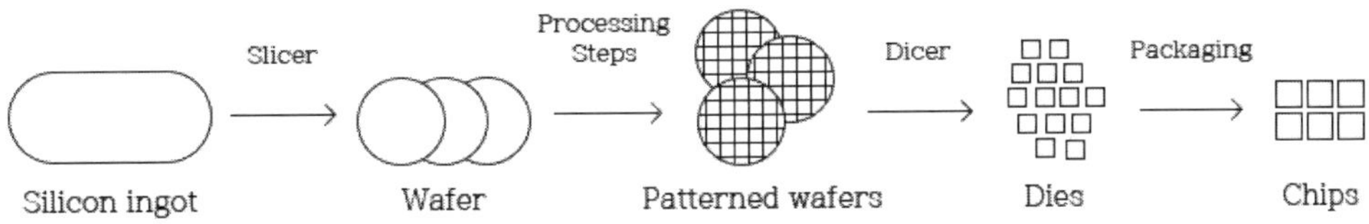

| 그림 1.4 | 반도체 칩 제조 공정

웨이퍼 위에 여러 공정을 거쳐 칩의 회로를 심는다. 이 과정은 인쇄하는 것과 비슷하다. 하나의 웨이퍼에는 여러 개의 칩이 들어가는데 다음 과정에서는 이 웨이퍼를 회로단위로 자른다. 이들 낱개의 조각을 각각 테스트하여 불량 회로들은 미리 제거한다. 회로에 대하여서는 다음에 설명한다.

테스트를 통과한 조각들은 "패키징"하는데 이는 외부에 연결하는 핀이 달린 통에 넣는 일이라 할 수 있다. 패키징 된 칩은 또다시 테스트하여 잘못된 칩을 걸러낸다.

그런데 반도체란 무엇인가? 말 그대로 도체와 부도체(절연체)의 중간쯤 되는 물질로서 원자가 4인 실리콘 Si, 게르마늄 Ge, 그리고 원자가 3-5 복합물인 GaAs 등이 있다. 이들은 저항치가 높아서 그대로는 회로에 사용하기 어려우나 불순물이 약간 섞이면 도체에 가까운 저항 값을 가지는 신기한 성질이 있다. 3가의 불순물을 섞은 것을 P형, 5가의 불순물을 섞은 것을 N형의 반도체라 한다.

1.3.2 소자 레벨

그림 1.5처럼 제조한 소자를 MOSFET(Metal Oxide Semiconductor Field Effect Transistor)라 한다. 세 개의 단자를 Source, Drain, Gate라 하는데 'MOS'는 게이트 위쪽에서 아래쪽으로 내려올 때 만나는 물질의 구조를 약자로 나타낸 것이며 'FET'는 트랜지스터가 전계효과에 의해서 작동한다는 것을 나타낸다.

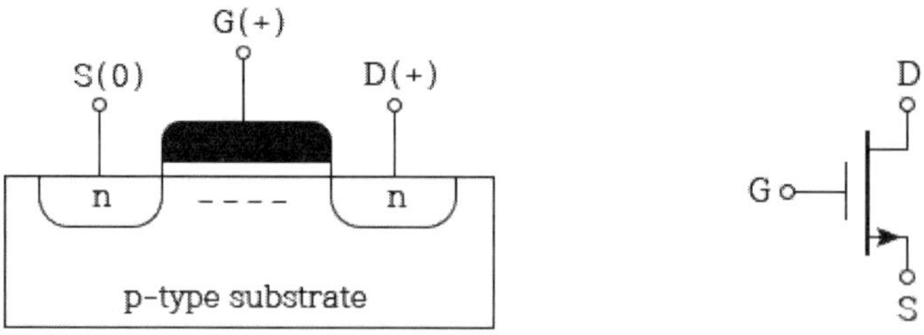

(a) nMOS와 그 기호

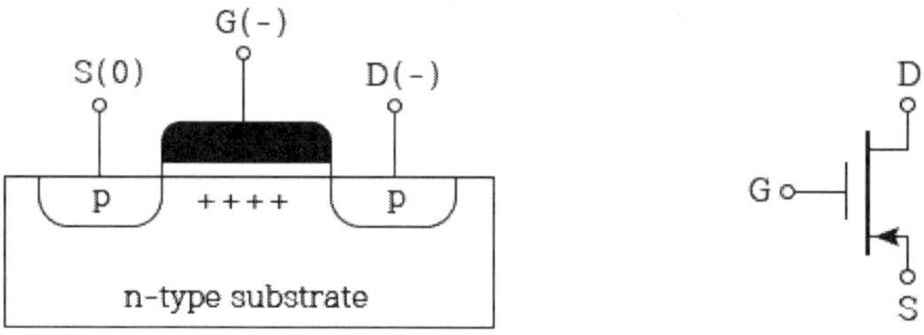

(b) pMOS와 그 기호

| 그림 1.5 | MOSFET nMOS, pMOS와 각각의 기호

nMOS에서 소스 S와 드레인 D는 강한 P형 (P+), 그 외의 기반은 아주 약한 N(N−)형의 반도체이다. 게이트(G)에 + 전압이 가해지면 산화물 아래 부분에 전자들이 모여들어 n-채널을 형성하고 이 채널을 통해서 소스 S와 드레인 D 사이에 전류를 통할 수 있게 된다. 반대로 G에 - 전원 또는 0V가 가해지면 채널은 형성되지 않고 소스와 드레인 사이에는 저항이 큰 (반도체도 전류를 쉽게 통할 수 없게 저항이 크다는 것을 상기하자) 상태로 되어 연결은 끊어지는 것으로 볼 수 있다. 다시 말하자면 nMOS는 게이트가 +이면 연결, 0이면 끊어지는 하나의 스위치 역할을 할 수 있다. 이것은 그림 1.6과 같다.

(a) ON 상태

(b) OFF 상태

| 그림 1.6 | 스위치로서의 MOSFET

스위치는 ON과 OFF의 두 가지의 상태를 가지고 있다. 컴퓨터에서는 이 두 가지를 0과 1로 나타낸다.

1.3.3 게이트 레벨

이제 스위치들을 이용하여 부정(NOT), 논리곱(AND), 논리합(OR) 게이트를 만들어 본다. 게이트를 만들기 전에 논리에서 NOT, AND, OR 관계부터 알아보자. 어떤 명제 A와 B가 있다고 가정하자. 예를 들어 명제 A는 "비가 온다"를, 명제 B는 "바람이 거세다"를 나타낸다고 하자. NOT A는 비가 오지 않는다를 나타낸다. NOT외에 가장 많이 쓰는 논리 연산으로서 AND와 OR가 있다.

A OR B는 A, B 중의 어느 하나라도 참이면 전체가 참이 되는 관계이다. A AND B는 A와 B가 모두 참일 때 참이 되며 A, B 중의 어느 하나라도 거짓이면 전체가 거짓이 되는 관계이다. 이들을 표로 나타내면 그림 1.7과 같다. 그림 1.7에서 참은 1로 거짓은 0으로 표시한다.

NOT

A	NOT A
0	1
1	0

OR

A	B	A OR B
0	0	0
0	1	1
1	0	1
1	1	1

AND

A	B	A AND B
0	0	0
0	1	0
1	0	0
1	1	1

| **그림 1.7** | NOT, OR, AND 관계

이들 NOT, OR, AND 논리 연산자는 각각 집합론의 여집합, 합집합, 교집합과 같은 성질을 가지며, 기호로는 ㄱ(~), +(∨), •(∧)를 사용한다.

"테니스를 친다"라는 명제를 T라 하자. 그리고 "비가 오거나 바람이 거세면 테니스를 치지 않는다"를 식으로 나타내면 아래와 같다.

$$\text{NOT (T) = A OR B, 즉 } \neg T = A \vee B = A + B$$

집합에서 처럼 드 모르간의 정리를 이용하여 양변의 NOT을 취하면 아래와 같다.

$$T = \neg(A \vee B) = \overline{(A + B)} = \overline{A} \wedge \overline{B} = \overline{A} \cdot \overline{B}$$

이다. 이 식은 "비가 오지 않으며 바람이 거세지 않으면 테니스를 친다"로 해석된다. 이 식을 진리표로 표현하면 그림 1.8과 같다.

T

A	B	A∨B	¬(A∨B)	$\overline{A}$	$\overline{B}$	$\overline{A} \cdot \overline{B}$
0	0	0	1	1	1	1
0	1	1	0	1	0	0
1	0	1	0	0	1	0
1	1	1	0	0	0	0

| **그림 1.8** | 논리식 T

스위치의 ON과 OFF가 논리값 1과 0을 나타낸다고 하자. 그러면 그림과 같이 스위치를 이용하여 OR는 병렬, AND는 직렬회로로 구현할 수 있다.

(a) AND (b) OR

| **그림 1.9** | AND, OR를 구현하는 직, 병렬 스위치 회로

NOT은 다음 그림과 같이 앞서 배운 MOSFET(nMOS와 pMOS 모두를 사용한 회로를 CMOS 회로라 한다)으로 구현할 수 있는데, 이 회로를 인버터라 한다.

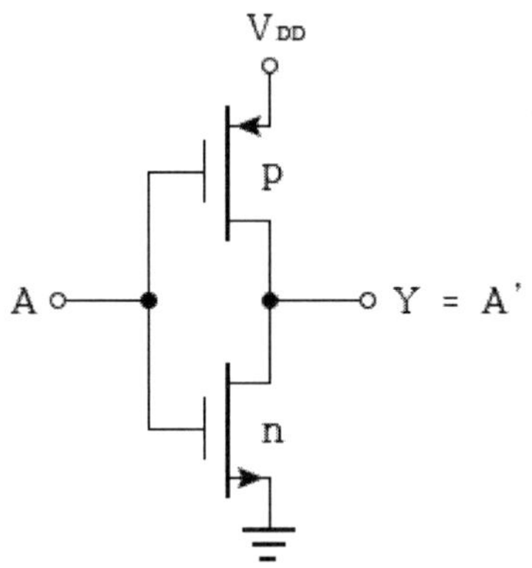

| **그림 1.10** | MOSFET(CMOS) 인버터 (NOT 게이트)

그림 1.10에서 입력 x에 0(0V)을 가하면 아래쪽의 n-MOS는 OFF, 위쪽의 p-MOS는 ON 상태가 되어 출력 y는 위쪽 Vcc(3V)로 연결되며 이는 논리값 1이다. 입력에 3V(논리값 1)을 가하면 아래쪽의 n-MOS는 ON, 위쪽의 p-MOS는 OFF 상태가 되어 출력은 아래쪽 접지

(0V)로 연결되어 논리값 0이 된다. 이들을 종합하여 진리표로 만들면 그림 1.10의 NOT이 됨을 알 수 있다.

그림 1.11은 입력이 두 개 있는 회로인데 아래쪽은 nMOS 병렬, 위쪽은 pMOS 직렬로 연결되어 있다. 입력 A, B와 출력 Y 사이의 관계를 따져서 진리표로 만들 수 있다. 그림 1.11에서 H는 high (1), L은 low (0)를 나타낸다.

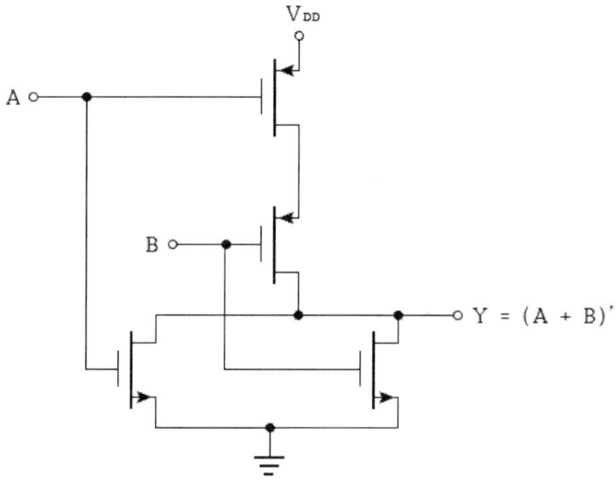

A	B	Y
L	L	H
L	H	L
H	L	L
H	H	L

A	B	Y
0	0	1
0	1	0
1	0	0
1	1	0

| **그림 1.11** | CMOS NOR 회로와 진리표

0, 1로 바꾼 진리표를 보면 Y = $\overline{(A+B)}$ 임을 알 수 있고 이를 NOR (not OR) 게이트라 한다.

그림 1.12는 위의 그림과 반대로 아래쪽은 nMOS 직렬, 위쪽은 pMOS 병렬로 연결 되어 있다. 입력 A, B와 출력 Y 사이의 관계를 따져서 진리표로 만들 수 있다.

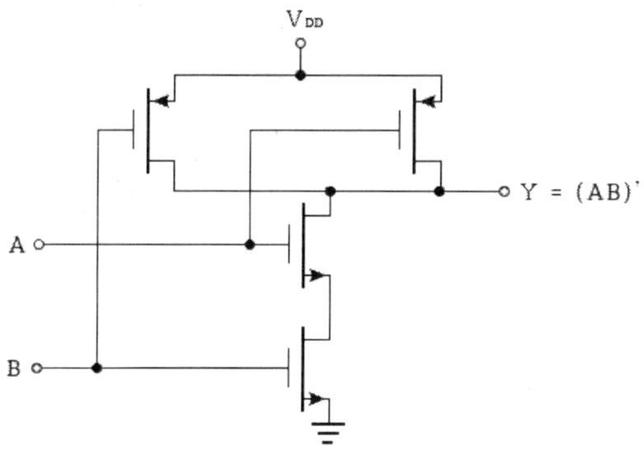

A	B	Y
L	L	H
L	H	H
H	L	H
H	H	L

A	B	Y
0	0	1
0	1	1
1	0	1
1	1	0

| **그림 1.12** | CMOS NAND 회로와 진리표

0, 1로 바꾼 진리표를 보면 $Y = \overline{(A \cdot B)}$ 임을 알 수 있고 이를 NAND (not AND) 게이트라 한다.

NOR뒤에 NOT 게이트를 붙이면 OR게이트가 되고 NAND게이트 뒤에 NOT게이트를 붙이면 AND 게이트가 된다. AND, OR, NOT의 세 가지 게이트가 있으면 모든 논리식을 구현할 수 있다. 실제로는 NOR (또는 NAND) 게이트만 있어도 이를 이용하여 NOT, OR, AND 모두 구현할 수 있어서 이들 게이트를 만능 게이트라 한다.

그림 1.13은 NOT, AND, OR, NAND, NOR 게이트를 나타내는 기호인데 이것들은 실제 회로를 추상화한 것이다.

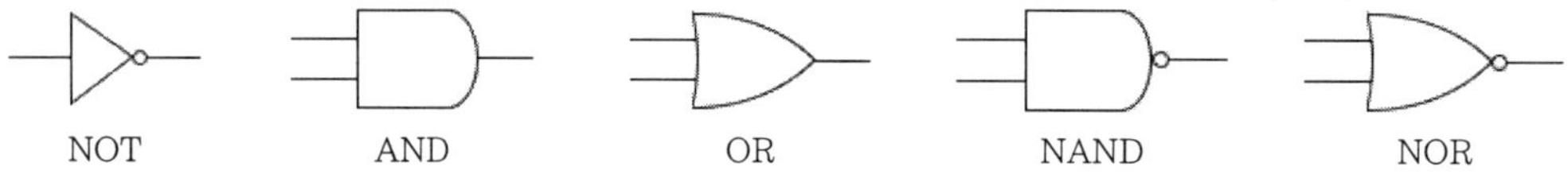

| **그림 1.13** | 논리 게이트의 기호

1.3.4 레지스터 레벨

이 레벨에서는 멀티플렉서(Multiplexor, MUX), 디코더(Decoder, DEC), 가산기(adder), 레지스터(register), 카운터(counter) 등이 있다. 멀티플렉서는 여러 개의 입력 중에서 한 가지를 선택하여 출력시키는 회로, 즉 기능적으로 말하자면 선택기이다. 그림 1.14에 4-to-1 MUX가 있다. 선택입력 S에 따라 출력되는 입력은 옆의 표에 있다.

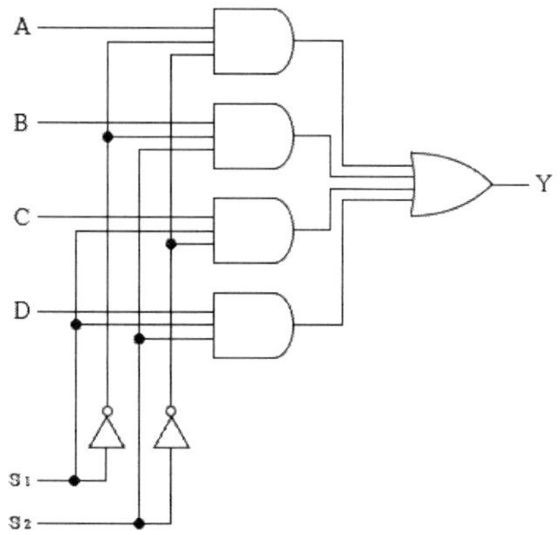

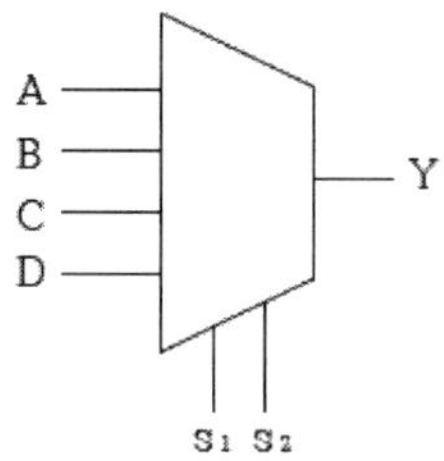

S 입력	출력
00	A
01	B
10	C
11	D

| **그림 1.14** | 4-to-1 MUX와 기호

디코더는 여러 개의 출력 중에서 한 개만 1을 출력시키는 회로이다. 그림 1.15에 2-to-4 디코더가 있다. 선택입력 S에 따라 1이 되는 출력은 옆의 표에 있다.

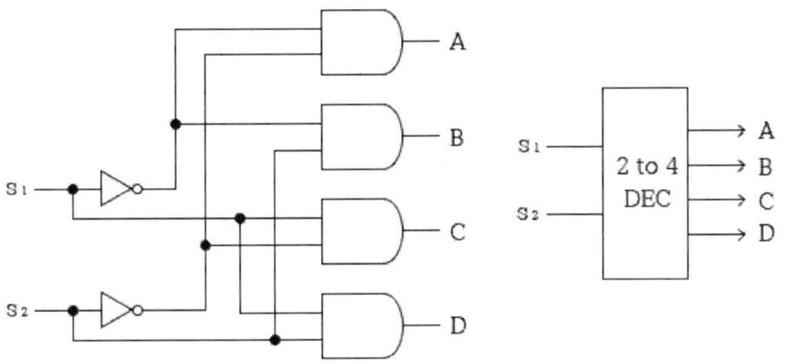

S 입력	1이 되는 출력
00	A
01	B
10	C
11	D

| 그림 1.15 | 2-to-4 DEC와 기호

그러면 계산은 어떻게 하는가? 이들 게이트를 이용하여 계산을 할 수 있는가? 계산을 하기 전에 숫자(정수)는 컴퓨터에서 0과 1을 이용하여 2진수로 나타낸다. 2진수 숫자에서 한 개의 0 또는 1을 비트(bit: binary digit)라 하며, 실제 구현에서 무한 길이의 숫자란 불가능하기 때문에 사용할 수 있는 비트수가 4일 때의 정수를 그림 1.16에 보인다.

10진수	2진수	16진수
0	0000	0
1	0001	1
2	0010	2
3	0011	3
4	0100	4
5	0101	5
6	0110	6
7	0111	7
8	1000	8
9	1001	9
10	1010	A
11	1011	B
12	1100	C
13	1101	D
14	1110	E
15	1111	F

| 그림 1.16 | 4비트의 (음이 아닌) 정수

물론 어떤 같은 숫자를 여러 비트로 표현할 수 있다. 예를 들어 10진수의 11은 1011, 01011, 001011, 0001011처럼 필요한 비트 수만큼 앞에 0을 추가하면 된다. 10진수의 11은 16진으로 표시하면 0B이다.

두 개의 4 비트 2진 숫자 5와 6이 있다 하자. 이들을 더하는 과정을 살펴보면

	0100	← 올림수(Carry)
5	0101	
+ 6	0110	
11	1011	

보다시피 어떤 한 자리에서는 올림수를 포함하여 세 개의 비트를 더해야 함을 알 수 있다. 맨 아래 비트는 올림수가 없지만 0이 있다고 간주한다. 이제 세 개의 비트를 더할 때 몇 가지 조합이 가능한가? 각 비트가 0 또는 1의 두 가지 값을 가질 수 있으므로 모두 8개의 조합이다. 따라서 그림 1.17과 같은 진리표를 만들 수 있다. 그림 1.17에서 S는 합, C_I는 아랫자리에서 올라와 계산에 사용되는 올림수, C_O는 윗자리로 올라가야할 수이다.

C_I	x	y	S	C_O
0	0	0	0	0
0	0	1	1	0
0	1	0	1	0
0	1	1	0	1
1	0	0	1	0
1	0	1	0	1
1	1	0	0	1
1	1	1	1	1

| **그림 1.17** | 가산기의 진리표

그림 1.17에서 S와 C_O에 관한 논리식을 만들면 아래와 같다.

$$S= \overline{C_I}\overline{x}y + \overline{C_I}x\overline{y} + C_I\overline{x}\overline{y} + C_Ixy$$

$$C_O = \overline{C_I}xy + C_I\overline{x}y + C_Ix\overline{y} + C_Ixy$$

이 식에서 $\overline{x}$는 NOT(x)를 나타내며, +는 덧셈이 아니라 OR이며 xy는 "x AND y"를 줄여서 쓴 것이다. 이 식들을 게이트 회로로 만들면 그림 1.18과 같으며 이를 전가산기라 한다.

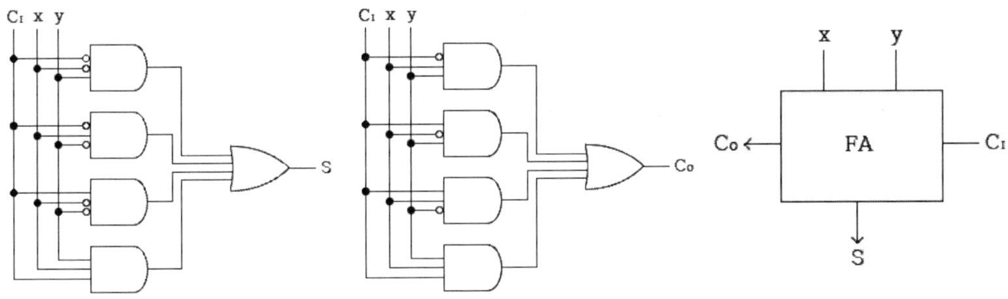

| **그림 1.18** | 전가산기와 기호

이 전가산기는 이진수 한자리를 더할 수 있는데 이들을 다음 그림과 같이 결합하면 여러 비트로 된 정수를 더할 수 있다.

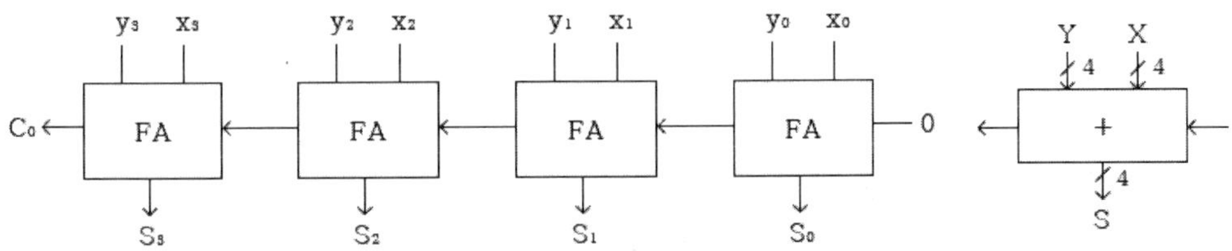

| **그림 1.19** | 4비트 정수를 더하는 전가산기와 기호

이제 ON, OFF 두 가지를 가지는 스위치들을 결합하여 덧셈 계산을 할 수 있는 회로를 만들었다. 이 회로야 말로 컴퓨터의 핵심이며 인류는 20세기에 이르러서야 여기에 도달하였다!!

이제 뺄셈은 가산기를 응용하면 만들 수 있고, +, −, AND, OR의 네 가지 계산을 선택적으로 할 수 있는 회로를 만들면 아래 그림과 같으며 이런 회로를 산술 논리 장치(Arithmetic-Logic Unit: ALU)라 한다.

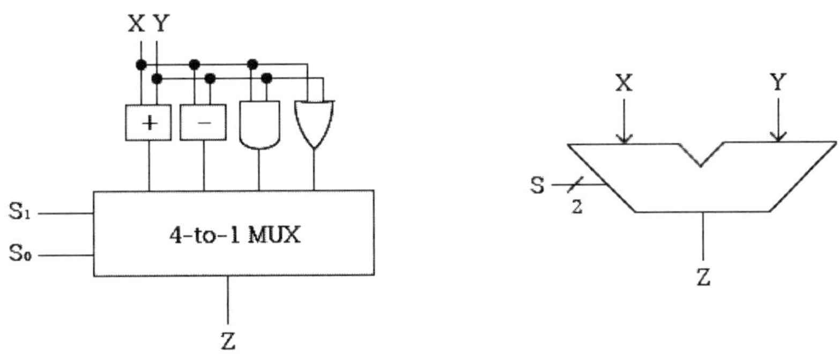

| **그림 1.20** | 간단한 산술 논리 장치와 기호

그럼 기억장치는 어떻게 만드는가? 컴퓨터에서 반드시 있어야 할 부품이 기억장치이다. 설명은 좀 복잡하므로 생략하고 그 모양만 보여주면 다음 그림과 같다. 이것은 1비트를 기억하는 저장 장치이며 D 플립플롭(flip-flop: f/f)이라 한다. 플립플롭은 클락의 엣지에서 D 입력의 값을 저장한다.

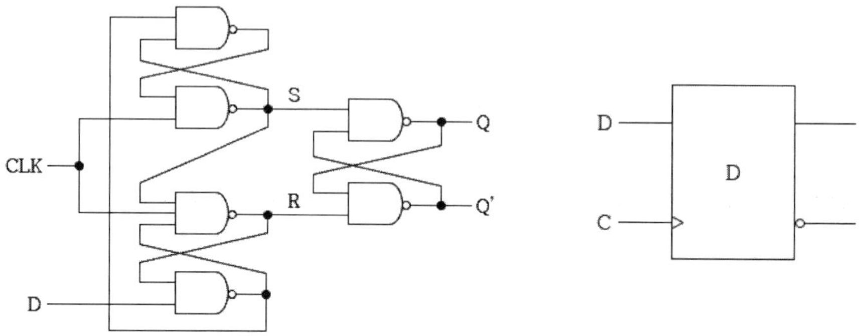

| 그림 1.21 | D 플립플롭과 기호

몇 비트의 정수를 저장하려면 여러 개의 D f/f를 모아서 사용하면 되는데 이렇게 D f/f들을 하나의 세트로 묶은 회로를 레지스터라 한다.

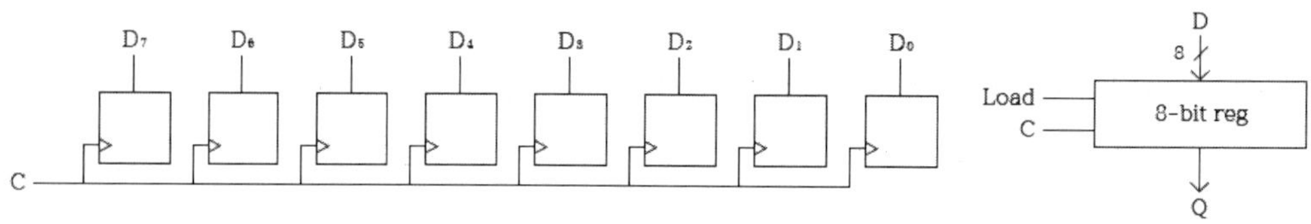

| 그림 1.22 | 8-비트 레지스터와 기호

카운터는 클록마다 저장하고 있던 숫자를 증가(또는 감소)시키는 것으로 레지스터를 변형하여 얻을 수 있다. 다음 그림은 레지스터를 이용하여 구현한 카운터의 개념도인데 실제로는 이것보다는 더 간단한 회로로 구현할 수 있다.

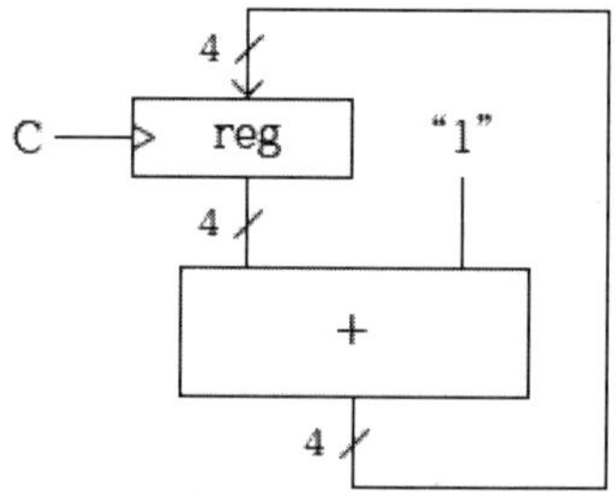

| 그림 1.23 | 카운터의 개념

1.3.5 프로세서 레벨

이제 처리기의 데이터 경로(datapath: DP)를 만드는데 필요한 주요 부품(빌딩블럭)들을 모두 살펴 보았다. 간단한 처리기의 데이터 경로는 그림 1.24와 같이 만들 수 있다.

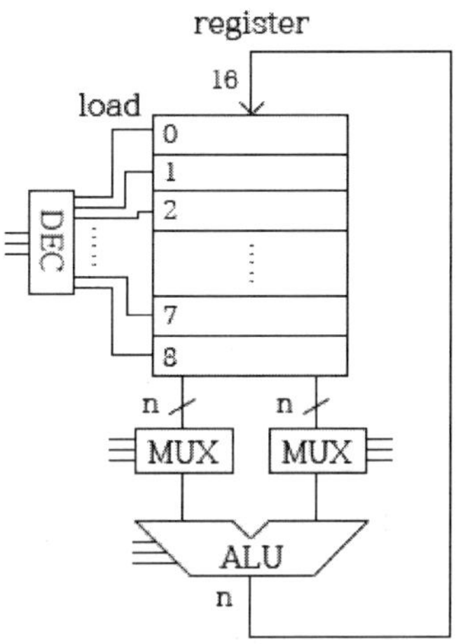

| 그림 1.24 | 간단한 처리기의 데이터 경로

이 데이터 경로에서는 $R_d \leftarrow R_{s_1} \star R_{s_2}$의 연산을 수행한다. 여기서 R_d는 목적지 레지스터, R_{s_1}, R_{s_2}는 소스(출발지) 레지스터이며, 레지스터 파일의 어느 레지스터이다. 연산자 ★은 앞서 만든 ALU 연산중의 한 가지, 즉 $\star \in$ {+, −, AND, OR}이다.

이 데이터 경로는 말 그대로 자료가 처리되어 흘러가는 경로인데 그 경로가 MUX의 선택입력과 DEC의 입력에 따라 동적으로 변한다.

그럼 이 데이터 경로를 조종하는 입력들 - 레지스터 파일의 MUX 선택 입력, DEC 입력, ALU의 기능을 선택하는 MUX 입력 - 등은 어디에서 오는가? 이들을 제어신호라 하는데 이것들을 공급해 주는 역할은 제어부가 담당한다. 처리기는 그림 1.25와 같이 두 부분으로 나누어진다.

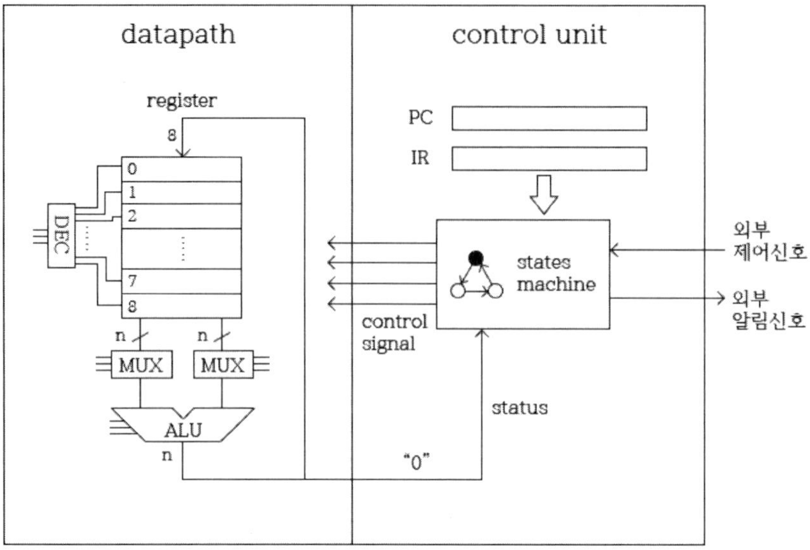

| 그림 1.25 | 처리기의 두 부분 – 데이터 경로와 제어 장치

제어부는 무엇을 보고 제어신호를 발생시켜야 하나? 물론 수행하고자 하는 연산에 따라 제어신호를 발생시켜야 할 것이다. 그럼 수행하고자 하는 연산은 어디에 있나? 이 연산을 지정하는 것을 명령(인스트럭션)이라 하며 명령이 여러 개 모인 것을 프로그램이라 하고 이것은 메모리에 저장되어 있다. 메모리의 어떤 번지에서 명령을 가져 올 것인가를 지정하는 부품을 '프로그램 카운터'라 한다. 처리기는 프로그램 카운터가 지정하는 번지에서 명령을 가져 와서(페치), 명령 레지스터인 IR에 저장하고, 가져온 명령을 수행하는 과정을 반복하는 방식으로 동작하는데 이를 명령 싸이클이라 한다.

fetch cycle	IR ← Mem[PC] ***PC ← PC + 1***
execute cycle	IR에 들어있는 명령을 수행

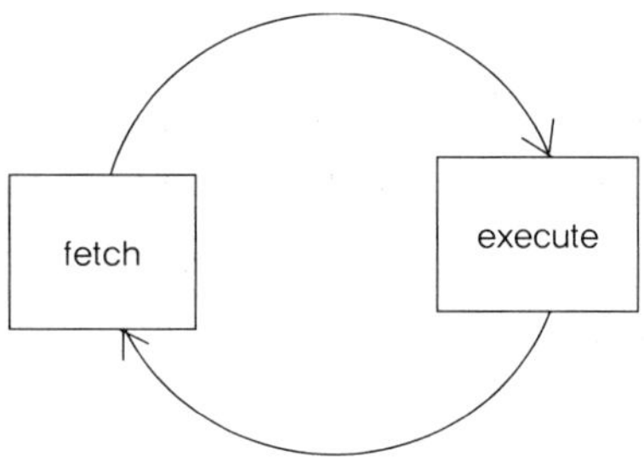

| 그림 1.26 | 명령 싸이클

물음 1.1

IR에 있는 명령이 R3 ← R2 AND R1인 경우 발생시켜야 할 제어신호는 무엇인지 알아보라.

1.3.6 명령어 레벨

모든 프로세서들은 자기가 수행할 수 있는 명령어 집합이 있다. 이 세트는 프로세서 마다 각각 다르다. 그 숫자는 대략 50개 ~ 1000개 정도로 다양하지만 개수가 100개 내외의 것을 RISC(Reduced Instruction Set Computer), 500개 정도 되는 것을 CISC라 한다. 스마트폰에 많이 사용되는 ARM 계열은 RISC, PC에 사용된 인텔 펜티엄은 CISC계열이다. 여기서 아주 간단한 16개의 명령어 세트를 만들어 보자.

동작코드	기호	의미	포맷
0000	ADD	R3 ← R1 + R2	3R
0001	SUB	R3 ← R1 - R2	3R
0010	SLT	if R1 < R2, R3 ← 1; else R3 ← 0;	3R
0011	AND	R3 ← R1 ∧ R2	3R
0100	OR	R3 ← R1 ∨ R2	3R
0101	NOT	R2 ← ¬R1	2R
0110	LSL	R2 ← R1 logical-left-shifted by IR[imm6] bits	2R
0111	LSR	R2 ← R1 logical-right-shifted by IR[imm6] bits	2R
1000	ASR	R2 ← R1 arithmetic-right-shifted by IR[imm6] (with sign-copy)	2R
1001	ADDi	R2 ← R1 + IR[imm6]	2R
1010	LOAD	R2 ← Memory[R1 + IR[imm6]]	2R
1011	STOR	Memory[R1 + IR[imm6]] ← R2	2R
1100	BREQ	if R1 == R2, PC ← PC + IR[imm6]; else PC ← PC + 1;	2R
1101	CALL	R1 ← PC; PC ← PC + IR[imm9];	1R
1110	RTN	PC ← R1;	1R
1111	JUMP	PC ← PC[15:12] ‖ IR[imm12];	0R

| 그림 1.27 | 간단한 처리기의 명령어 집합

모든 명령어 집합은 명령들을 산술연산명령, 자료이동명령, 프로그램제어명령 세 종류로 나눌 수 있다.

- **산술연산 명령**: ADD, SUB처럼 자료의 변형을 가져오는 명령
- **자료이동 명령**: LOAD, STOR처럼 자료의 변형은 없이 다른 장소에 복사하는 명령
- **프로그램제어 명령**: 프로그램의 수행 순서를 순차적 수행에서 벗어나게 하는 명령

실습 1.1

위의 16개 명령을 각 종류별로 모두 나누어 보시오.

명령어를 0과 1을 이용해서 표현해야 하는데 각 명령어를 표현하는 형식을 명령어 포맷이라 하고 그림 1.28과 같다.

동작코드	R1	R2	R3	reserved
4 bits	3 bits	3 bits	3 bits	3 bits

3*R* 포맷

동작코드	R1	R2	imm6
4 bits	3 bits	3 bits	6 bits

2*R* 포맷

동작코드	R1	imm9
4 bits	3 bits	9 bits

1*R* 포맷

동작코드	imm12
4 bits	12 bits

0*R* 포맷

| 그림 1.28 | 명령어 형식

명령어 형식에서 동작코드(opcode)는 어떤 명령인지를 나타내는 식별자의 역할을 한다. R1, R2, R3은 모두 레지스터를 지정하는 것인데 8개의 레지스터가 있으므로 000부터 111까지의 3비트로 표시된다. imm으로 표시된 부분은 정수를 나타낸다. 명령어의 각 부분을 필드(field)라 한다.

그림 1.28에서 보다시피 필요한 레지스터의 숫자에 따라 3R, 2R, 1R, 0R의 네 종류의 형태를 정의하였다. 포맷이나 명령어 집합은 어떤 표준이 있는 것이 아니고 설계자가 원하는 대로 정한 것이다.

명령어의 예를 들어보자. 16비트인 “0000 001 010 011 xxx”(xxx는 3비트인데 아무것이나 상관없다는 의미이고 빈칸은 단지 읽기 편하게 넣은 것임)의 명령이면 그 의미는 “레지스터3에 레지스터1 + 레지스터2를 넣어라”는 명령어이다.

실습 1.2

"1001001001000010"은 무슨 명령인가?

이렇게 0과 1로 표현된 명령어를 기계어, 이들로 이루어진 프로그램을 기계어 프로그램이라 한다. 이런 프로그램의 예를 들어보자. 우선 레지스터에는 아무 내용이나 들어있으며 메모리엔 그림 1.29와 같은 내용이 들어있다고 가정하자. 메모리의 일부인 13번지부터 36번지까지 보였다(이 번지엔 특별한 의미가 없다).

번지	내용	의미	의미
13	0101000000000000	R0 = ¬R0	
14	0011000000000000	R0 = R0 ∧ R0	현재 R0=0
15	1001000001001010	R1 = R0 + 10	카운터로 사용됨, R1=10
16	1001000010011011	R2 = R0 + 27	데이터 영역 포인터(인덱스 레지스터)
17	0101011011000000	R3 = ¬R3	R3 리셋
18	0011011011011000	R3 = R3 ∧ R3	R3를 리셋, 누적기로 사용됨
19	1010010100000000	R4 = M[R2+0]	인덱스 레지스터가 가르키는 값 베껴오기
20	0000011100011000	R3 = R3 + R4	데이터를 누적
21	1001010010000001	R2 = R2 + 1	인덱스를 증가
22	1001001001111111	R1 = R1 - 1	카운터를 감소
23	1100001000000001	if R1==0 goto 25	PC=PC+1, PC는 페치때 이미 증가된 것을 감안
24	1111000000010011	JMP 19	다음 데이터 더하기를 계속함
25	1011010011000000	M[R2+0] = R3	결과를 저장
26	1110111000000000	RTN R7	호출한 곳으로 되돌아 감 R7은 복귀주소를 가짐
27	0000000000000001	0001	맨 처음 데이터, 16진수 표기
28	0000000000000010	0002	두 번째 데이터, 16진수 표기
29	0000000000000011	0003	
30	0000000000000100	0004	
31	0000000000000101	0005	
32	0000000000000110	0006	
33	0000000000000111	0007	
34	0000000000001000	0008	
35	0000000000001001	0009	
36	0000000000001010	000A	

| 그림 1.29 | 기계어 프로그램

실습 1.3

이 프로그램에는 R0와 R3를 0으로 리세트하는 두 군데에 에러가 있다. 그것을 수정하고 기계어도 맞게 바꾸시오.

이 프로그램을 수행하는 모습을 살펴보자. 수행을 시작하기 전의 처리기모습은 그림 1.30과 같고 PC에는 13번지가 들어있다고 하자.

번지	내용
13	0101001000000000
14	0011000000001000
15	1001000001001010
16	1001000010011011
17	0101000011000000
18	0011000011011000
19	1010010100000000
20	0000011100011000
21	1001010010000001
22	1001001001111111
23	1100001000000001
24	1111000000010011
25	1011010011000000
26	1110111000000000
27	0000000000000001
28	0000000000000010
29	0000000000000011
30	0000000000000100
31	0000000000000101
32	0000000000000110
33	0000000000000111
34	0000000000001000
35	0000000000001001
36	0000000000001010

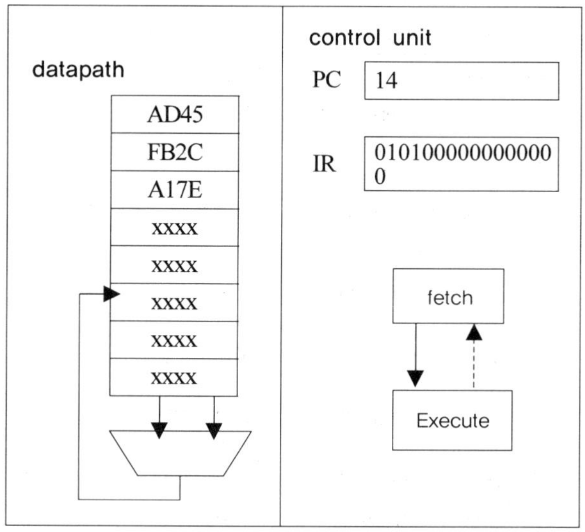

| 그림 1.30 | 첫 번째 명령을 페치한 직후의 처리기 모습

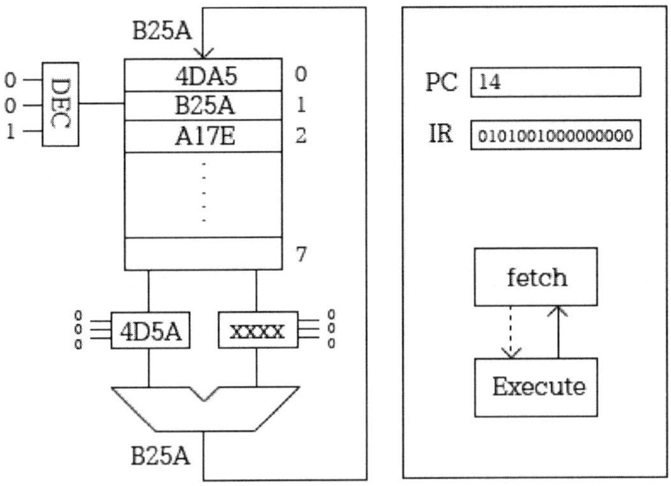

| **그림 1.31** | 첫 번째 명령의 수행 과정

22번지에 들어있는 "R1 = R1 - 1" 명령을 살펴보자.

22 | 1001001001111111 |

여기에서 6비트의 −1은 111111로 표시되어 있는데 이것은 음수를 '2의 보수'라고 부르는 방법으로 표기한 것이다. 6비트로는 64가지를 표시할 수 있으므로 2의 보수 방식으로 음수까지 표현하면 −32 ~ +31까지 표현할 수 있다. 이에 비해 음수를 고려하지 않을 경우, 즉 0 이상의 숫자만 고려하는 방식을 '부호없는 정수'라 하고 6비트의 경우 0 ~ 63까지 표현가능하다. <음수, 0, 양수> 모두를 표현하면 '부호있는 정수'라 하는데 2의 보수도 부호있는 정수의 일종이다.

2의 보수 법에서 어떤 수 x의 음수, 즉 −x는 x의 모든 비트를 뒤집은 것에 1을 더하면 된다. 즉, x = ~x + 1이다.

예를 들어, 6비트로 표현된 −3은 아래와 같다.

+3 = 000011
~3 = 111100
−3 = 111100 + 1 = 111101

실습 1.4

4-비트로 -1을 표현하시오.

실습 1.5

4-비트로 표현되는 모든 정수를 표현하시오. 4-비트에서 절대 값으로 최대의 음수와 양수는 각각 무엇입니까?

실습 1.6

일반적으로 n 비트로 표현된 정수에서 절대 값으로 최대의 음수와 양수는 각각 무엇입니까?

1.3.7 어셈블리어 레벨

그림 1.30의 예에서 보는 바와 같이 사람은 0과 1만으로 표현된 프로그램을 이해하기 무척 어렵다. 각 행을 읽을 때 명령어 형식에 맞춰 보면서 동작코드가 무엇이며 그에 따라 어떤 형식을 가지므로 각 필드가 나타내는 레지스터 또는 정수 등을 알아나가야 하는데 무척 시간이 걸리는 일일 것이다. 심지어 아무 정보도 없으면 이것이 데이터인지, 명령인지도 모르게 된다. 이렇게 기계어는 컴퓨터를 위한 언어이지 사람에게는 전혀 편리하지 않은 언어이다. 따라서 이 불편함을 좀 완화하고자 만든 것이 어셈블리어인데 이것은 단지 사람이 읽기 편한 기호를 붙인데 불과하기 때문에 기계어 명령과 어셈블리 어 명령은 1:1 대응된다. 어셈블리어로 만들기 위해서는 각 필드를 기호로 표현하고 주소를 레이블로 표현한다.

```
                .ORG    13
                .TEXT
                NOT     R0, R1
                AND     R0, R0, R1
                ADD     R1, R0, #10
                ADD     R2, R0, B11011
                AND     R3, R0, R0
Loop:           LOAD    R4, 0(R2)
                ADD     R3, R3, R4
                ADD     R2, R2, #1
                ADD     R1, R1, -1
                BREQ    R1, R0, here
                JMP     Loop
here:           STOR    R3, 0(R2)
                RTN R7
                .DATA
                H0001
                H0002
                H0003
                H0004
                H0005
                H0006
                H0007
                H0008
                h0009
                h000A
```

| **그림 1.32** | 그림 1.30에 대응하는 어셈블리어 프로그램 예

사람은 기계어 보다 편리한 어셈블리어로 된 프로그램을 작성하면 이를 어셈블러라고 하는 프로그램이 기계어로 바꾸어 준다. 즉 어셈블러는 컴파일러와 비슷한 역할을 한다. 점(.)으로 시작하는 .ORG, .TEXT, .DATA 등은 어셈블러 지시자라고 하는데 이들은 어셈블러가 기계어로 바꿀 때 참고할 사항을 지정한다. .ORG는 시작 주소를 지정하며, .TEXT와 .DATA는 각각 해당 영역의 시작을 알려준다.

어셈블리 언어 프로그램의 한 줄은 아래와 같이 세부분으로 이루어져 있다.

레이블: 어셈블리어 명령 ; 주석

레이블은 그 명령의 주소를 나타내는 것으로 BREQ, JMP 명령의 타겟이 된다. 이들 명령에서 레이블은 어셈블러가 자동으로 해당하는 주소를 계산하여 넣어준다. 예를 들면, 아래에서 레이블 "here"는 다음 다음의 명령을 가리키므로 +1로 변환된다.

```
BREQ   R1, R0, here
```

여기에서 +2가 아닌 이유는 BREQ 명령이 수행될 때는 이미 페치 단계를 지났으며 프로그램 카운터가 증가되어 있기 때문이다.

어셈블러는 어떻게 만들 수 있나? 프로그램을 두 번 훑는 2-패스 어셈블러를 설명하겠다. 첫 번째 패스에서는 심볼 테이블을 만들고 두 번째 패스에서는 변환된 기계어 코드를 만들어 낸다.

패스	생성물
1	심볼 테이블
2	기계어 코드

위의 프로그램을 기준하여 설명하면 첫 번째 패스는 .ORG를 읽어 주소 카운터(LC: location counter)를 13으로 세트하고, 텍스트 영역의 첫 줄을 LC의 번지, 13으로 세트 하고 다음 각 줄을 읽을 때 마다 LC를 1씩 증가시킨다. 레이블을 만나면 그 때의 레이블을 심볼 테이블에 기록한다. 결국 다음과 같은 심볼 테이블을 얻을 수 있다.

레이블	위치
Loop	18
here	24

두 번째 패스는 각 명령을 읽어 해당 포맷에 맞게 기계어로 바꾸는데 레이블이 있으면 심볼 테이블을 참조한다. 예를 들어, 아래 명령을 살펴보자.

```
JMP     Loop
```

이 명령은 JMP의 포맷은 0R이며 동작코드가 1111이고, 레이블 Loop가 주소 18이므로 기계어 1111000000010010로 변환된다. BREQ명령은 때로는 레이블을 보고 주소를 계산해서 넣어야 할 때도 있다. 결론적으로 어셈블리어는 기계어를 사람이 이해하기 쉽도록 기호로 바꾸어 써 놓은 것에 불과하다.

1.3.8 고급언어 레벨

어셈블리언어는 각 처리기마다 다르다. 따라서 위의 프로그램은 다른 프로세서에서는 돌아가지 않는다. 프로그램을 다른 컴퓨터에서 돌릴 수 있으면 이식성이 있다고 하는데 어셈블리 프로그램은 이식성이 없으므로 각각의 프로세서에 대하여 새로 프로그램해야 하는 불편함이 있다. 이와 달리 위의 문제는 다음의 C언어 프로그램은 아무 컴퓨터에서나 새로 컴파일 하기만 하면 돌아간다.

```
int   i;   sum;
int        data[10];
sum = 0;
for (i=0; i<10; i++) sum = sum + data[i];
```

고급 언어는 이식성이 있을 뿐만 아니라 더 큰 장점은 프로그램하기가 훨씬 더 쉽다는 것이다. 고급 언어로 된 프로그램을 소스 프로그램이라 하고 이를 어셈블리어(또는 바로 기계어)로 변환시켜 주는 프로그램을 컴파일러라 한다. 프로그래머는 불편하고 이식성 없는 어셈블리 언어로 프로그램하는 대신 편리한 고급언어로 프로그램한 다음 컴파일러를 돌리면 기계어로 바꾸어 주므로 편리하게 코딩할 수 있다.

1.3.9 알고리즘 레벨

알고리즘이란 어떤 문제를 해결하기 위한 단계적 레시피같은 것이다. 이것은 실제 고급언어로 코딩하기 전에 작성하는 설계도라 할 수 있다. 알고리즘이 되기 위해서는 모호함이 없고 절차대로 수행하면 반드시 답을 산출하고 끝나야 한다는 것이다. 알고리즘은 사람이 사용하는 언어와 비슷한 의사 코드 또는 흐름도 등 여러 형태로 표현할 수 있다. 다음은 두 정수의 최대 공약수(greatest common divisor: GCD)를 구하는 유클리드 호제법 알고리즘이다.

단계 1 두 정수를 비교하여 큰 것을 L, 작은 것을 S라 하자.

단계 2 L을 S로 나누어 나머지를 R이라 하자.

단계 3 R이 0이라면 S가 GCD이며 이를 출력하고 종료한다. 0이 아니면 다음 단계로 간다.

단계 4 L에는 S를 할당하고 S에는 R을 할당한 다음 단계 2로 간다.

이 알고리즘을 고급언어로 코딩하는 것은 다음에 살펴본다.

1.3.10 문제 레벨(Problem level)

앞서 GCD를 구하는 유클리드 알고리즘을 보았다. 문제 레벨은 우리가 원하는 어떤 문제를 말하는데 입력과 출력이 분명하게 정해져 있고 또 모호성이 없어야 하며 풀 수 있는 문제여야 한다. 풀 수 없는 문제의 예를 들면 미래의 일을 알아내는 것 등이다.

- 입력: 두 개의 정수
- 출력: 정수이며 입력된 두 숫자를 나누어떨어지는 숫자 중에서 제일 큰 수

만약 주어진 문제가 정확하게 규정되어 있지 않는 경우에는 문제를 의뢰한 측에 문의하여 모호한 점들을 모두 명확하게 해결한 후에 알고리즘 개발에 착수하여야 한다. 어떤 하나의 문제에는 여러 가지의 알고리즘이 있을 수 있다. 이런 경우에는 가장 수행 속도가 빠르거나 메모리를 적게 사용하는 것이 채택된다.

1.4 프로그램의 수행

앞 절에서 설명한 것과 같이 어떤 문제에 대하여 알고리즘을 개발하고 프로그래밍 언어로 컴파일 하여 기계어 프로그램을 얻었다 하자. 그 다음에 이를 수행하려면 어떤 절차를 밟아야 하는가? 앞서 얻은 하나의 프로그램에 대한 기계어 프로그램을 목적모듈이라 한다. 경우에 따라서 이 모듈 이외에도 다른 모듈들을 합쳐서 하나의 수행 가능한 파일을 만든다. 이런 과정을 링킹이라 하는데 대부분의 경우 입출력을 담당하는 모듈인 라이브러리도 이때 합쳐진다. 링커가 여러 개의 모듈을 합칠 때 프로그램에 포함된 주소를 알아내기 위해 각각의 심볼 테이블을 이용하여야 하고 각 주소를 거기에 맞게 고치는 과정을 거친다. 링커는 만들어진 수행가능파일을 하드 디스크에 써 놓는다. 이것을 앱이라 부르기도 한다.

다음 단계로 사용자의 요청에 따라 로더가 수행가능 파일을 메모리에 올리면 수행 준비가 끝난다.

링커나 로더는 모두 운영체제의 일부인 프로그램인데 두 가지가 하나로 합쳐진 링킹-로더도 자주 사용된다. 메모리에 올려지고 나면 수행 준비가 끝난 상태로 운영체제가 스케줄에 따라 이것을 돌려주면 수행을 시작하는데 이를 디스패치라 한다. 전체적 과정은 그림 1.33과 같다.

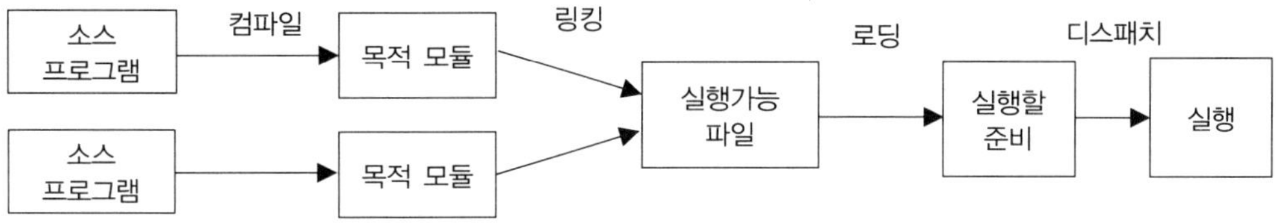

| **그림 1.33** | 프로그램의 실행과정

연습문제

1.1 컴퓨터의 구성을 설명하시오.

1.2 메모리에는 들어있는 정보의 종류를 말해보시오

1.3 십진수 123을 이진수로 변환하시오.

1.4 한 개의 인스트럭션이 수행되는 과정을 설명하시오.

1.5 주소가 세 개 있는 명령어 포맷을 설명하시오.

1.6 3×8 디코더를 설계하시오.

1.7 프로그램 카운터를 설명하시오.

1.8 불리언 수식을 알아보시오.

CHAPTER

2 소프트웨어

컴퓨터 소프트웨어는 컴퓨터를 구동시키거나 컴퓨터 자원을 관리하고, 사용자에게 편리를 제공해 주는 프로그램이다. 즉, 컴파일러 같이 사용자에게 프로그램을 개발하고 번역하는데 편리를 제공하는 소프트웨어도 있으며, 컴퓨터 시스템인 처리기, 메모리, 파일, 주변장치 등 여러 자원을 관리하는 소프트웨어도 있다.

2.1 개요

이러한 소프트웨어에는 운영체제, 시스템 프로그램, 응용 프로그램, 사용자 프로그램 등 여러 유형이 있다. 운영체제를 포함한 시스템 소프트웨어는 그림 2.1과 같이 사용자와 하드웨어 사이를 연결한다. 즉, 사용자가 사용하는 프로그램이 하드웨어에서 원활하게 수행하도록 프로그램을 번역하거나, 컴퓨터의 자원을 관리하면서 사용자와 컴퓨터 하드웨어 사이에서 상호작용하도록 하는 인터페이스이다.

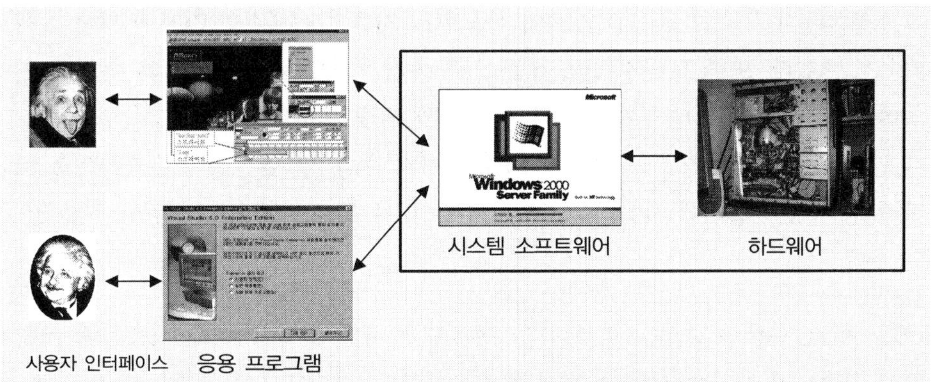

| 그림 2.1 | 컴퓨터 하드웨어와 소프트웨어의 관계

소프트웨어는 사용자가 지정한 일을 컴퓨터에서 수행하도록 하는 프로그램 인스트럭션의 집합이다. 이러한 소프트웨어는 시스템 소프트웨어와 응용 소프트웨어로 나눌 수 있다. 시스템 소프트웨어 중에서도 운영체제는 가장 중요한 소프트웨어로 사용자가 원하는 일을 수행하도록 컴퓨터가 수행하도록 여러 장치를 관리한다.

운영체제로는 개인용 컴퓨터에서 보통 사용하는 윈도우즈, 매킨토시 운영 체제, OS/2, 유닉스, 리눅스 등, 대형 시스템이나 메인 프레임 시스템 등에서 사용하는 운영체제 등 다양한 유형이 있다. 사용자에게 편리를 제공하는 시스템 소프트웨어에는 컴파일러, 로더, 링커, 어셈블러 등 다양하게 있으며, 사용자가 자신의 업무에 사용하는 응용 소프트웨어에는 문자처리를 지원하는 워드 프로세서, 발표 자료를 쉽게 만들게 하는 파워포인트, 데이터 정리를 지원하는 엑셀, 메일을 주고받는 아웃룩 익스프레스, 프로그램 개발을 도와주는 편집기 등 사용자의 필요에 따라 다양하며, 필요에 따라서는 사용자가 직접 개발할 수도 있다.

2.2 운영체제

운영체제는 컴퓨터 하드웨어의 모든 동작과 소프트웨어나 파일 등의 모든 자원을 관리하기 위하여 컴퓨터의 메모리에 항시 상주하면서 모든 동작을 감시한다. 그러므로 컴퓨터의 구동, 메모리나 프로세서의 관리, 키보드나 마우스, 디스크 같은 주변 장치의 관리, 라이브러리 같은 프로그램의 관리, 각 프로그램이나 파일의 보호, 윈도우를 통한 사용자와의 인터페이스 등을 지원한다.

오늘날 사용하는 운영체제는 역사적으로 여러 과정을 거쳐서 변화하고 발전해 왔다. 1940년대에서 1950년대에 걸쳐 진공관 기술이 나오면서 기존의 기계적인 컴퓨터 기술이 새로운 하드웨어로 변했다. 또한 트랜지스터, 집적회로, 초집적회로 등으로 크기와 속도에 있어서 많은 변화를 가져왔다. 1960대에는 컴퓨팅 기술이 크게 변하면서 성능도 높아졌다. 그 중 하나가 인간 중심의 컴퓨터 기술이었다. 이때의 인간 중심 기술은 한 대의 컴퓨터를 시간을 쪼개어 여러 사람이 동시에 사용가능하도록 하는 다중 프로그래밍이 가능한 '시분할' 기술이다.

이 전에는 여러 사람의 작업(프로그램)을 모아서 기계의 운영에 따라 한꺼번에 처리하는 일괄처리 기술이기 때문에 사람이 기계에 종속되었다. 그러므로 시분할 방식은 기계 운영 방식에서 벗어난 실질적인 인간 중심의 기술이었다. 각 단말기 앞에서 개인이 응용 프로그램을 수행하는 것이지만, 컴퓨터의 중앙처리 장치는 시간을 분할하여 같은 시간에 여러 사람의 작업을 동시에 수행하도록 한다. 이 때문에 사용자는 컴퓨터 단말기에 나타나는 반응 속도를 매우 중요하게 여겼다. 사용자가 컴퓨터와 직접 상호작용하는 것으로 인간-컴퓨터 상호작용의 시작점이라 할 수 있다. 이때의 시분할 방식은 상호작용 모델을 따랐다기보다는 단지 컴퓨터 시스템의 정해진 인스트럭션을 수행하는 것이다.

1970대 중반에 컴퓨터는 작아졌으며 단일 사용자가 사용할 수 있도록 개인용 컴퓨터가 나타났다. 이때부터 기술이 급진적으로 변함에 따라 개인용 컴퓨터, 워크스테이션, 메인프레임 컴퓨터를 구별하기 어렵게 되었다. 그러나 이때까지는 사용자가 운영체제에 접근하려면 라인 명령어를 사용하였다. 아래 명령어는 키보드에서 라인 명령어로 운영체제에게 home이라는 디렉토리의 내용을 리스트하라는 의미이다. 여기에서 ">"는 프롬프트이다.

```
>ls    -al /usr/kildong/home
```

그 이후에 윈도우에서 마우스를 사용하여 자신의 의도를 컴퓨터에게 명령할 수 있게 되었는데, 이것이 바로 윈도우 시스템이며 인터페이스가 시각적으로 변하게 되었다. 즉, 이전에는 각 응용 프로그램이 자신만의 인터페이스를 가지고 있었는데, 한 개의 인터페이스로 여러 개의 응용 프로그램에 접근할 수 있도록 한 것이다. 윈도우가 바로 디스플레이 장치 공간을 물리적 공간과 논리적 공간으로 분리하는 기법의 시작이다. 이때부터 상호작용을 중요하게 여겼기 때문에 상호작용 시스템, 상호작용 소프트웨어, 상호작용 기술 언어 등이 개발되었다.

개인용 컴퓨터 시대가 옴에 따라 컴퓨터와의 상호작용에 중점을 둔 단일 사용자 중심의 컴퓨터 기술이 강조되었다. 개인용 컴퓨터는 인간으로부터 주어진 일을 처리하기 위해 관련 태스크들이 순서대로 수행하며 사용자가 주는 자극에 대하여 반응하도록 되어있다.

1981년 4월에 윈도우, 아이콘, 메뉴, 포인터(Window, Icon, Menu, Pointer)를 기반으로 하는 상호작용 장치가 나왔다. 그림 2.2는 마이크로소프트사의 윈도우즈 운영체제의 화면 예이다.

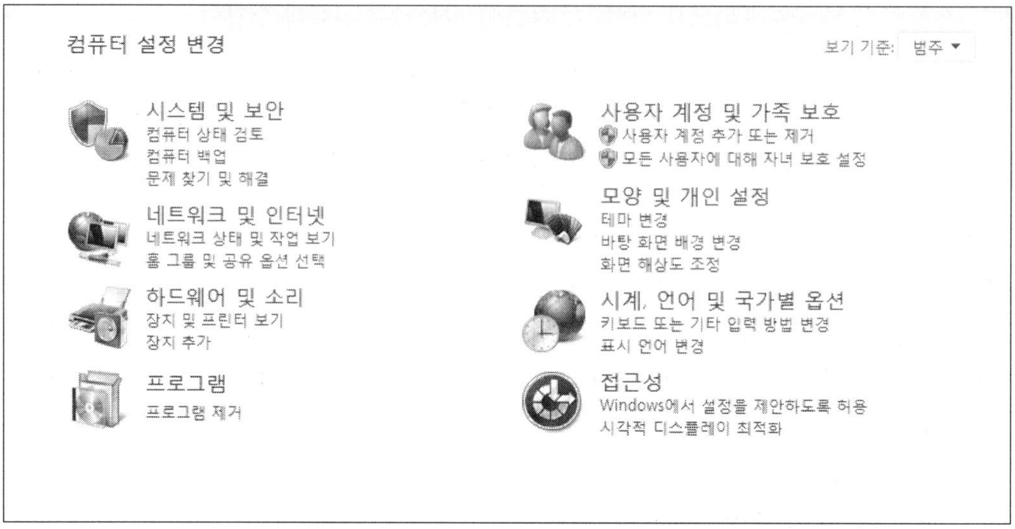

| **그림 2.2** | 마이크로소프트사의 윈도우즈 운영체제의 화면 예

1980년대 초에 빠르고 성능 좋은 그래픽 기술로 '직접 조작 방식'의 상호작용이 더욱 발전하였다. 이런 직접 조작 방식 인터페이스를 상업적으로 맨 처음 성공한 것은 1984년 애플에서 개발한 매킨토시(Macintosh) 개인용 컴퓨터이다.

그래픽 시스템의 직접 조작 인터페이스의 특성은 아래와 같다.

- 의미있는 객체의 시각화
- 시각 객체에 대하여 직접 조작
- 복잡한 명령어의 아이콘 대치(이름 직접 취급)
- 포인터의 사용

직접 조작이 제공하는 시각화에 관한 것을 WYSIWYG이라하는데, 'what you see is what you get'을 의미한다. 예를 들어 워드 프로세서를 사용하는 중에 화면에서 보이는 것은 그냥 최종 문서처럼 보이는 가상적인 표현일 뿐이다. 그러므로 WYSIWYG 인터페이스는 화면에 보이는 것이 곧 최종 결과물에서 보는 것과 가능하면 같도록 하는 것이다(작업 중에도 최종 결과물처럼 보이도록 한다). WYSIWYG 인터페이스에서는 최종 결과물 형식을 미리 알 수 있다.

그림 2.3은 직접 조작 방식에 의해 윈도우즈에서 마우스로 원하는 디렉토리로 이동하는 화면이다.

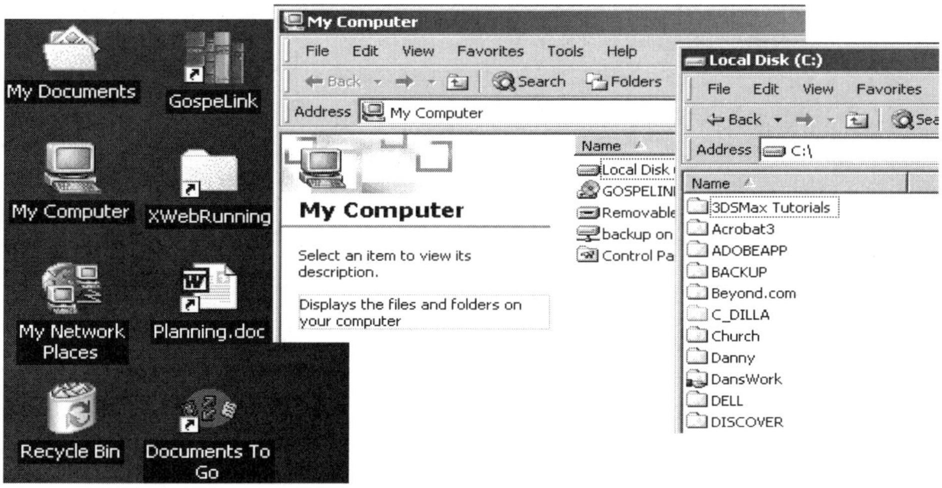

| 그림 2.3 | 윈도우즈에서 디렉토리로의 이동

이와 같이 운영체제는 사용자가 컴퓨터 시스템을 편리하게 사용하도록 여러 과정으로 변해 왔다. 운영체제의 주요 기능은 아래와 같으며 컴퓨터의 여러 자원을 관리한다.

- 번역된 프로그램의 메모리로의 이동 등 메모리 관리
- 실행 중인 파일을 위한 처리기 관리
- 작은 프로그램이나 라이브러리를 하나로 결합하는 링크 기능
- 프로그램의 실행
- 파일에 정보의 저장, 검색, 리스팅, 복사 등 파일 관리
- 네트워크의 연결
- 현재의 시간이나 날짜 알리기

2.3 언어 번역기

언어 번역기는 인터프리터, 어셈블러, 컴파일러 같이 한 단계 위의 프로그래밍 언어를 기계어 프로그램으로 번역하는 시스템 소프트웨어를 말한다. 특히 컴파일러는 고급 언어로 작성된 프로그램을 기계어 인스트럭션으로 번역한다. 그림 2.4는 고급 언어 프로그램을 기계어 프로그램으로 번역하는 컴파일러의 위치를 보인다.

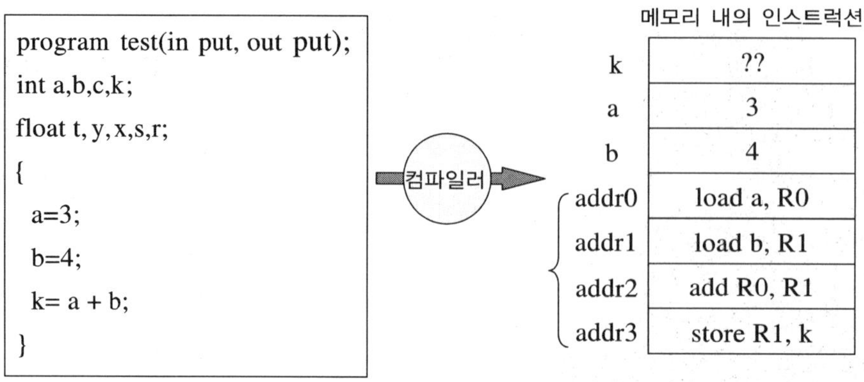

| 그림 2.4 | 컴파일러에 의한 고급 언어 프로그램의 번역

로더는 프로그램의 크기에 따라 메모리의 공간을 할당하고 그 공간에 프로그램을 넣는다. 스케쥴러는 다음에 실행할 프로그램을 선택한다.

2.4 파일 시스템

운영체제가 사용하는 파일은 프로그램 파일일 수도 있고 자료 파일일 수도 있다. 프로그램 파일이든 자료 파일이든 파일에 이름을 붙여 그 이름으로 디스크에 저장한다. 예를 들어, 워드 프로세서 문서나 데이터베이스 파일들이다.

운영체제는 여러 파일 중에서 어느 것이 메모리에 복사되는지 메모리에서 나갔는지 등을 모두 알아야 하며, 각 파일에 대한 정보를 저장하고 추적한다. 이렇게 하기 위해 디스크에 있는 모든 파일에 대하여 '파일 할당 테이블'에 관련 정보를 저장하고 유지한다. 그러므로 운영체제는 파일이 생성, 이동, 이름 변경, 삭제되는 시점에서 파일 할당 테이블에 있는 정보를 변경한다. 뿐만 아니라 이름이 붙여진 다른 디스크나 디스크 드라이브의 트랙도 계속 유지한다.

한 디스크에 수백 개 이상 수천 개의 파일이 있으면, 사용자가 필요한 파일 하나를 일일이 찾기는 매우 어려운 일이다. 그러므로 파일을 용도별, 종류별, 날짜별 등 탐색하기 편리한 방법으로 정리할 필요가 있다. 이렇게 파일을 그룹으로 조직화한 것을 목록(디렉토리)이라 한다. 그림 2.5는 윈도우즈의 하드디스크에 있는 어느 폴더의 내용을 보인다. 이 창을 옆으로 확장하면 파일 크기가 몇 바이트이며, 마지막으로 수정한 날짜 등을 알 수 있다 또한 폴더와 파일, 파일 종류, 파일 위치, 파일까지의 경로를 알 수 있다.

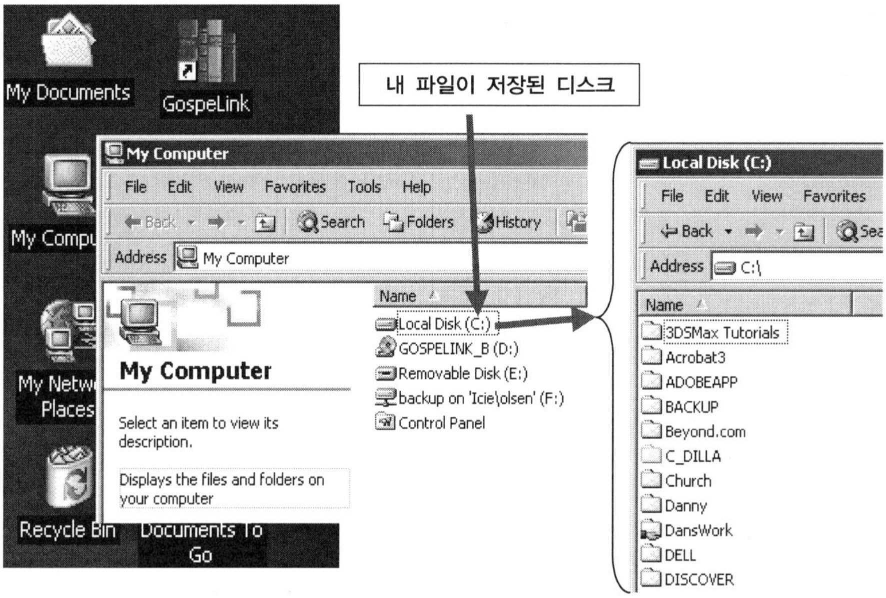

| **그림 2.5** | 윈도우즈의 파일 내용과 찾기

이외에도 폴더 하나가 여러 개의 다른 폴더를 포함할 수 있다. 그러므로 한 폴더가 파일은 물론 다른 폴더를 포함하는 구조화된 파일 시스템을 만들 수 있는데 이것을 계급구조 파일 시스템이라 한다.

시스템 소프트웨어 외에도 텍스트 에디터, 그래픽 루틴, 윈도우 패키지, 기타 프로그램 라이브러리 같은 각종 유틸리티 소프트웨어가 있다.

2.5 응용 소프트웨어

응용 소프트웨어는 컴퓨터로 문서 작성, 그래픽 편집, 영상 편집같이 사용자가 필요로 하는 작업을 수행할 수 있다. 여러 응용 소프트웨어는 특성에 따라 아래와 같이 몇 그룹으로 나눌 수 있다.

- 워드 프로세서는 편지나 문서를 작성하는 도구이다.
  MS 워드 프로세서, 훈글 워드 프로세서

- 스프레드시트는 회계표 같은 숫자를 기반으로 하는 문서를 작성하는 도구이다.
  스프레드시트

- 엑셀은 데이터베이스 도구로서 대량의 데이터를 저장하거나 관리한다.
  엑셀
- 발표용 슬라이드를 작성한다.
  파워포인트
- 플래시나 디렉터같은 멀티미디어 프로그램은 소리, 오디오, 이미지, 애니메이션, 대화용 상호작용 특성을 가지는 영화를 만들 수 있다.
  플래시, 디렉터
- 아웃룩 프로그램은 E-메일을 보내고 받을 수 있는 프로그램이다.
  아웃룩
- 기타 각종 응용 프로그램
  그림판, 포토샵, 나모 웹 설계 도구, 바이러스 백신, 오락 및 교육, 통신 관련 프로그램

연습문제

2.1 소프트웨어를 설명하시오.

2.2 시분할을 설명하시오.

2.3 프로그램의 특성을 설명하시오.

2.4 WIMP(Window, Icon, Menu, Pointer)를 설명하시오.

2.5 직접 조작 방식을 설명하시오.

2.6 컴파일러란 무엇입니까?

2.7 어셈블러란 무엇입니까?

2.8 파일 할당 테이블을 설명하시오.

2.9 HTML은 무엇이며 특성을 간단하게 설명하시오

2.10 웹 브라우저를 설명하시오.

CHAPTER

3 알고리즘과 프로그램

앞에서 컴퓨터 시스템 전체를 살펴보았다. 이 장에서는 시스템 소프트웨어가 관리하고 처리하는 사용자 프로그램을 작성하는 알고리즘에 대하여 알아본다. 컴퓨터에 대한 사용자의 보통 인식은 "□□작업을 할 수 있는 기계"이다. 예를 들면 인터넷 서핑을 할 수 있는 기계, 게임을 할 수 있는 기계, 문서 편집을 할 수 있는 기계 등이다. 즉, 어떤 응용 소프트웨어를 실행하기 위해 컴퓨터를 사용한다. 그러므로 사용자의 입장에서 가장 중요한 것은 컴퓨터 시스템이 아니라 그것이 돌리는 소프트웨어이다. 이것이 소프트웨어가 중요한 이유이다. 사용자가 실행하고 싶은 소프트웨어가 없다면 컴퓨터 시스템이 무슨 소용이 있겠는가? 그냥 자리만 차지하는 쓸모없는 가구일 뿐이고 치워야 할 대상이 되고 만다.

그러면 이 소프트웨어는 어떤 이유로, 어떤 과정을 거쳐서 만들어지나? 소프트웨어를 만드는 이유는 물론 필요에 의해서이다. "이러이러한 소프트웨어가 있다면 편리할 것 같다.", "이런 앱이 있으면 돈을 벌 수 있겠다", "□□작업을 프로그램화 할 수 있나" 등의 필요가 있을 때 소프트웨어를 만든다. 앞에서 문제가 주어졌을 때 이 문제로부터 고급언어를 사용한 소스 프로그램을 만들고 이를 컴파일-링킹하여 수행 가능한 소프트웨어 파일을 만드는 과정을 살펴보았다. 이 장에서는 문제에서부터 소스 프로그램을 만드는 과정을 더 자세히 설명한다.

3.1 소프트웨어 개발 과정

소프트웨어를 개발 하는 과정은 그림 3.1과 같다. 그림 3.1과 같이 소프트웨어를 개발하려면 프로그램을 코딩하기 전에 프로그램 개발자는 물론 다른 사용자나 개발자도 이해하기 쉽도록 프로그램 전체에 대한 설계도를 작성해야 한다. 이 설계도는 이해하기 쉽도록 그림이나 약속된 기호나 언어로 작성하면 좋을 것이다. 이러한 프로그램에 대한 설계도를 구성하기 좋은 방법으로 순서도나 의사코드가 있다.

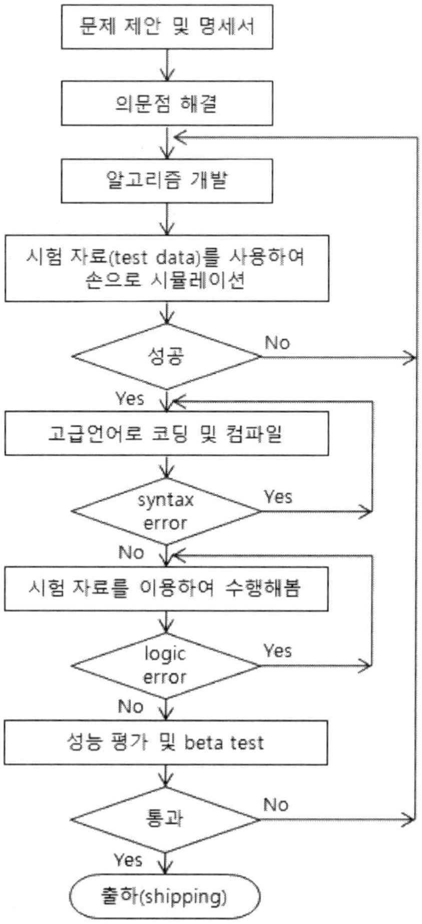

| 그림 3.1 | 소프트웨어의 개발 과정

컴퓨터는 기계어로 작성된 프로그램 인스트럭션을 논리적인 순서에 의하여 차례로 수행한다. 그러므로 프로그램을 작성하려면 컴퓨터에게 '문제를 푸는 방법'을 가르쳐 주어야한다. 이와 같이 어떠한 문제를 해결하는 방법을 문자나 기호 등으로 순서를 지정하는 것을 알고리즘(algorithm)이라 한다.

컴퓨터에게 주어진 문제를 해결하도록 하는 단계는 아래와 같다. 즉, 문제 풀이 방법 고안, 알고리즘 작성, 컴퓨터에 의한 프로그램 실행의 과정이다.

(1) 사람의 두뇌 속에서 문제 푸는 방법을 생각한다.
(2) 사람의 두뇌 속에 있는 문제 푸는 방법을 정해진 형식이나 수학적인 표현 방법을 사용하여 알고리즘으로 바꾸어 표현한다.
(3) 선택한 컴퓨터 프로그래밍 언어를 사용하여 알고리즘을 프로그램으로 코딩한다.

(4) 작성한 프로그램을 컴파일러로 의하여 번역한다.

(5) 번역된 목적 프로그램을 운영체제로 실행한다.

지금부터 문제 풀이 과정을 어떻게 알고리즘으로 표현하는가를 알아본다.

먼저, 어떠한 문제를 해결하기 위하여 순서를 정하는 것이 중요하다. 즉, 어떤 동작을 먼저 할 것인가를 정하는 것이다. 그러므로 어떤 동작을 마치고 나면 다음에는 무슨 동작을 할 것인가와 연결하여야 한다. 이때 알고리즘은 명확하게 기술하여야 한다. 또한, 알고리즘은 유한 시간이나 정해진 횟수나 시간 안에 반드시 종료하여야 하며 무한히 반복하지 않아야 한다. 실행이 종료되면 실행 결과를 내고 사용자가 그 결과를 확인할 수 있도록 한다.

3.2 순서도

순서도는 인간이 어떤 문제를 해결하는 절차를 이해하기 쉽도록 간단한 그림 기호로 표현한 그림이다. 이때 사용하는 그림 기호는 절차에 따라 의미를 가지고 있다. 표 3.1은 문제해결을 위한 절차에 필요한 순서도에서 활용할 그림기호는 각각 처리내용을 가지고 있다.

표 3.1 순서도에 사용되는 그림 기호

그림 기호	사용 예	의미
	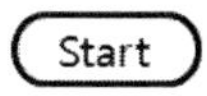	시작한다.
	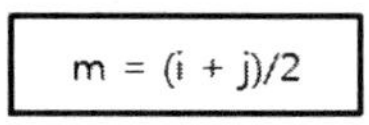	처리한다.
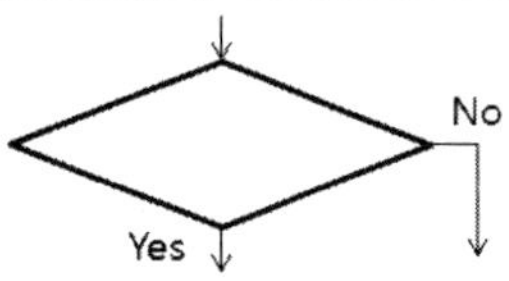	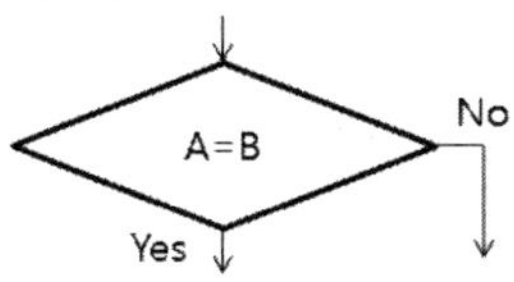	비교 및 판단한다.
	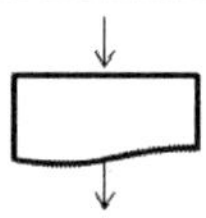	각 기호를 연결한다.
	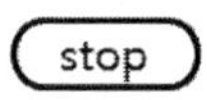	절차를 마친다.
	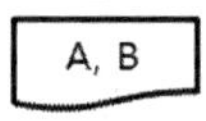	출력한다.
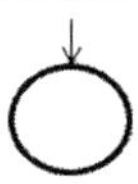	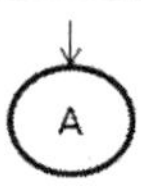	다른 부분으로 연결한다.

표 3.1의 그림 기호를 활용하여 순서도의 예를 살펴보자. 피보나치 수열의 몇 번째 값(goal)을 구하는 절차를 순서도를 사용하여 나타낸다. 이것은 수열의 순서가 계산할 목표가 될 때까지 반복하여 앞의 두 항을 더하는 피보나치 수열을 수행한다. 그림 3.2는 피보나치 수열 F = 1+2+3+5+ .... 을 계산하는 순서도이다.

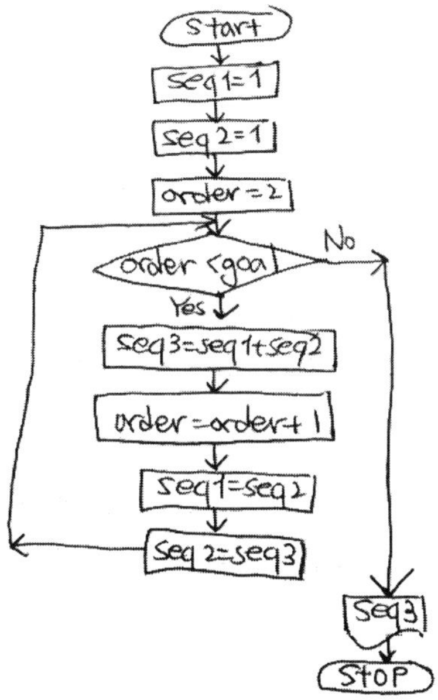

| **그림 3.2** | 피보나치 수열을 계산하는 순서도 예

이와 같이 순서도는 어떤 문제를 해결하는 과정을 시작부터 끝까지 그 절차를 그림으로 표현하여 이해하기 쉽도록 한다. 각 기호는 시작, 종료, 처리, 판단, 연결, 출력/입력 등 다양하다. 처리는 순차적으로 실행하는 산술 연산과 연산 결과의 할당 등을 나타내고, 입력과 출력에 대하여 수행하는 동작을 의미한다.

3.3 의사코드

의사코드는 그림으로 나타내는 문제해결 절차를 자연언어와 프로그래밍 언어의 중간 형식인 유사한 코드로 나타낼 수 있다. 표 3.2는 알고리즘의 동작을 나타내는 의사코드 유형이다. 이것은 자연언어와 유사하므로 사용자가 문제해결 절차를 표현하기 쉽다. 또한 작성된 유사코드를 프로그래밍 언어로 변환하기도 쉽다. 이러한 의사코드에 의한 문제풀이 과정의 주요 표현 아래와 같은 것들이 있다.

■ 순차적인 동작

순차적인 동작은 산술 연산과 연산 결과의 할당 등에 관한 실행이나 입력과 출력에 대하여 순차적으로 수행 동작을 의미한다.

■ 제어 동작

제어 동작은 조건에 의한 선택 동작, 특정 부분을 반복하는 동작, 함수를 호출하는 동작, 프로그램을 종료하는 동작 등 프로그램의 실행 순서를 바꾸는 동작을 말한다. 조건에 의한 제어 동작은 조건을 물어보고 다음 실행할 동작을 선택한다. 반복에 의한 제어 동작은 조건이 만족할 때 까지 특정 블록을 순환한다.

표 3.2에서 산술 연산의 동작 예는 값을 15:00로 세팅하는 연산으로, value 라는 변수를 지정하여 15이라는 정수 값을 할당한다. 또한 이 값을 10 증가한다는 것은 value란 변수의 값을 10 만큼 증가시킨다는 의미이다. 입력과 출력에 대한 예는 위에서 아래로 차례로 수행한다.

조건을 판단하는 구조는 주어진 조건에 의하여 특정 부분을 선택하는 동작이다. 이 동작은 두 개의 동작을 가지는데 하나는 if-then 동작이고, 다른 하나는 if-then-else 동작이다.

표 3.2의 반복 구조 중에서 아래 구조는 주어진 회수 조건에 의하여 특정 부분을 주어진 회수 만큼을 반복하여 수행하는 구조이다.

```
for I=1 to 100 do
    블록1
for end;
```

이 회수에 의한 구조는 다른 두 개의 의사코드인 REPEAT 및 WHILE와 더불어 반복 구조로 동작한다. 이와 같이 특정 부분은 반복하여 순환하도록 알고리즘의 구성할 수 있다. 이때의 반복할 조건은 반복하는 회수가 되기도 하고, 필요한 조건이 되기도 한다.

표 3.2 의사코드 유형

코드 기호	사용 예	의 미
• value = 15; • value = value + 10;	• 15 값을 value 변수에 넣어라. • 변수 value에 10을 더하여 value 변수에 넣어라.	산술 연산 동작
• get val1, val2, val3; • put val1, val2, val3;	• val1, val2, val3의 각 값을 입력하라. • val1, val2, val3의 각 값을 출력하라.	입력과 출력 동작
• if value = 30 then 블록1 if end; • if value = 30 then 블록1 else 블록2 if end;	• value 값이 30이면 블록1 부분을 수행하라. • if value = 30이면 블록1 부분을 수행하고, 아니면 블록2 부분을 수행하라.	조건을 판단
• for I=1 to 100 do 블록1 for end;	• I값이 1일 때부터 100일 때 까지 블록1 부분을 반복하여 수행하라.	반복 구조

3.4 순서도와 의사코드의 대응

위에서 언급한 순서도와 의사코드는 아래와 같이 서로 같은 의미를 가지며 대응한다. 그림 3.3은 조건 판단 의사코드 구조의 순서도 표현이다.

그림 3.4는 주어진 조건에 의하여 특정 부분을 반복하는 동작이다. 이 동작은 두 개의 의사코드 표현을 가지는데 하나는 REPEAT 코드에 의한 반복 동작이고, 다른 하나는 WHILE 코드에 의한 반복 동작이다.

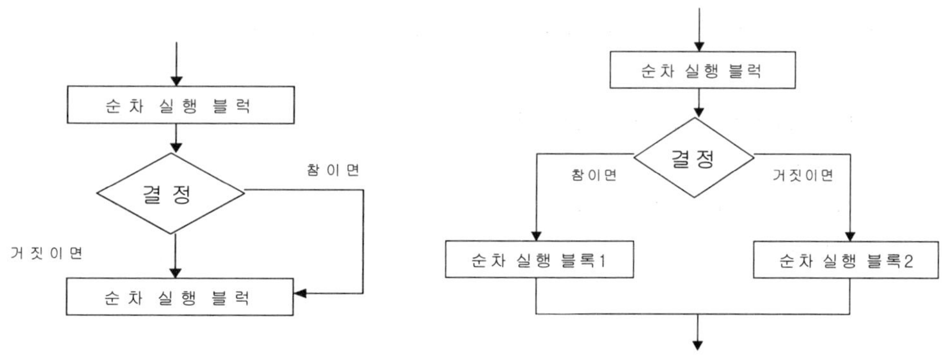

(a) *If−then* 수행할 코드 (b) *If−then−else* 수행할 코드

| 그림 3.3 | 조건에 의한 선택 동작의 의사코드에 대한 순서도 표현

repeat 반복 구조는 아래와 같으며 대응하는 순서도는 그림 3.4와 같다.

```
repeat
    블록1
counter = counter 값의 변화;
until (counter의 주어진 조건 검사);
```

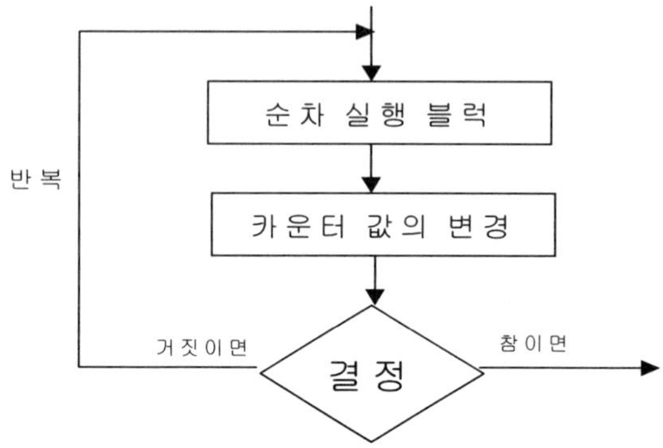

| 그림 3.4 | *repeat* 수행 반복 구조의 순서도

그러므로 카운터가 100일 때 까지만 반복하는 예를 repeat 구조로 표현하면 아래와 같다.

```
repeat
    블록1
counter = counter + 1;
until (counter > 100);
```

while 반복 구조는 아래와 같으며 대응하는 순서도는 그림 3.5와 같다.

```
while (counter에 주어진 조건 검사) do
    블록1
counter = counter 값의 변화;
while end;
```

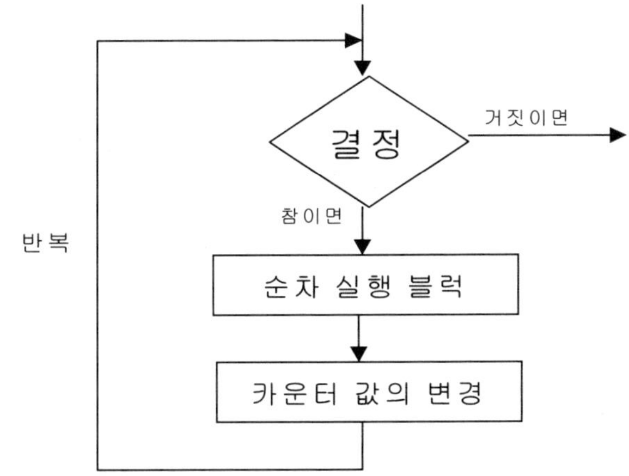

| 그림 3.5 | *while* 수행 반복 구조의 순서도

그러므로 카운터가 100일 때까지만 반복하는 예를 while 구조로 표현하면 아래와 같다.

```
while (counter <= 100) do
    블록1
counter = counter + 1;
while end;
```

이와 같이 알고리즘은 누구나 이해하기 쉽도록 의사코드로 표현하는 것이 좋다. 보통은 수행하고자하는 각 동작을 제한된 형식의 의사코드로 표현한다. 의사코드는 프로그램 코드가 아니기 때문에 컴퓨터에서 직접 수행할 수 없다. 그러므로 의사코드를 실행할 수 있는 특정 프로그래밍 언어로 변환하여야 한다.

3.5 프로그램

이 절에서는 C프로그램의 전반적인 구조를 알아보자. 즉, C의 main 프로그램의 전체 구조, 선행 처리기의 역할, 수, 문자형의 선언과 값의 할당, 특수 문자와 코멘트 사용법, 함수의 정의와 호출 방법에 대해서 간단히 알아본다. 또 어떤 프로그램을 실행하면 어떤 결과가 나오는지 살펴본다.

3.5.1 프로그램 전체 구조

C 프로그램에서 프로그램을 실행하기 위해서는 기본적인 표준 입출력 라이브러리인 stdio.h를 포함하기 위한 선행처리기 #include를 통해 프로그램이 이 라이브러리를 사용한다는 것을 알려야 한다.

라이브러리에 대하여는 뒤에서 설명한다. 그리고 main이라는 이름이 반드시 필요하며, 그 뒤를 따르는 한 쌍의 괄호 ( )는 인자가 없음을 나타낸다. 또한 main앞의 void는 이 main이 아무런 값도 리턴하지 않는다는 것을 의미하는데 이 또한 후에 함수부분에서 설명된다.

C 프로그램에서는 블록의 시작 부분을 표시하기 위해서 "{"를 사용하고, 블럭의 끝 부분을 표시하기 위해서 "}"를 사용한다. C 프로그램의 문장은 항상 세미콜론(;)으로 끝나야 한다.

실습 3.1

다음은 C 프로그램의 구조를 알아보기 위한 간단한 프로그램과 그 실행 결과이다. 프로그램을 직접 실행하여 결과를 쓰시오.

```
#include<stdio.h>
void main()
{
int i;
char ch;

i = 10;
ch = 'a';
printf("\n%d, %c\n",i, ch);
 }
```

결과: 10, a

위의 프로그램에서 문장 1은 표준입출력 라이브러리인 stdio.h를 이 프로그램에서 사용한다는 것을 나타낸다. 문장 2는 main 프로그램의 시작을 나타낸다. 문장 3의 {는 프로그램 몸체의 시작 부분을 나타낸다. 문장 4에서는 정수형 변수 i를 선언하고, 문장 5에서는 문자형 변수 ch를 선언하였다. 문장 6은 선언 부분과 실행 부분을 시각적으로 구별하기 위해 비웠다. 그러나 이 부분은 프로그램의 실행 결과에는 영향을 미치지 않는다. 문장 7에서는 변수 i에 값 10을 할당하고, 문장 8에서는 문자형 변수 ch에 문자형 상수 'a'를 할당하였다. 문장 9은 출력문으로 변수 i의 값과 변수 ch의 값을 출력한다. 입출력문에 대해서는 제 6 장에서 자세히 설명하므로 여기서는 간단히 언급한다. 출력문에서 자료를 출력하기 위해서는 서식 지정자를 사용하여 출력 형식을 지정한다. 문장 9에서는 서식 지정자로서 %d와 %c가 사용되었는데, %d는 정수형을 출력하기 위한 것이고, %c는 문자형 자료를 출력하기 위한 서식 지정자이다. '\'은 출력할 때 커서를 한 라인 아래의 첫째 라인으로 이동시키는 역할을 한다. 그러므로 변수 i의 값과 변수 ch의 값이 출력되었다. 문장 10은 프로그램 몸체가 끝남을 나타낸다.

물음 3.1

실습 3.1의 프로그램에서 문장 3이나 문장 10을 없애고 실행시키면 어떤 결과가 나타나는지 직접 확인하시오. 실행 결과에 변화가 있다면 그 이유가 무엇인지 쓰시오.

물음 3.2

함수 printf의 역할은 무엇이며 구조는 어떤지 조사하여 적으시오.

printf는 C 언어에서 출력을 위한 함수이다. 원하는 문자열 형태를 컴퓨터 화면에 출력한다. 원하는 문자열 형태는 printf 다음에 오는 한 쌍의 괄호 ( ) 안에 쓴다. 이와 관련된 함수로는 cprintf, fprintf, putch, putc, getch, getc 등이 있다.

3.5.2 수와 문자형의 선언과 값의 할당

C 프로그램에서 사용되는 기본 자료형은 크게 정수형, 실수형, 문자형이 있다. 정수형은 소수점이 없는 수이고, 실수형은 소수점이 있는 수이다. 문자형은 그에 해당하는 정수값을 가지며, 특정 문자에 해당하는 정수값을 문자형 변수에 직접 할당할 수 있다. 문자형 상수는 ' '를 사용하여, 'A', 'b', '*'와 같이 표현한다.

실습 3.2

다음은 변수의 선언과 값의 할당 방법을 알아보기 위한 간단한 프로그램이다. 이것을 직접 실행하여 결과를 확인하시오.

```
1   #include<stdio.h>
2   void main()
3   {
4       int num1;
5       float num2;
6       char c;
7
8       num1 = 10;
9       num2 = 123.34567;
10      c = 'B';
11
12      printf("\n%d,    %f,     %c", num1,num2,c);
13  }
```

결과 :10,   123.34567,   B

위의 프로그램에서 num1이 정수형 변수, num2는 실수형 변수로, c는 문자형 변수로 선언되었다. 문장 8에서는 정수형 변수 num1에 정수형 상수 10을 할당하였고, 문장 9에서는 실수형 변수 num2에 실수형 상수 123.34567을 할당하였다. 문장 10에서는 문자형 변수 c에 문자형 상수 'B'를 할당하였다. 문장 12에서는 각각 %d, %f, %c라는 서식 지정자를 이용하여 변수 num1, num2, c에 저장되어 있는 값들을 출력하였다.

물음 3.3

실습 3.2의 프로그램에서 문장 4,5,6은 변수의 선언이고, 문장 8,9,10은 값을 할당하는 문장이다. 변수의 선언과 값의 할당을 동시에 하기 위해서는 main을 어떻게 바꾸면 되겠는가? 알맞게 프로그램을 고치고 실행하여 결과를 적으시오.

C 프로그램 언어에서는 동일한 자료를 여러 개의 변수에 동시에 할당할 수 있다. 예를 들면, 정수형 변수 love와 rose에 10이라는 정수형 자료를 동시에 할당하기 위해서 다음과 같은 문장을 쓸 수 있다.

```
love = rose = 10;
```

물음 3.4

실습 3.2의 프로그램에서 문장 10를 c = 65;로 바꾸면 어떤 결과가 발생하는지 직접 실행하여 확인하시오. 이런 결과가 발생하는 이유는 무엇인지 쓰시오.

C 언어에서 문자형 자료는 그에 해당하는 정수값을 가진다. 그러므로 문자형 변수에는 문자형 자료뿐 아니라 그 문자에 해당하는 정수를 할당할 수 있다.

물음 3.5

실습 3.2에서 문장 12을 printf("\n%d, %f, %d", num1,num2,c);로 바꾸면 어떤 결과가 발생하는지 직접 실행하여 확인하시오. 이런 결과가 발생하는 이유는 무엇인지 쓰시오.

3.5.3 선행 처리기

선행 처리기 문장은 맨 앞에 #를 써서 표시하며, C 언어 컴파일러가 프로그램을 컴파일하기 전에 처리하는 문장이다. 선행 처리기로 자주 사용되는 것은 #define, #include가 있다. #define은 매크로 정의와 같은 역할을 하며, #include는 함수 사용에 필요한 라이브러리 화일을 포함하는 역할을 한다. #define의 일반적으로 다음과 같은 형식으로 쓴다.

```
#define    매크로 문자열    대치할 문자열 또는 수식
```

예를 들면, 다음과 같은 선행 처리기 문장 #define False 0은 False라는 문자열을 0이라는 정수로 정의하는 것이다. 프로그램에서 False라는 문자열이 쓰이면 그것은 항상 정수 0로서 인식된다. 따라서 아래 두 문장은 동일한 것으로 취급된다.

```
IntVar = 0;        IntVar = False;
```

#include의 일반적인 형식은 다음과 같다.

```
#include "화일이름"
#include <화일이름>
```

라이브러리에 정의된 화일을 포함하기 위해서는 #include <stdio.h>와 같이 쓰고, 사용자가 작성한 화일을 포함하기 위해서는 #include "test.h"와 같이 기술한다.

실습 3.3

다음은 선행 처리기의 역할을 알아보기 위한 간단한 프로그램이다. 이것을 직접 실행하여 결과를 확인하시오.

```
1   #include<stdio.h>
2   #define True 1
3   #define False 0
4
5   void main()
6   {
7       int value1, value2;
8
9       value1 = True;
10      value2 = False;
11      printf("%d    %d\n",value1, value2);
12  }

결과:  1,  0
```

위의 프로그램의 문장 2와 문장 3은 매크로 정의를 위한 선행 처리로 True를 정수형 상수인 1로 정의하고, False를 정수형 상수 0로 정의하였다. 문장 7에서는 value1과 value2를 정수형 변수로 선언하였다. 문장 9에서는 정수형 변수 value1에 True라는 값을 할당하고, 문장 10에서는 정수형 변수 value2에 False라는 값을 할당하였다. 문장 11에서는 value1과 value2의 값을 출력하였다.

물음 3.6

실습 3.3에서 문장 7 다음에 int True;라는 문장을 삽입하면 어떤 결과가 발생하는지 직접 확인해 보고, 그런 결과가 나오는 이유를 쓰시오. #define에 의해 정의된 상수는 프로그램에서 변수로 재정의될 수 없다.

물음 3.7

실습 3.3에서 문장 2와 문장 3은 다른 프로그래밍언어의 매크로와 같다. 이 두 문장을 삭제하고 매크로 확장을 시키면 main 안의 문장은 어떻게 바뀌야 하는지 쓰시오.

3.5.4 특수 문자와 코멘트 사용법

문자형 상수 중 특수한 목적을 위하여 사용되는 상수가 있는데 이는 \(₩)를 사용해서 나타낸다. C 프로그래밍 언어에서 \는 보통의 단일 문자로 사용될 수 없고, 특수한 문자로 취급된다. 아래는 특수 문자들이다.

```
\n   커서를 한 라인 아래의 첫번째 칼럼으로 이동시킨다.
\r   커서를 현재 라인의 첫번째 칼럼으로 이동시킨다.
\t   탭의 크기 만큼 커서를 이동시킨다.
\'   '를 출력한다.
\"   "를 출력한다.
\\   \를 출력한다.
\b   커서를 한 칼럼 뒤로 이동시킨다.
\a   벨소리
\v   수직탭
```

프로그램이 복잡할 경우 오랜 시간이 경과한 후 그 의미를 파악하기 힘들므로 함수나 모듈 단위로 설명을 적어 두는 것이 좋다. 이를 코멘트라고 하며, /*와 */ 사이에 설명을 적는다.

실습 3.4

다음은 특수 문자와 코멘트 사용법을 알아보기 위한 간단한 프로그램이다. 직접 실행하여 결과를 확인하시오.

```
/* A program illustrating the use of special characters and comment */
/*------------------------------------------------------------------------------*/
#include<stdio.h>
void main()
{
    printf("\nThis is Programming Language course.\n");
    printf("\tI like this course.\n");
    printf("She is called \"Working Dictionary\" these days.\n")
    printf("You mean\b everything\b to\b me\n");
    printf("Remove1\r remove2\r remove3\n");
    printf("Slash \\ slash \\.\n");
    printf("Quotation \'thing\'\n");
}
```

결과

```
This is Programming Language course.
        I like this course.
She is called "Working Dictionary" these days.
You mea everythin t me
remove3
Slash \ slash \.
Quotation 'thing'
```

위의 프로그램의 문장 1과 문장 2는 코멘트문으로서 이 프로그램에 대해서 설명을 하는 부분이다. 문장 6에서 문장 12까지는 출력문으로 여러 개의 특수 문자가 사용되는 예를 보인 것이다.

물음 3.8

실습 3.4에서 문장 7을 printf("I like this course.\n");로 바꾸어 실행시키면 결과는 어떻게 되며 그 이유는 무엇인지 쓰시오.

결과 첫 번째 '열'부터 결과가 출력된다.

물음 3.9

실습 3.4에서 문장 8을 printf("She is called "Working Dictionary" these days.\n");로 바꾸어 실행시키면 결과는 어떻게 될까? 결과에 변화가 있다면 그 이유는 무엇인지 쓰시오.

결과 Function call missing) in function main

물음 3.10

실습 3.4에서 문장 9를 printf("You mean everything to me\n");로 바꾸어 실행시키면 어떤 결과가 나타나며, 결과에 변화가 있다면 그 이유는 무엇인지 쓰시오.

결과 You mean everything to me

3.5.5 함수의 정의와 호출 방법

함수는 동일한 기능을 프로그램에서 중복해서 쓰는 것을 막기 위해서 제공되는 프로그램 구조이다. 미리 함수를 정의해 놓고 인자만 바꾸어 필요할 때 호출하여 계산된 반환 값을 사용할 수 있다.

C 언어의 함수는 내부에서 화면이나 화일로 자료를 출력하거나, 자료를 입력 받을 수 있으므로, 다른 프로그래밍 언어의 프로시져와 함수의 모든 기능을 복합하여 수행할 수 있다는

특징을 가지고 있다. 함수의 역할은 그림 3.6과 같다.

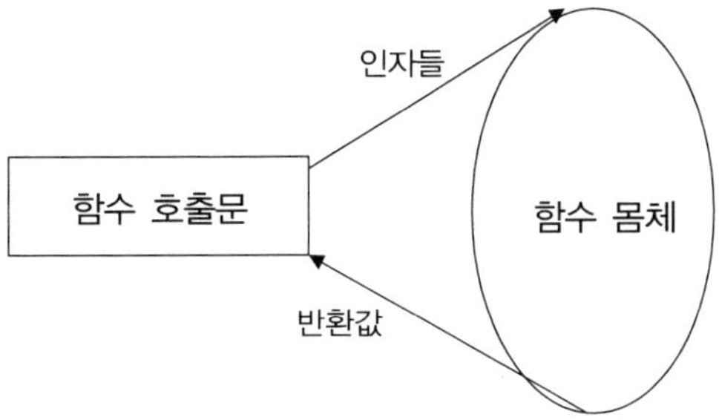

| 그림 3.6 | 함수의 구성

함수 정의의 일반적인 형식은 아래와 같다.

```
반환값의 형   함수 이름 (인자1, 인자2, ...)
인자1의 형     인자1;
인자2의 형     인자2;
{
      지역 변수 정의
      함수의 몸체
          .......
    return(반환값)
 }
```

여기에서 주의할 사항은 함수 인자 리스트 뒤에 절대로 세미콜론을 붙이면 안된다는 점이다. 만약 그렇지 않으면 컴파일러는 "Declaration Syntax Error"라는 오류 메시지를 내고 컴파일을 중지한다.

아래는 함수 정의의 예이다.

```
int square(x)
int x;
{
      int sq;
      sq = x * x;
      return (sq);
}
```

위와 같이 정의된 함수를 호출하기 위해서는 SQ = square(4);라는 문장을 쓰면 된다. 이때 SQ라는 변수에 16이라는 정수가 할당되게 된다.

실습 3.5

다음은 함수의 정의와 호출 방법을 보여주는 간단한 프로그램과 그 실행 결과이다. 직접 실행하여 결과를 확인하시오.

```
1  #include<stdio.h>
2  void out_sentence()
3  {
4        printf("Welcome to this course !\n");
5        printf("Do your best.\n");
6  }
7  void main()
8  {
9        printf("This is a simple program.\n");
10       out_sentence();
11       printf("May God bless you!\n");
12 }
```

결과

```
This is a simple program.
Welcome to this course !
Do your best.
May God bless you!
```

실습 3.5에서 문장 2-6은 함수의 정의 부분이다. 함수의 이름은 out_sentence 이고, 그 다음에 오는 한 쌍의 괄호 ()는 함수의 인자가 없음을 나타낸다. 함수의 몸체는 문장 3-6까지이다. 문장 4는 "Welcome to this course !"라는 문자열을 화면에 출력한 후 커서의 위치를 한 라인 아래의 제일 왼쪽으로 이동하라는 의미를 나타낸다. 왜냐하면 문자열에 붙어 있는 \n은 커서를 한 라인 아래의 왼쪽으로 이동하라는 의미를 지니는 특수 문자이기 때문이다. 문장 5는 "Do your best."라는 문자열을 화면에 출력한 후 커서의 위치를 한 라인 아래의 제일 왼쪽으로 이동하라는 의미이다.

이와 같이 정의된 함수를 호출하기 위한 프로그램 문장은 main 함수 내부에 위치한 문장 10이다. 함수 호출은 프로그래머가 호출하고자하는 함수의 이름과 그 뒤에 인자전달을 위한 한 쌍의 괄호 ()와 인자들로 이루어지는데, 위의 프로그램 예에서는 호출되는 함수가 인자를 사용하지 않으므로 함수 호출 시 인자를 주지 않는다. main 함수에서 문장 9를 수행하여 "This is a simple program."이라는 문자열을 출력하고, 커서를 한 라인 아래의 제일 왼쪽으로 이동한 후, 문장 10에서 함수 out_sentence()를 호출하여 수행시킨 후, 문장 11을 수행하여 "May God bless you!"라는 문자열을 출력하고 커서를 한 라인 아래의 제일 왼쪽으로 이동한다.
함수 호출은 main 함수뿐만 아니라 사용자가 프로그램하여 정의한 임의의 함수 내에 존재하는 문장에서도 호출이 가능하다.

물음 3.11

실습 3.5에서 프로그램의 실행순서를 문장 번호를 사용해서 적고, 함수의 역할이 무엇인지 쓰시오.

물음 3.12

C 프로그래밍 언어에서 함수의 구조를 적으시오.

연습문제

3.1 순서도와 의사코드의 차이와 각 특성을 설명하시오.

3.2 아래 수식을 계산하는 순서를 기술하시오.

$$f = 1 + b/v + c/v^2$$

3.3 아래 수식을 계산하는 순서를 기술하시오.

$$r = 1/x1 + 1/x2 + 1/x3 + 1/x4$$

3.4 아래 그림과 같은 도형이 있다. 각 세 점 사이의 거리 DIST12, DIST13, DIST23을 계산하는 과정을 기술하시오.

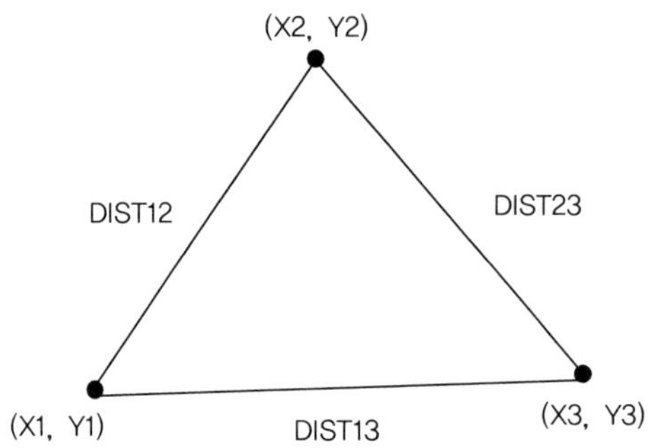

3.5 아래의 각 단계를 연속적으로 수행한다고 가정하고 그 과정을 말로 설명하시오.

```
t = 100.0;
x = 1.0/t;
L = 0.2 * x;
m = x * x;
n = x + x + x + x + x + x + x + x + x + x;
printf ("%f %f %f", L,m,n);
```

3.6 다음 프로그램에서 구문 오류를 모두 찾아내어 수정하고, 수정된 프로그램을 Visual C++로 실행하여 결과를 적어 보시오.

```
#include<stdio.h>
void main()
{
    Int i, J, DIF, Sum&;
    /*  Assignment Statements
    i = 10
    J = 20;
    /*  Do following computations
    DIF = J - i;
    /*  Display  Result  */
    printf("The Difference is %d\n",DIF)
}
```

3.7 다음 프로그램의 결과를 예측하여 적어보시오. 여러분의 컴퓨터에서 직접 실행시킨 후 예측한 결과와 비교하시오.

```
#include<stdio.h>
void main()
{
    int i, j;
    i = 100;
    printf("The value of i  : %d\n", i);
    j = i;
    printf("The value of j  : %d\n", j-45);
}
```

3.8 아래 프로그램에서 에러를 찾으시오.

```
# include iore.h
mian()
(
couts << \n"I like to write/n before I've read it.\n\n;
cout << "Then, with my pen, I always edit."\n;
cout >> "But, with computer\s, now I type;
cout <<("An never, ever get it right./n")
{
```

3.9 다음 프로그램의 결과는 무엇인지 적으시오.

```
#include <iostream.h>
void main(void)
{
cout << "XX대학교  " << "영" << "문" << "학과" << " ";
cout << "위대한" << "캐" << "스" << "비\n";
cout << "저자 " << "코난" << "도일\n";
}
```

CHAPTER

4 이차방정식 근 구하기: 선택구조

이 실습의 목적은 문제를 해결하는 순서가 기술된 문장의 순서에 의하여만 이루어지는 것이 아니라, 문제해결 단계 중에 주어진 조건에 의하여 실행 순서에 변화를 주어 순서를 변경하게 되는 방법과 문장들의 구조를 실습한다.

실습 시간은 2시간이며 기초 내용은 수식과 할당문을 완전하게 알아야 하며, 논리 수식을 위한 논리 합, 논리 곱, 부정 등에 관한 논리 연산 규칙을 알아야 한다.

4.1 if문의 형식

어떤 작업을 행할 때 주어진 조건에 따라 다른 일을 처리해야 할 때가 있다. 조건이 참일 때와 거짓일 경우를 나누어 일을 처리하여야 할 경우에 쓰이는 것이 if문이다. if는 else와 결합하여, 조건이 참일 경우는 if 문장을 실행하며 조건이 거짓일 경우에는 else 문장을 실행한다. if문의 형식은 다음과 같다.

```
if(조건식)
{
        문장 1;
        문장 2;
            .
            .
            .

}
else
{
        문장 1';
        문장 2';
```

```
        .
        .
        .
}
```

4.2 else if문 형식

else if문은 조건에 대한 선택 사항이 여러 개일 경우에 쓰여지며, 형식은 다음과 같다.

```
if(조건식 1)
{
    문장 1';
    문장 2';
        .
        .
        .
}
else if(조건식 2)
{
    문장 1';
    문장 2';
        .
        .
        .
}
        .
        .
        .
else
{
    문장 1";
    문장 2";
        .
        .
        .
}
```

else if문은 맨 처음 if의 조건식을 검사하고 만족하지 않을 경우 다음의 else if의 조건식을 차례로 검사하여 만족하는 것이 나올 때까지 검사하며, 조건이 만족되면 그것과 해당하는 블럭의 문장을 수행한다. 만약 모든 조건식이 만족하지 않을 경우 else문에 해당하는 문장이 실행된다. 만약 중간에 하나의 조건식이라도 만족하면 다음의 조건식은 검사하지 않는다. 마지막의 else문장은 없어도 된다.

실습 4.1

아래의 프로그램은 하나의 정수를 입력받아서 그 수가 1이면 1이라고, 2면 2라고 그 외의 수이면 incorrect를 출력하는 프로그램이다. 실행시켜보고 결과를 분석하시오. 아래의 프로그램에서는 if문만을 사용하였다.

```
#include <stdio.h>

main()
{
    int i;
    scanf("%d",&i);
    if(i==1) printf("i=1");
    if(i==2) printf("i=2");
    if((i!=1) && (i!=2))
        printf("The value of i is incorrect\n");
}
```

결과

```
1 [입력]      i=1
2 [입력]      i=2
3 [입력]      The value of i is incorrect
```

위의 결과는 세 번을 실행한 것이며, 입력한 숫자에 따라 다르게 반응함을 알 수 있다.

실습 4.2

하나의 숫자를 받아들어서 1 또는 2를 검사하고, 만약 1이면 2로 2이면 1로 바꾸는 프로그램이다. 1, 2 둘다 아닐 때에는 입력 값이 잘못되었다고 출력한다. 아래의 프로그램에서 가장 가까운 if가 else에 대응된다.

```
1  #include <stdio.h>
2
3  main()
   {
4     int i;
5     scanf("%d",&i);
6     if((i==1) || (i==2))
7        if(i==1) printf("i=2");
8        else printf("i=1");
9     else printf("The value of i is incorrect\n");
10 }
```

결과

```
1 [입력]     i=2
2 [입력]     i=1
A [입력]   The value of i is incorrect
5 [입력]   The value of i is incorrect
```

만약 입력한 숫자가 1이나 2이면 7번 문장에서 i가 1인지를 검사한다. 8번 문장은 입력이 2인 경우에 실행한다. 입력이 1, 2 모두 아니라면 9번 문장이 실행된다. 위의 결과는 4번 실행된 것이다. 위의 결과에서 알 수 있듯이 else는 가장 가까운 if와 대응한다. 즉, 8번 문장의 else는 7번 문장의 if와 반응하고, 9번 문장의 else는 6번 문장의 if와 대응된다.

실습 4.3

성적을 받아들어 학점을 계산하는 프로그램이다. 90점 이상은 A, 80점 이상은 B, 70점 이상은 C, 60점 이상은 D, 60점 이하는 F를 출력한다.

```
1  #include <stdio.h>
2
3  main(){
4   int score;
5   char grade;
6
7   scanf("%d",&score);
8   if(score>=90) grade='A';
9   else if(score>=80) grade='B';
10  else if(score>=70) grade='C';
11  else if(score>=60) grade='D';
12  else    grade='F';
13  printf("grade==%c",grade);
14 }
```

결과

```
89 [입력]  grade==B
34 [입력]  grade==F
```

89가 입력되면 9,10,11,12번 문장을 모두 만족하지만, else if는 한번 만족되면 그 이후의 문장을 검사하지 않기 때문에 10,11,12는 조건을 검사하지 않는다.

물음 4.1

문장 9,10,11,12의 else if대신에 if를 쓰면 어떻게 되는가? 결과를 가지고 if와 else if의 차이점은 무엇인지 알아보시오.

실습 4.4

else는 가장 가까운 if와 결합하게 된다. 아래의 프로그램을 실행시켜 보고 비교해 보시오.

```
1  #include <stdio.h>
2
3  main(){
4   int a,b,c;
5
6   scanf("%d %d %d",&a,&b,&c);
7
8   if(a>=b || a!=c && a && b)
9       if(a++==b)
10          printf("second if: %d %d %d", a,b,c);
11  else
12          printf("first if: %d %d %d", a,b,c);
13 }
```

결과

```
2 2 3 [입력]     second if: 3 2 3
5 7 9 [입력]     first if: 6 7 9
0 2 1 [입력]
```

11번 문장의 else는 8번의 조건식이 만족하지 않았을 경우에 실행하려고 한다. 그러나 위에서와 같이 else가 가장 가까운 if와 결합하기 때문에 9번의 if와 결합하게 된다. 따라서 8번의 조건식이 만족하지 않을 경우에는 아무런 실행도 없이 프로그램이 종료된다. 첫 번째 실행에서 a와 b가 같고 a++가 실행되기 때문에 a의 값은 3이 된다. 두 번째 실행에서는 비록 9번 조건을 만족하지 않지만 조건 검사시에 a++를 실행하기 때문에 a의 값은 6이 된다. 세 번째 실행에서는 a의 값이 0이므로 8번의 조건식을 만족하지 않으므로 종료된다.

물음 4.2

실습 4.1에서 8번 문장이 만족되지 않을 때 11번의 else문이 실행하도록 프로그램을 수정해 보시오. 그리고 위의 프로그램에서 논리곱(&&)과 논리합(||)의 결합 우선순위에 대하여 알아보시오.

실습 4.5

다음은 이차 방정식 $\mathrm{Ax}^2+\mathrm{Bx}+\mathrm{C}=0$의 근을 구하는 프로그램이다. 이차방정식의 계수를 받아들여 판별식의 값에 따라 실수값이나 정수 값을 출력해 주는 프로그램이다. 여기에는 계수가 0인지 또는 다른 계수가 있는지 검사하는 문장이 들어 있다.

```
#include <stdio.h>
#include <stdlib.h>

main(){
 float a,b,c,disc,part1,part2,r1,r2;

 printf("Input the number of coefficient a b c : ");
 scanf("%f %f %f",&a,&b,&c);

 if(a==0)
   if(b!=0)
     printf("Not quardratic root id %f\n",-c/b);
   else
     printf("Equation has the form C=0. C=%d\n",c);
 else{
         part1=-b/(2.0*a);
         disc=b*b-4.0*a*c;
         part2=sqrt(abs(disc))/(2.0*a);
         if(disc < 0.0)
          printf("Complex roots is %f+%fi and %f-%fi",
                  part1,part2, art1,part2);
         else{
             r1=part1+part2;
             r2=part1-part2;
             printf("Real root is %f and  %f\n", r1,r2);
          }/*else*/
   } /* else*/
}
```

결과

```
Input the number of coefficient a b c : 1 2 3 [입력]
Complex roots is -1.000000+33.000000i and –1.000000-33.000000i
Input the number of coefficient a b c : 1 4 2 [입력]
Real root is 31.000000 and  -35.000000
```

문장 10번에서는 a의 계수가 0인 경우(일차식일 경우)에 대하여 수행한다. 즉 일차식 bx+c=0의 형태에서 b를 검사하여 b가 0이 아니면 일차원식을 풀고, b가 0이라면 c=0 이라는 메세지를 준다. 문장 15번은 a가 0이 아닐 경우에 대하여 두 방정식의 구하는 것이고, 문장 19번은 판별식을 검사하여 허근을 검사하고, 문장 21에서는 실근에 대해 검사한다.

4.3 조건 수식

제어 구조에서 프로그램의 실행 순서를 변경하기 위한 조건 수식은 매우 중요하게 다루어 지며, 정확한 조건 수식이어야만 프로그램의 실행 순서를 정확하게 제어하여 주므로 조건 수식에 관하여 자세히 다룬다. 이 실습에서는 산술 수식, 논리 수식, 관계 수식에 관한 연산자, 연산 규칙과 함께 제어문의 특성을 알아야 한다. 조건을 표현하는 수식은 조건에 들어 있는 식의 종류에 따라, 산술식에 의하여 표현되는 산술 수식, 관계 연산자에 의하여 표현되는 관계 수식과 논리 연산자에 의하여 표현되는 논리 수식으로 구성되어진다.

■ 산술 수식

조건문에서 식의 계산 결과가 0이 되면 거짓이 되고, 나머지 계산 결과들은 참으로 나타난다. 따라서 음수도 수식에서는 참으로 계산 된다. 산술 연산자에 의하여 이루어진 수식의 값에 따라 참, 거짓이 나타낸다.

■ 관계 수식

관계 수식은 "수식 1 관계 연산자 수식 2"과 같이 나타나는데 수식 1, 수식 2는 정수, 실수, double 수형의 수식으로 구성되는데, 관계 연산자는 앞에서 설명한 바와 같이 ==, >, <, >=, <= 가 있다.

■ 논리 수식

논리 수식도 "수식 1 논리 연산자 수식 2"과 같이 나타나는데 수식 1, 수식 2는 수식으로 구성되고, 논리 연산자로는 논리곱(&&, and), 논리합(||, or), 부정(!, not) 이 있다. 조건식의 수식은 산술 수식, 관계 수식, 논리 수식으로 구분되는 것이 아니라 여러 가지 식이 결합되어 사용된다.

연산자의 우선순위

연산자는 조건을 검사할 때 우선 순위에 따라 사용을 한다. 조건 수식의 우선 순위는 다음과 같다.

(1) 먼저 산술 연산자 순위에 따라 산술 수식이 계산되고,
(2) 다음에 관계 수식이 계산된 후,
(3) 논리형 연산자가 연산자 우선순위에 따라 계산된다. 이때 논리 연산자 우선순위는 !, &&, ||의 순서이다.

실습 4.6

다음은 산술 수식에 관한 프로그램이다. 실행하여 보고 결과를 분석하시오. 산술 수식에서는 조건식의 값이 0 이외의 값이면 참이 되고 0일 경우에만 거짓이 된다.

```
1  #include <stdio.h>
2
3  main()
   {
4    int true,false;
5
6    true=-1;
7    false=0;
8    if(true)   printf("-1 is true\n");
10   if(false) printf("0 is true\n");
11   else printf("0 is false\n");
12 }
```

결과

```
-1 is true
0 is false
```

위의 예에서 -1은 참으로 계산되어 8번의 문장을 수행하고, 0은 거짓으로 계산되어 11번의 문장에서 실행된다.

실습 4.7

다음은 논리 수식(&&, ||, !)에 관한 프로그램이다. 실행해 보고 결과를 분석하시오. &&는 논리곱, ||는 논리합, !는 부정을 나타낸다.

```
1  #include <stdio.h>
2
3  main()
   {
4    int x,y;
5    x=1; y=0;
6
7    if(x && y) printf("x and y is true\n");
8    if(x || y) printf("x or y is true\n");
9    if(!y)   printf("not y is true\n");
10 }
```

결과

```
x or y is true
not y is true
```

X가 참이고 y가 거짓일 때 x and y는 거짓으로 계산되어 7번 문장은 실행되지 않는다. 그러나 x or y, not y는 참으로 계산되어 8,9 문장을 수행하게 된다.

실습 4.8

다음은 관계 수식에 관한 프로그램이다. 실행해 보고 결과를 분석하시오.

```
#include <stdio.h>

main()      {
  int x,y;
  x=1; y=0;

  if(x >= y) printf("x is greater than or equal to y\n");
  if(x == y) printf("x is equal to y\n");
  if(x<y)   printf("x is less than y\n");
}
```

결과

```
x is greater than or equal to y
```

물음 4.3

산술 수식, 관계 수식, 논리 수식에 대하여 어떠한 경우에 참이 되는지 알아보시오.

실습 4.9

아래의 프로그램은 관계 연산자와 ++가 결합되어 있는 프로그램이다. 실행시켜보고 어떠한 결과가 나타나는지 알아보시오.

```
1  #include <stdio.h>
2
3  main()   {
4    int x,y,z;
5    x=3;y=4;
6
7    printf("\n");
8    if(++x==y++)  printf(" x is equal to y ::x=y= %d ",x);
9    else  printf(" x is not equal to y ::x= %d,y=%d ",x,y);
10 }
```

결과

```
x is equal to y ::x=y= 4
```

단항 연산자 ++는 놓여지는 순서에 따라 수행되는 순서가 다르게 결정된다. ++x는 변수 앞에 ++가 쓰여졌으므로 조건의 검사시에 x의 값을 증가시키고, y++는 변수 뒤에 쓰임으로서 검사가 끝난 뒤에 값이 증가된다. 따라서 8번의 조건식은 x가 y보다 1 적은 경우에 성립된다.

물음 4.4

실습 4.9에서 8번의 조건문에 있는 x와 y의 값이 다르지만, 그 조건문이 참이 되면서 출력문을 실행한다. 이 조건문을 거짓으로 실행하도록 프로그램을 적당히 고치고 실행해 보시오.

실습 4.10

초보자들이 가장 실수하기 쉬운 부분이 비교문(==)을 할당문(=)과 혼돈하여 쓰는 것이다. 특히 =를 비교 연산자로 쓰는 다른 언어에 익숙한 사용자에게는 가장 많이 실수하는 부분이다. 아래의 프로그램은 ch에 '1'을 할당하고 ch가 '1'이면 1라고 출력하고 아니면 '2'이라고 출력시키는 것이다. 결과를 알아보고 그러한 이유를 알아보시오.

```
1 #include <stdio.h>
2
3 main() {
4   char ch;
5
6   ch='1';
7   if(ch ='2') printf("ch is '2'\n");
8   else  printf("ch is '1'\n");
9 }
```

결과

```
ch is '2'
```

위의 실험 결과에서 ch에 1이 할당되고 7번 문장에서 ch의 값을 2와 비교하였다. 그러나 == 대신 =를 썼기 때문에 ch='2'의 계산 결과는 2가 되고(할당된 값이 계산 결과가 된다) 따라서 0인 아닌 수식은 참이 된다. ch='2'와 ch=='2'는 엄청난 차이를 나타낸다. C에서는 이와 같은 에러를 시스템이 찾아주지 않기 때문에 프로그래머는 특히 조심하여야 한다.

실습 4.11

'\0'는 아스키 코드 값으로 0이다. 따라서 0은 조건식에서 거짓으로 계산된다. 다음의 프로그램을 실행하고 결과를 알아보시오.

```
#include <stdio.h>

main()  {
   char *a;

   a='\0';
   if(a) printf("a is not NULL\n");
   else  printf("a is NULL\n");
}
```

결과

```
a is NULL
```

조건 수식에서 0은 거짓으로 계산된다. 문자의 값으로 0에 해당하는 것은 NULL ('\0') 이다. NULL의 아스키(ASCII) 코드 값은 0이므로 NULL은 거짓으로 계산된다. NULL 이외의 모든 문자는 참으로 계산된다.

제어 구조에서 프로그램의 실행 순서를 변경하기 위한 조건 수식은 매우 중요하게 다루어지며, 정확한 조건 수식이어야만 프로그램의 실행 순서를 정확하게 제어할 수 있다. 프로그램에서 가장 실수를 많이 하는 부분이 조건 수식에 관한 것이므로 특별한 주의를 요한다.

실습 4.12

(실습 보고서 제출하기) 아래는 이차방정식 $Ax^2 + Bx + C = 0$, $A \neq 0$의 근을 구하고자 한다. 이차 방정식의 근을 구하는 방법은 인수분해와 근의 공식이 있다. 본 실습에서는 아래 근의 공식을 사용한다.

$$x_1x_2= \frac{-b \pm \sqrt{b^2-4ac}}{2a}$$

이차방정식의 근을 구하는 데 필요한 조건을 나열하고, 근을 구하는 순서도와 의사코드를 작성하여 제출하시오. $x = \sqrt{a}$가 제곱근의 정의이므로 a는 음수일 수 없다. 만약 b^2-4ac가 음수이면 어떻게 되는지 살펴보시오?

연습문제

4.1 두 정수에 대하여 나눗셈을 행할 때, 즉 B/A, 분모 A가 0이면 컴퓨터는 실행 중에 에러를 발생할 것이다. 이를 위하여 프로그래머는 분모의 값을 먼저 계산한 다음 나눗셈을 하는 것이 바람직하다. 이 과정을 프로그램 하시오.

4.2 세 개의 수를 받아들여서 큰 순서, 작은 순서로 나열하는 프로그램을 각각 작성하시오.

4.3 임의의 숫자를 연속으로 받아들여서 정수가 연속으로 2개가 같으면 "PAIR", 3개가 연속으로 같으면 "TRIPLE", 5개가 연속으로 같으면 "FIVE"라는 문장을 출력하는 프로그램을 작성하여 실행하시오.

4.4 외부로 부터 임의의 정수를 입력하여 그 정수가 1이면 *를, 2이면 **를, 3이면 ***를, 5이면 *****를 출력하는 프로그램을 작성하시오.

4.5 $x = 0.1,\ 0.2,\ \ldots\ 1.0$의 각 값에 대하여 $y = \Sigma_0^{10}(x/n!)$, $n = 0, 1, 2, \ldots 10$,을 계산하는 프로그램을 작성하시오.

4.6 다음 두 논리형 if문을 한 개의 if문으로 바꾸시오.

```
if ( i > m-n) k = l + 1;
if ( i == g  ) k = l + 1;
```

4.7 다음 if 문장을 복합 논리 수식이 없는 if-else 구조로 바꾸시오.

```
if ( abs(a) < 5.0 && b >= C)  printf("%f",x);
```

CHAPTER

5 수식 만들기와 계산하기

이 실습의 목적은 C에서 사용하는 수와 그 수들을 사용하여 수식을 세우며, 그 수와 수식이 컴퓨터 내에서 실행될 때 어떠한 결과를 가지는지 실험한다. 실습 시간은 약 2시간이며, 기초 내용으로 정수와 실수 등 수학적인 수의 개념과 컴퓨터 기억장치의 구조에 관한 지식이 필요하다.

5.1 할당

할당이란 기억장소에 새로운 값을 넣는 문장인데, = 부호에 의하여 변수와 수식으로 나누어진다.

```
변수 = 수식
```

왼쪽에는 새로운 기억 장소를 의미하는 변수가 와야 하고, 오른쪽에는 수식에 의해 계산될 수 있는 값들이 와야 하므로 변수와 상수가 혼합되어질 수 있다. 상수가 오는 경우를 살펴보면 다음과 같다.

```
PHI=3.141592        org-ten=10          I='P'
FEAT=180            health=130.18       IQ='Q'
Expr=2.7186878      Air-FLOW=-57.       Fat-percent='F'
```

위에서 정수형, 실수형, 문자형의 세 종류의 상수를 볼 수 있는데, 정수형 상수는 소숫점 없는 상수를 의미하고, 실수형 상수는 소수점이 있는 상수이다. 문자형 상수는 '와 '로 둘러싸인 문자를 문자형 상수라고 한다.

각 변수 역시 정수형 변수, 실수형 변수, 문자형 변수가 있는데, A-Z의 문자로 시작한다. 위에서 보듯이 할당문의 왼쪽의 변수의 형과 오른쪽의 수의 형이 같아야 한다. 다만 다른 형태의 변수끼리의 연산이 불가능한 경우는 캐스트 연산자를 이용하여 수형 변환을 해야 한다. 캐스트 연산자란 자료가 정의된 형이 아닌 다른 형으로 사용되어야 할 때 이를 잠시 형 변환시켜주는 연산자를 말한다.

정수형, 실수형, 문자형 모두 오른쪽 수식에서 결정된 값이 왼쪽의 같은 형의 변수에 전달된다. 더하기, 곱하기, 빼기, 나누기 등의 산술 연산자에 의해서 조합되어 수식을 표현할 수도 있는데, C에서 곱하기 부호는 * 이며, 나누기 부호는 / 이다.

5.2 서로 다른 형끼리의 값 할당

할당하고자 하는 상수의 형과 할당 받을 변수의 형이 서로 다를 경우에는 주의해야 한다. 예를 들어 정수형 변수에 실수형 상수를 할당한다든지 문자형 변수에 정수형 상수를 할당한다든지 하는 경우에는 예기치 못한 오류가 발생할 수 있다.

실습 5.1

다른 형으로 선언된 변수끼리 서로 값을 할당할 때 어떤 결과가 나타나는지 다음 프로그램을 실행시켜 확인해 보시오.

```
#include <stdio.h>

main()
{
        int num1=30;
        float num2=23.4567;

        printf("%d,    %f\n",num1,num2);
        num1 =   num2;
        printf("%d\n",num1);
        printf("%f\n",num2);
}
```

결과

```
30,    23.456699
23
23.456699
```

위의 프로그램에서 문장 1에서 사용된 "#include <stdio.h>"는 선행 처리기라고 한다. 출력문 printf를 사용하려면 이 문장을 반드시 사용하여야 한다. 왜냐하면, printf 함수에 대한 원형이 헤더화일인 stdio.h에 있기 때문에 프로그램이 그 화일을 참조하여야만 printf문을 해석하여 프로그램을 올바로 컴파일, 링크하여 실행할 수 있기 때문이다. 위의 프로그램의 실행 결과에서 num1은 정수형 변수로 선언되었고 초기값으로 30이 할당되었다. 그리고, num2는 실수형 변수로 선언되었고, 초기값이 23.44567로 할당되었다. 문장 8의 출력문을 수행한 결과를 보면, 정수형 변수인 num1은 할당한 값 30이 정확히 출력되는데, 실수형 변수인 num2는 실수형 변수인 num2는 할당한 값 23.4567과 다른 값 23.456699가 출력된다. 이와 같이 실수형 변수의 값을 출력할 경우는 서식문자를 단순이 "%f"라고 쓰면 실수값의 정확한 출력 결과를 얻을 수 없다. 실수값의 정확한 출력 결과를 얻기 위해서는 출력을 위한 정확한 포맷을 지정하여야 한다. 즉, 출력될 실수값이 소수점을 포함하여 전체 자리수가 몇 자리인지와 소수점 이하가 몇 자리인지를 표시하여 주어야 한다. 실수값 출력을 위한 서식지정문자의 일반 형식은 다음과 같다.

```
"%f<a>.<b>"
```

이때 <a>는 소숫점을 포함한 실수 전체 자리수이며, <b>는 소숫점 이하의 자리수를 나타내는 정수이다. 그러므로, 실습 5.1의 프로그램에서 문장 8과 문장 11을 다음과 같이 고치면 23.4567이 정확하게 출력된다.

```
문장 8 : printf("%d,    %7.4f\n",num1,num2);
문장 9 : printf("%7.4f\n",num2);
```

실습 5.2

아래는 두 변수의 값을 교환하는 프로그램과 실행 결과이다. 실행한 결과를 확인하시오.

```
1  #include <stdio.h>
2
3  main()
4  {
5          int num1=10, num2=20, temp=20;
6          printf("\nOriginal numbers  :  %d %d\n",num1,num2);
7
8          temp = num1;
9          num1 = num2;
10         num2 = temp;
11         printf("Swapped numbers  :  %d %d\n",num1,num2);
12 }
```

결과

```
Original numbers  :  10   20
Swapped numbers  :  20   10
```

정수형 변수 num1과 num2의 값을 교환하기 위해서는 임시 변수를 사용하여야 한다. 위 프로그램에서는 temp 라는 임시 변수를 사용하였다. 문장 8-10과 같이 먼저 변수 num1의 값을 임시 변수에 저장시킨 후, num1에 num2의 값을 옮긴다. 그 다음에 num2에 임시 변수 temp에 있는 값을 할당하면 된다. 이렇게 하면 num1에 있던 값과 num2에 있던 값이 정확히 교환된다.

물음 5.1

실습 5.2에서 문장 8-9를 아래와 같은 두개의 문장으로 대치시키면 어떤 결과가 발생하는지 실행시켜 확인하고 이유를 적어 보시오.

```
num1 = num2;
num2 = num1;
```

위의 예를 실행하면 다음과 같은 결과가 발생한다.

```
Original numbers  :  10   20
Swapped numbers  :  20   20
```

이와 같이 할당문의 오른쪽에 있는 값을 왼쪽에 있는 변수에 넣으면 먼저 있던 값은 지워지게 되므로, 두 변수의 값을 교환할 때는 반드시 임시 변수를 사용하여 할당문 왼쪽에 위치하는 변수의 값을 기억하였다가 오른쪽 변수의 값을 왼쪽 변수로 옮긴 후, 임시 변수의 값을 오른쪽 변수에 넣어 주어야만 정확하게 값을 교환할 수 있다.

5.3 문자배열 크기와 값의 할당

문자 한 개를 할당하기 위해서는 『 char ch 』와 같이 문자형 변수를 선언하면 되지만 문자열을 저장하기 위해서는 문자형 배열을 선언해 두어야 한다. 문자형 배열은 다음과 같이 선언한다.

```
char  ch[10];
```

이때 [ ] 안의 숫자는 저장하고자 하는 문자열 길이의 최대값을 의미한다. 즉 길이가 10인 문자열을 저장할 문자형 배열 ch를 선언한 것이다. 문자열 변수에 문자열 상수를 할당하기 위해서는 strcpy라는 함수를 사용한다. 문자형 배열에 문자열을 할당할 경우에는 배열의 선언된 길이보다 짧은 문자열을 할당하여야 하는데, 그렇지 않으면 오류가 발생한다.

실습 5.3

아래는 문자 배열에 값을 할당하는 간단한 프로그램과 실행결과이다. 이 프로그램은 오류가 발생할 수 있다. 직접 실행하여 결과를 확인해 보고, 이런 결과가 발생하는 이유가 무엇인지 적으시오.

```
#include <stdio.h>
#include <string.h>
main()
{
    char str[8];
    strcpy(str,"I have a dream");
    printf("%s",str);
}
```

결과

```
I have a dream ==>시스템이 다운될 수 있으므로 주의를 요함*
```

문장 5에서 문자 배열 변수 str을 길이 8로 선언하였으므로, str이라는 변수에는 길이가 8 이하인 문자열이 할당될 수 있다. 그런데, 문장 6에서 "I have a dream"이라는 길이가 14인 문자열을 배열 str에 복사하였기 때문에 기억 장소 관리에 이상이 생겨서 문장 7을 수행한 후에 오류가 발생한 것이다. 이와 같이 문자 배열에 값을 할당할 경우에는 배열의 크기가 할당하고자 하는 문자열의 크기보다 크도록 하여야 한다.

실습 5.3의 프로그램에서 문장 2에 사용된 선행 처리기 문장 "#include <string.h>"는 문자열 처리함수를 사용하기 위해서 삽입한 것이다. 문장 6의 스트링 처리 함수 strcpy를 사용하려면 이 문장이 반드시 있어야 한다. 왜냐하며, strcpy 함수에 대한 원형이 헤더 화일인 string.h에 있기 때문에 프로그램이 그 화일을 참조하여야만 strcpy 함수를 해석하여 프로그램을 올바로 컴파일, 링크하여 실행할 수 있기 때문이다.

5.4 여러 가지 대입 연산자의 사용

할당을 위한 연산자는 보통 =를 사용하지만, 이외에도 +=, −=, *=, /=, %=, >>=, <<=, &=, ^= 가 있다. 이들의 일반적인 형식은 아래와 같다.

```
변수명    연산자=    수식
```

주어진 연산자를 사용해서 오른쪽 수식의 값만큼 왼쪽 변수의 값을 변화시킨다. 위의 형식은 아래 문장 형식과 동일한 의미를 가진다.

```
변수명    =    변수명    연산자    수식
```

이 형식의 예는 아래와 같다.

a += 3 변수 a의 값을 3 만큼 증가시킨다. a = a + 3과 같은 의미이다. a *= 3 변수 a의 값에 3을 곱한 값이 a에 할당된다. a = a * 3과 같은 의미이다. a %= 3 변수 a의 값에 3을 나눈 나머지값을 a에 할당한다. 나머지 연산자를 사용하여 표현한 문장 a = a % 3과 같은 의미이다. 이 외에 >>=, <<=, &=, ^= 들은 연산자 >>, <<, &, ^ 등과 관련이 있다.

실습 5.4

아래는 여러 대입연산자들의 사용 예를 보이는 간단한 프로그램과 실행 결과이다. 직접 실행시켜 결과를 확인하시오.

```
1  #include <stdio.h>
2
3  main()
4  {
5          int number;
6
7          number = 10;
8          number += 10;
9          printf("\n%d  ",number);
10         number -= 5;
11         printf("%d  ",number);
12         number *= 6;
13         printf("%d  ",number);
14         number /= 7;
15         printf("%d  ",number);
16 }
```

결과

```
20  15  90  12
```

위 프로그램에서 number는 정수형 변수로 선언되었다. 문장 7에서 변수 number에 정수형 상수 10이 할당되었다. 문장 8에서 +=이라는 대입 연산자를 사용하였는데, 이 문장은 "number = number + 10"과 같은 의미이다. 그러므로 number의 값은 10에서 10 을 더한 값인 20으로 변한다. 문장 10은 "number = number - 5"와 같은 의미이므로, number의 값은 20에서 5를 뺀 15가 된다. 문장 12는 "number = number * 6"과 같은 의미이므로 number 의 값인 15에 6을 곱한 결과로 90이 된다. 문장 14는 "number = number / 7"과 같은 의미이므로 number의 값인 90에 7을 나눈 결과로 12.85...이다. 그러나 변수 number가 정수형 변수이므로 소숫점이하의 수들은 절사되고 정수 부분인 12만 출력된다.

물음 5.2

실습 5.5에서 문장 14의 결과는 90/7 = 12.85... 인데 실제 출력된 값은 12이다. 그 이유를 적으시오. 정확한 결과를 소수점 아래 네자리까지 출력하려면 프로그램을 어떻게 바꾸어야 하는지 직접 고쳐서 실행하고 결과를 적어 보시오.

실습 5.5

아래의 수식을 계산하는 과정을 순서에 따라 순서도나 의사코드로 기술하시오. 또한 필요한 조건을 나열하시오.

$$(A \times 10^7 + B \times 10^2)/(C \times 10^3 - D \times 10^5)$$

문제를 단계별로 나누어 생각하고 풀어보시오. 이 문제를 구체화하려면 거듭제곱을 곱셈으로 고친다.

$$10^2 = 10 \times 10$$
$$10^7 = 10 \times 10 \times 10 \times 10 \times 10 \times 10 \times 10$$

연산의 순서를 생각한다. 즉, ( ) > × , / > + , -의 순서이다.

$$(A \times 10^7 + B \times 10^2)/(C \times 10^3 - D \times 10^5)$$

그러므로 아래와 같이 구성할 수 있다.

$$(A \times 10^7 + B \times 10^2)/(C \times 10^3 - D \times 10^5)$$
$$(\underline{A \times 10^7} + B \times 10^2)/(C \times 10^3 - D \times 10^5)$$
$$(A \times 10^7 + \underline{B \times 10^2})/(C \times 10^3 - D \times 10^5)$$
$$\underline{(A \times 10^7 + B \times 10^2)}/(C \times 10^3 - D \times 10^5)$$
$$(A \times 10^7 + B \times 10^2)/(C \times 10^3 - D \times 10^5)$$
$$(A \times 10^7 + B \times 10^2)/(\underline{C \times 10^3} - D \times 10^5)$$
$$(A \times 10^7 + B \times 10^2)/(C \times 10^3 - \underline{D \times 10^5})$$
$$(A \times 10^7 + B \times 10^2)/\underline{(C \times 10^3 - D \times 10^5)}$$
$$\underline{(A \times 10^7 + B \times 10^2)/(C \times 10^3 - D \times 10^5)}$$

이러한 논리적인 연산 순서로 아래와 같이 생각할 수 있다.

$(A \times 10^7 + B \times 10^2)/(C \times 10^3 - D \times 10^5)$

단계 1 첫 번째 괄호 안 계산하기

$(A \times 10^7 + B \times 10^2)$ ········· (A)

1-1) $A \times 10^7$ ········· (1)
$= A \times 10 \times 10 \times 10 \times 10 \times 10 \times 10 \times 10$

1-2) $B \times 10^2$ ········· (2)
$= B \times 10 \times 10$

1-3) (A) = (1) + (2)

단계 2 두 번째 괄호 안 계산하기

$(C \times 10^3 - D \times 10^5)$ ········· (B)

2-1) $C \times 10^3$ ········· (3)
$= C \times 10 \times 10 \times 10$

2-2) $D \times 10^5$ ········· (4)
$= D \times 10 \times 10 \times 10 \times 10 \times 10$

2-3) (B) = (3) + (4)

단계 3 (A) / (B) 계산하기

이 수식 계산하는 과정을 순서도로 표현하면 다음과 같다.

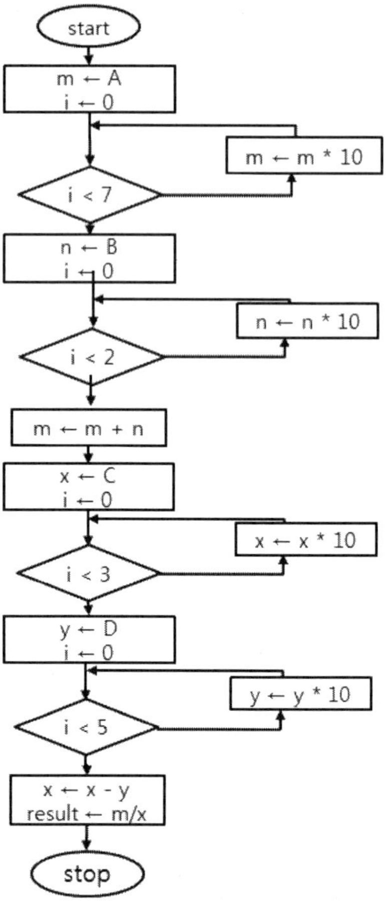

이 순서도를 의사코드로 표현하면 아래와 같다.

```
Algorithm Calculate-Expression
m ← A
for i ← 0 to 7 do
    m ← m * 10
endfor
n ← B
for i ← 0 to 2 do
    n ← n * 10
endfor
m ← m + n
x ← C
for i ← 0 to 3 do
```

```
    x ← x * 10
endfor
y ← D
for i ← 0 to 5 do
    y ← y * 10
endfor
x ←  x - y
result ← m/x
end
```

이 의사코드에 의해 C 프로그래밍 언어로 코딩한 프로그램과 실행 결과는 아래와 같다.

```
#include <stdio.h>
main()  {
int A, B, C, D;
int m,n,x,y, i;
double result;
printf("A, B, C, D 입력 : ");
scanf("%d %d %d %d", &A, &B, &C, &D);
m = A;
for (i=0;i<7;i++)
  m = m * 10;
n = B;
for (i=0;i<2;i++)
  n = n * 10;
m = m + n;
x = C;
for (i=0;i<3;i++)
  x = x * 10;
y = D;
for (i=0;i<5;i++)
  y = y * 10;
x = x - y;
result = m/x;
printf("\n결과 값 : %.3lf\n", result);
}
```

결과

C:₩Windows₩system32₩cmd.exe

```
A, B, C, D 입력 : 10 100 20000 10

결과값 : 5.000
계속하려면 아무 키나 누르십시오 . . .
```

실습 5.6

(실습 보고서 제출하기) 아래의 문제를 단계별로 나누어 생각하고 풀어보기 위한 순서도나 의사코드로 기술하시오. 또한 필요한 조건을 나열하시오.

"아르바이트에서 월요일부터 토요일까지는 1시간에 6,000원이다. 일요일에는 20%를 더 지급한다. 한 달 31일(일요일 4일)을 하루에 4시간씩 쉬지 않고 일을 했다면 한 달 후에 받을 수 있는 금액은 얼마입니까?"

문제를 구체화하려면 아래의 절차를 생각한다.

(1) 변수구하기

1. 시간당 받는 금액 계산하기
   월요일부터 토요일까지의 시급은 얼마인가?
   일요일에 받는 시급은 얼마인가?
2. 일한 날짜 구하기
   일한 31일 중 일요일은 총 몇 일인가?
   일한 31일 중 월요일부터 토요일은 총 몇 일인가?

(2) 계산식 세우기

3. 하루에 받는 돈 = 시급 × 일한 시간
4. 한 달 동안 받은 돈 = 하루에 받는 돈 × 일한 날짜

이 문제를 단계별로 좀 더 구체화 해보자.

(1) 요일에 따른 시급 계산하기

월요일부터 토요일까지의 시급 = 6,000원

일요일에 받는 추가 시급 = 6,000 + 6,000 × 20/100

(2) 요일에 따른 일한 날짜 수 계산하기

일요일은 31일 중 '4일'

월요일부터 토요일은 31일 중 '31 – 4'일

(3) 하루에 4시간씩 일 했으므로,

총 시급 = 일한 날의 수 × 시급 × 하루에 일한 시간

= (31−4) × 6,000 × 4 + 4 × (6,000 + 6,000 × 20/100) × 4

= 27 × 6,000 × 4 + 4 × (6,000 × 1.2) × 4

= 648,000 + 115,200 = 763,200원

이 수식 계산하는 과정을 순서도로 표현하면 아래와 같다.

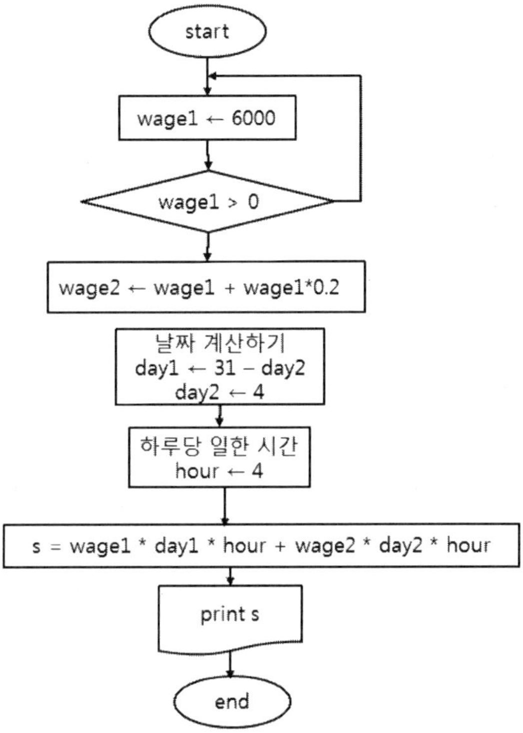

이 순서도를 의사코드로 표현하면 아래와 같다.

```
Algorithm Calculate-Pay
wage1 ← 6000
wage2 ← wage1 + wage1*0.2
day2 ← 4
day1 ← 31 − day2
hour ← 4

s = wage1 * day1 * hour + wage2 * day2 * hour
end
```

이 의사코드에 의해 C 프로그래밍 언어로 코딩한 프로그램과 실행 결과는 아래와 같다.

```
#include <stdio.h>
main() {
int wage1, wage2, pay, hour, day1, day2;
wag1 = 6000;
wage2 = wage1 + wage1 * 0.2;
day2 = 4;
day1 = 31 - day2;
hour = 4;
pay = wage1 * day1 * hour + wage2 * day2 * day2 * hour;
printf("\n급여는 총 %d원 \n", pay);
}
```

결과

```
급여는 총 763200원
```

이 실습을 통하여 수식을 만드는 방법과 실행을 알아보았다. 다른 방법으로 계산하는 방법은 없는지 살펴보고, 자신 만의 방법으로 의사코드를 작성하고 프로그램을 실행하시오. 순서도, 의사코드 및 프로그램 실행 결과를 보고서로 작성하여 제출하시오.

연습문제

5.1 다음 중 틀린 할당문을 고르시오.

(1) rkjy = 2.0 * (tt+ruuu);

(2) K = K + 1;

(3) MM+k = I;

(4) M = i + j + k;

(5) 3.141592 = PI;

(6) sqrt(6.0) = 8.0

5.2 문자형 배열에 문자열을 할당하기 위해서는 어떻게 해야 하는지 적으시오. 예를 들어 “The world is beautiful!”라는 문자열을 변수에 할당하기 위해서는 변수를 어떻게 선언하여야 하며, 할당은 어떻게 해야 하는지 여러 방법을 설명하고 비교하시오.

5.3 정수형 변수 a, b, c, d가 아래와 같이 선언되고, 초기값이 할당되어 있다고 가정하자.

```
int a = 667, b = 4446, c = 5666, d = 68555;
```

위의 변수의 값들이 거꾸로 되도록 하는 프로그램을 작성하고 화면에 변수의 이름과 함께 변화된 값들이 출력되도록 하시오.

5.4 아래 다항식을 보고, X가 4.55일 때 Y의 값을 계산하여 출력하는 프로그램을 작성하시오. 작성한 프로그램을 직접 실행시키고 결과를 적으시오.

$$Y = 30X^3 + 100X - 20$$

CHAPTER

6 비선형 방정식 해 구하기

이 장에서는 비선형 방정식의 해를 구하는 과정을 살펴보자. 지금까지의 근을 구하는 방식이나 특정한 공식을 적용하지 않고 원하는 해에 근접하는 방식이다. 여기에서의 절차를 이해하려면 약간의 수학적인 배경이 필요하다. 실습 시간은 약 2시간 30분 정도 소요될 수 있다. 우선 아래의 실습을 살펴보자.

실습 6.1

비선형 방정식의 해를 구하는 절차를 살펴보자. 이 방법은 '이분법(Bisection method)'과 '뉴톤법(Newton)'이라는 방법으로 주어진 구간에서 x의 값을 대입하여 해에 도달하는 방법으로 문제를 해결하도록 한다.

가. [문제 제안 및 명세]

비선형 방정식의 근을 구하는 프로그램을 작성하라.

나. [의문점 해결]

Q1 비선형 방정식은 몇 차 방정식인가?

A1 3차

Q2 정해진 식이 있는가? 아니면 모든 3차 방정식에 적용가능 해야 하는가?

A2 특정 $f(x) = x^3 - 2x^2 + x - 8$

Q3 근 1개만 찾으면 되는가? 아니면 모든 근을 다 찾아야 하는가?

A3 한 개만

Q4 찾는 구간이 주어지나?

A4 그렇다. 구간 [0, 10]

다. [알고리즘 개발]

우선 이분법과 뉴톤법 두 방법이 가능하다. 그 중에서 이분법을 먼저 시도해 보자.

단계 1 주어진 구간에서 f(0) = −8, f(10) = 802. 서로 부호가 다르므로 근이 존재.

단계 2 구간 [L, R]=[0, 10]의 중간인 (0+10)/2=5를 택한다.

단계 3 중간 값으로 계산. f(5)=72. 만약 0이면 해가 발견된 것이므로 인쇄 후 종료.

단계 4 f(5)의 부호가 큰 쪽(10)과 같으므로 큰 쪽을 버리고 작은 쪽(0)과 중간 값(5)가 새로운 구간이 된다. 즉 작은 쪽=0, 큰 쪽=5

단계 5 단계 2로 가서 계속한다.

라. [손으로 검증]

테스트 데이터는 따로 없고 주어진 구간을 사용하여 위의 방법을 손으로 계속 따라가 보면서 계산해 본다. 단계 5에서 단계 2로 간 시점에서부터 계산하면 아래와 같다.

단계 2 (L+R)/2=(0+5)/2=2.5

단계 3 f(2.5)= −2.375.

단계 4 부호가 0(L)쪽과 같으므로 새로운 L이 된다 (L=2.5).

단계 5 2로 가라고 한다.

단계 2 (L+R)/2=(2.5+5)/2=3.75

단계 3 f(3.75)= 20.359375.

단계 4 부호가 (R)쪽과 같으므로 새로운 R이 된다 (R=3.75).

단계 5 2로 간다.

단계 2 (L+R)/2=(2.5+3.75)/2=3.125

단계 3 f(3.125)= 6.111328125

단계 4 부호가 (R)쪽과 같으므로 새로운 R이 된다 (R=3.125).

현재 근은 [2.5, 3.125] 구간 내에 있다. 이런 방식을 손으로 더 계산 할 수 있지만 생략한다. 단 구간의 크기가 점점 감소하고 있으므로 구간은 정답에 수렴하고 있다. 따라서 알고리즘의 조건 중에 "유한한 시간 내에 마쳐야한다"는 것을 만족한다.

그러나 이 알고리즘에 허점은 없는지 잘 살펴봐야 한다. 만약 주어진 구간에 해가 없다면? 이것은 단계 1에서 체크하였다. 다음으로 만약 주어진 구간의 왼쪽이나 오른쪽 경계가 해라면?, 즉 f(L)=0 이거나 f(R)=0이라면? 이 경우에는 위의 알고리즘이 잘 작동하지 않음을 알 수 있다. 이와 같이 경계에 있는 데이터를 반드시 검증하여야 한다. 따라서 수정된 알고리즘은 아래와 같다.

단계 1 주어진 구간[L, R]에서 f(L)*f(R)>0 이면 해가 없으므로 종료.

단계 2 f(L)=0 이거나 f(R)=0 이면 L또는 R이 해. 종료.

단계 3 구간 [L, R]의 중간인 M=(L+R)/2를 택한다.

단계 4 f(M) == 0이면 해가 발견된 것이므로 인쇄 후 종료.

단계 5 f(M)의 부호를 f(L)과 f(R)의 부호와 비교하여 f(L)의 부호와 같으면 M은 새로운 L이 되고 (즉 L=M), f(R)의 부호와 같으면 M은 새로운 R이 된다 (R=M).

단계 6 단계 2로 가서 계속한다.

위의 각 단계를 순서도로 표현하면 그림 6.1과 같다.

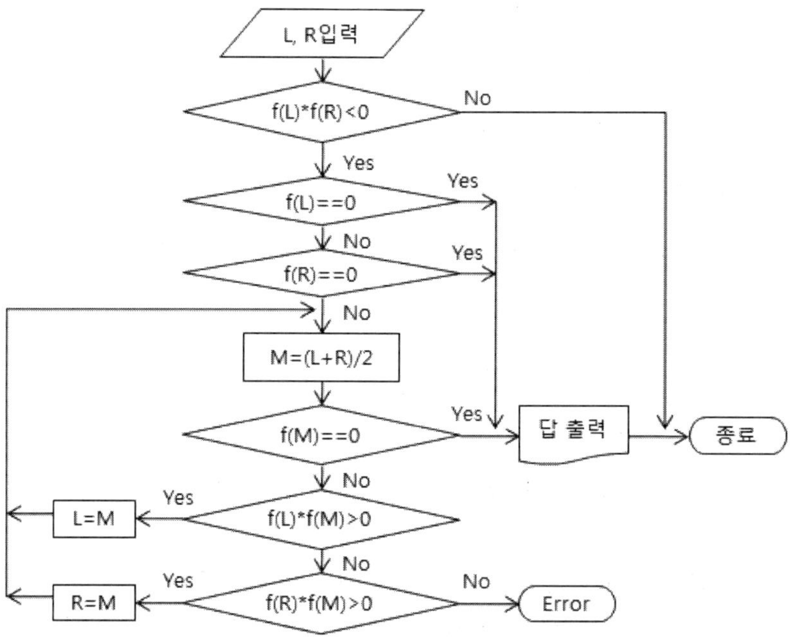

| 그림 6.1 | 이분법에 의한 해 구하기 순서도

위에서 보다시피 의사코드에 비하여 순서도는 시각적이긴 하나 깔끔하지는 않다.

마. [고급 언어로 코딩]

코딩하기 전에 앞에서 언급하였지만 의사코드에 해당하는 C 언어의 문법 구조인 – if 문과 while문을 간단히 살펴보자. if문은

```
if (조건) { 문장; 문장;  }
```

형식으로 표현되며 조건이 참일 때 문장들을 수행하고 참이 아니면 수행하지 않는다. 이것의 변형으로 if ... else문도 있는데 아래의 형식이다.

```
if (condition) {   statements_1; }
else { statements_2;}
```

이것은 조건이 참이면 statements_1을 수행하고 거짓이면 statements_2를 수행하라는 의미이다.

while문은 어떤 조건이 만족되는 동안 반복적으로 수행하다가 조건이 만족되지 않으면 반복에서 빠져나가는 의미를 가진 문장으로 아래의 형식이다.

```
while (condition) {
    statements_1;
    statements_2;
        .
        .
}
```

이런 반복문은 무한히 순환을 돌지 않게 주의 하여야 하는데 조건 뒤의 문장들이 언젠가 조건을 바꾸어 거짓이 되게 하여야 한다. 순서도로 나타내면 그림 6.2와 같다.

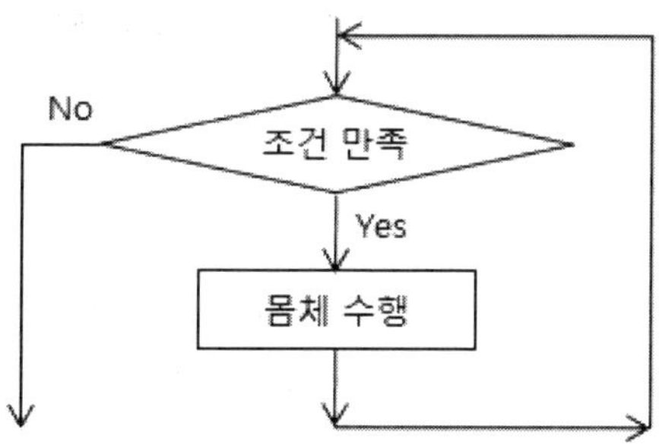

| 그림 6.2 | 반복문 구조

첫 번째 시도

C 언어로 코딩하면 아래와 같다.

```
#include <stdio.h>;
double F(double x){ return (x*x*x - 2*x*x + x – 8); }
int main(){
      double M,L,R,y;
      L=0.0;
      R=10.0;
      if (F(L) * F(R) > 0.0) {printf("no sol. in the interval\n"); return(1);}
      else if (F(L)==0.0) {printf("Sol. = %f\n", L); return(0);}
      else if (F(R)==0.0) {printf("Sol. = %f\n", R); return(0);}
      M = (L + R)/2;
      while ((y = F(M)) != 0.0) {
              printf("M = %f, the value = %f\n", M, y);
              if (F(L)*y > 0.0)
                      { L = M;
                      printf("L changed. new interval is [ %f, %f]\n", L, R);}
              else if (F(R)*y > 0.0)
                       { R = M;
                printf("R changed. new interval is [ %f, %f]\n", L, R);}
              else {
                printf("ERROR! the sign is not the same as either of L or R.
                               f(L)=%f, f(M)=%f, f(R)=%f\n", f(L), y, f(R));
                       return 1; }
                       M = (L + R)/2.0;
      }

      printf("the solution is %f, the value there is %f\n", M, y);
      return 0;
}
```

코드의 첫줄 “#include <stdio.h>”은 printf, scanf를 포함하는 표준 입출력 라이브러리를 불러 오라는 명령으로서 모든 C 프로그램에 반드시 포함 되어야 하는 것이다. 그리고

```
double F(double x){ return (x*x*x - 2*x*x + x – 8); }
```

는 F라는 함수를 정의 하는 것인데, 함수라는 것은 어떤 역할이 잘 구분된 것을 구현한 것으로, 그 기능이 여러 곳에서 이용될 경우에 편리하다. 위의 계산을 함수로 만들지 않으면 그것이 필요한 곳 마다 같은 식을 써 넣어야 하므로 불편할 것이다. 함수의 형식은 아래와 같으며, 몸체에는 반드시 자료를 반환하는 return문이 있어야 한다. C에서는 어떤 변수나 함수가 사용되기 전에 반드시 선언(declare)되어야 한다.

```
반환자료형  함수이름(함수인자1, 함수인자2,.. )
        {
            함수 몸체를 이루는 문장들
        }
```

printf, scanf문은 출력, 입력을 수행하는 함수로서 stdio 라이브러리 안에 정의되어 있다. 라이브러리란 이들처럼 누구나 많이 사용하는 함수들을 미리 만들어 놓고 사용자가 직접 프로그램하지 않아도 불러서 쓸 수 있도록 모아 놓은 것을 말한다. 이 함수들에서 %로 시작하는 것들은 자료형을 지정하는데 %d는 정수, %f는 실수, %c는 문자, %s는 문자열(스트링)을 뜻한다.

이 코드를 컴파일 하면 아래와 같은 에러 메시지가 나온다.

```
4  error LNK1120: 1개의 확인할 수 없는 외부 참조입니다.
3  error LNK2019: _f 외부 기호(참조 위치: _main 함수)에서 확인하지 못했습니다.
2  warning C4013: 'f'이(가) 정의되지 않았습니다. extern은 int형을 반환하는 것으로 간주합니다.
1  warning C4067: 전처리기 지시문 다음에 예기치 않은 토큰이 있습니다. 줄 바꿈 문자가 필요합니다.
```

에러 4,3,2는 함수 "f"가 없다고 불평하고 있다. 찾아보면 이탤릭체로 된 부분에서 f 함수를 호출하고 있는데 위쪽의 함수 정의에서는 "F"라고 되어있다. 이렇게 C에서는 대문자와 소문자는 다른 것이다. 에러 1번은 #include <stdio.h>; 문에서 ";"가 있어서는 안된다는 것이다.

이렇게 컴파일 할 때 나타나는 에러들을 문법에러(syntax error)라고 하는데 이들을 모두 고쳐줘야 한다.

바. [시험 자료를 이용하여 수행]

위에서 문법 오류들을 고치고 나면 컴파일은 성공적으로 된다. 그러나 프로그램을 돌려 보면 결과는 맞게 나오나? 그렇게만 된다면 좋겠지만 바로 만족할만한 결과를 얻는 일은 거의 없다.

아래에서 보는 것 같이 같은 계산을 반복하며 끝날 줄을 모른다. 논리상의 오류가 있다. 결과를 자세히 보면 구간의 왼쪽과 오른쪽의 값이 같아 보인다.

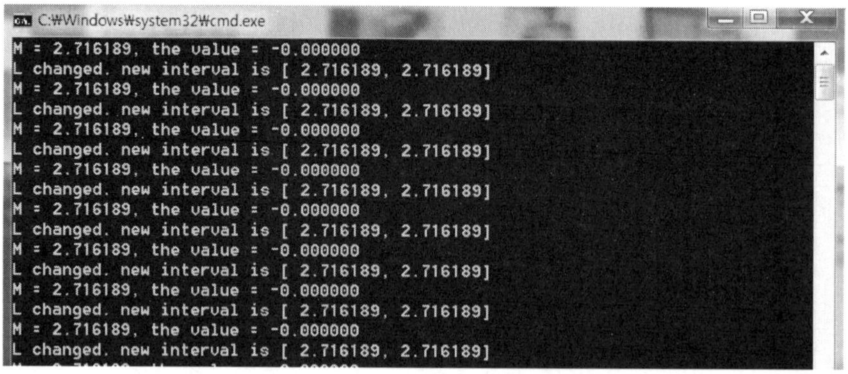

이럴 때는 문제의 의미상 계산을 마쳐야 할 것이다. 이런 생각에서 while 문장의 반복 조건을 아래와 같이 바꾸어 본다. 이러면 해결 될까?

```
while (((y = F(M)) != 0.0) && ( L < R)) {
```

그러나 수행 해 보면 결과는 마찬가지이다. 왜 일까? 그것은 L값과 R값이 실제로는 다른데 인쇄되는 자리수의 제한으로 다 보이지 않기 때문이다. 다시 보면 M의 값도 L, R의 값과 같아 보인다. 여기서 혹시 L값과 M 값이 같아지면 어떻게 되나 의심해 볼 수 있고, 그 경우 논리를 따라가 보면 무한 순환에 빠진다는 걸 알 수 있다. 그러면 어떻게 L과 M 값이 같아질 수 있는가? 컴퓨터에서 실수는 나타낼 수 있는 정밀도의 한계가 있고 그 한계까지 내려갔을 때 두 값의 평균은 둘 중 어느 하나와 같게 된다. 이 상황이 되면 L=M이 될 수 있고 당연히 F(L)과 F(M)은 같은 부호이며 두 개의 곱은 양수가 되어 L을 M으로 대치하지만 같은 값으로 바꾸고 따라서 무한 순환에 빠지게 된다. 그러면 어떻게 하면 무한 순환에 빠지지 않게 할 수 있나? 조건에 L<M<R의 관계가 성립 할 때만 반복하도록 고쳐보자. 즉

```
while (((y = F(M)) != 0.0) && ( L < M) && (M < R)) {
```

으로 수정한 후 실행하면 아래와 같이 무한 순환에 빠지지 않고 정상적으로 끝남을 알 수 있다. 이렇게 논리상의 에러를 잡아내는 일이 문법적 에러를 잡아내는 것 보다 더 중요하다. 순환의 반복 조건은 아주 세밀하게 따져 보아야 할 부분 중의 하나이다.

```
L changed. new interval is [ 2.716189, 2.716189]
M = 2.716189, the value = -0.000000
L changed. new interval is [ 2.716189, 2.716189]
M = 2.716189, the value = -0.000000
L changed. new interval is [ 2.716189, 2.716189]
M = 2.716189, the value = -0.000000
L changed. new interval is [ 2.716189, 2.716189]
M = 2.716189, the value = -0.000000
L changed. new interval is [ 2.716189, 2.716189]
M = 2.716189, the value = 0.000000
R changed. new interval is [ 2.716189, 2.716189]
M = 2.716189, the value = 0.000000
R changed. new interval is [ 2.716189, 2.716189]
M = 2.716189, the value = -0.000000
L changed. new interval is [ 2.716189, 2.716189]
M = 2.716189, the value = -0.000000
L changed. new interval is [ 2.716189, 2.716189]
M = 2.716189, the value = -0.000000
L changed. new interval is [ 2.716189, 2.716189]
M = 2.716189, the value = 0.000000
R changed. new interval is [ 2.716189, 2.716189]
the solution is 2.716189, the value there is -0.000000
계속하려면 아무 키나 누르십시오 . . .
```

사. [성능 평가 및 베타 테스트]

만들어진 프로그램이 잘 수행되기는 하나 수행 속도가 기대에 못 미칠 경우가 있다. 지금과 같은 간단한 문제에서는 수행시간이 문제되지 않을 것이나 복잡한 문제에서는 수행속도가 아주 중요할 수 있다. 이런 경우에 속도가 요구조건을 만족 시키지 못하면 알고리즘을 개선하거나 아주 많이 다른 알고리즘으로 대체하여야 한다. 예를 들자면 지금 만든 이분법 방법대신 현재 근이라고 추정하는 점에서 접선을 만들고 그 접선이 x축을 교차하는 지점을 새로운 근으로 추정하는 뉴톤 방법을 사용할 수 있다.

이런 과정을 모두 거쳐 만족스럽다는 판단이 서면 시험자들(beta-testers)이 먼저 사용해보고 그들의 의견을 반영한 후 최종적으로 고객들에게 발송(shipping)한다.

실습 6.2

<u>(실습 보고서 제출하기)</u> 비선형 방정식의 해를 구하는 절차를 '뉴톤법'으로 구하는 과정을 순서도, 의사코드를 작성하시오. 그리고 프로그램을 작성하고 실행한 결과와 함께 제출하시오. 뉴톤 방법을 공부하시오.

연습문제

6.1 실습 6.1의 프로그램에서 while순환 바깥으로 나왔을 때 근에 도달했는지 여부를 체크하지지 않아도 문제는 없는지 알아보시오. 만약 체크한다면 어떻게 해야 하는지 알아보시오.

6.2 실습 6.1의 프로그램을 반복 계산 몇 회 만에 근에 도달하는지 카운트하여 출력하도록 수정하시오.

6.3 실습 6.1의 프로그램에서 언급한 뉴톤 방법을 프로그램하고 그 방법으로는 반복 몇 회 만에 근을 출력하는지 알아보시오.

CHAPTER 7

수열 계산하기: 함수와 리커젼

이 장에서는 함수와 함수의 재귀적인 반복으로 함수 자신을 다시 호출하는 '리커젼'에 대하여 실습한다. 이 리커젼은 함수의 구조와 인자 사용법을 이해하고 있어야 한다. 또한 함수의 호출과 호출된 함수 사이의 실행 과정을 이해하고 있으면 실습을 수행하는데 도움이 된다. 실습 시간은 2 시간 정도 소요할 수 있다. 이 함수의 리커젼을 이해하기 위해 보통 피보나치(Fibonacci) 수열 계산하는 과정을 사용한다.

실습 7.1

피보나치 수열의 어떤 항 구하기를 함수의 리커젼을 이용하여 구하는 과정을 살펴보자.

가. [문제 제안 및 명세]

피보나치 수열의 n번째 항은 $f_n = f_{n-1} + f_{n-2}$이다. 즉 앞에 있는 두 항의 합이다. n번째 항을 구하는 프로그램을 만들어라.

나. [의문점 해결]

Q1 n은 정수인가 실수인가? 정수라면 음수도 포함하나?

A1 양의 정수만 고려한다. n = 1, 2, 3, 4 . . .

Q2 n = 1을 계산하려면 -1, -2항이 있어야 되는데?

A2 f_1=1, f_2=1이라 하고 f_3부터 계산.

Q3 n이 커지면 값은 점점 커질 것이다. n의 최대 크기는?

A3 n<45.

다. [알고리즘 개발]

이 문제에서는 알고리즘은 간단하다. 그런데 재귀적 알고리즘과 메모리를 이용하는 두 가지 알고리즘이 가능하다. 재귀 함수란 함수가 (다른 인자를 사용하여) 자기 자신을 부르는 함수를 말한다. 우선 재귀 함수를 사용하는 알고리즘을 먼저 설명한다.

단계 1 만약 n<3이면 1을 반환하고 종료한다.

단계 2 그렇지 않은 경우에는 Fibo(n−1)와 Fibo(n−2)를 계산하여 합을 반환하고 종료한다. 즉, Fibo(n−1) + Fibo(n−2)을 반환.

라. [손으로 검증]

n=4일 경우를 계산해 보자.

```
Fibi(4) = Fibo(3) + Fibo(2)
    = {Fibo(2) + FIbo(1)} + 1
    = { 1 + 1 } + 1
    =3
```

앞의 문제처럼 경계 자료는 없는가? 만약 1이나 2가 들어온다면? 알고리즘 단계 1에서 1을 반환하고 종료한다. 그런데 만약 0 이나 음수가 들어온다면? 이 경우에도 단계 1에서 1을 반환하고 종료하는데 이것보다는 "양수의 자료를 넣어 주세요"라는 메시지를 출력하고 종료하는 것이 더 나을 것이다. 이것을 고려하여 알고리즘을 다시 쓰면 아래와 같다.

단계 0 정수 n을 입력받는다.

단계 1 만약 n<1이면 "양수의 자료를 넣어 주세요"라는 메시지를 출력하고 단계 1로.

단계 2 만약 n<3이면 1을 반환하고 종료한다.

단계 3 Fibo(n−1) + Fibo(n−2)을 반환하고 종료

위의 각 단계를 순서도로 표현하면 그림 7.1과 같다. 그림 7.1의 그림 기호  는 함수를 호출하는 순서도의 기호이다. 이때 이 함수 Fibo는 자신을 재귀적으로 다시 호출한다.

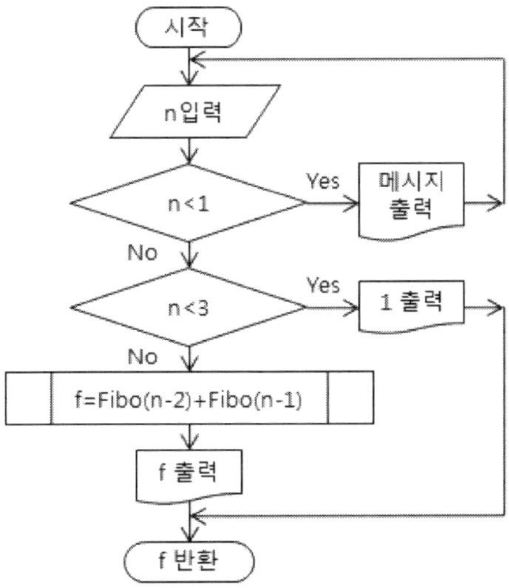

| **그림 7.1** | 피보나치 수열 구하기 순서도

마. [고급 언어로 코딩]

우선 아래와 같이 코딩한다.

```
/* this program computes Fibonazzi number.
#include <stdio.h>
int Fibo(int n){
    if (n < 1) { printf("the number should be positive interger\n"); exit(1); }
    if (n < 3) return (1);
    else return ( Fibo(n-1) + Fibo(n-2) );
}
int main(){
    int n=1;
    while (n < 1) scanf("%d\n", &n);
    printf("Fibo(%d)=%d\n", n, Fibo(n));
    return 0;
}
```

이 프로그램 예를 실행하면 아래의 결과가 나온다.

	설명 ▲	파일	줄	열	프로젝트
2	error C4996: 'scanf': This function or variable may be unsafe. Consider using scanf_s instead. To disable deprecation, use _CRT_SECURE_NO_WARNINGS. See online help for details.	fibo.c	19	1	Fibo
1	warning C4013: 'exit'이(가) 정의되지 않았습니다. extern은 int형을 반환하는 것으로 간주합니다.	fibo.c	8	1	Fibo

첫째 에러는 scanf는 보안문제가 있으니 scanf_s를 사용하라는 메시지이다. 이것은 Visual-C의 세팅을 바꾸면 없어질 수 있으나 scanf_s로 바꾸는 게 편하다.
두 번째 에러에서는 exit()를 return으로 바꾼다. 바꾼 두 줄은 아래와 같다.

```
6번째 줄: if (n < 1) { printf("the number should be positive interger\n"); return(0); }

11번째 줄: while (n < 1) scanf_s("%d\n", &n);
```

다시 실행하면 문법 에러는 없다.

바. [시험 자료를 이용하여 수행]

수행해 보면 Fibo(1)=1이라는 결과만 내놓고 종료한다. 코드를 살펴보면 n=1로 초기화되어 있으므로 while 순환의 조건에 걸리지 않아 scan_s 함수를 부르지 않는 게 원인이다. 따라서 아래와 같이 초기화하여 순환에 들어가도록 바꾼다.

```
int n=0;
```

다시 수행해 보면 화면만 열리고 아무 말도 없다. 8을 넣어도 가만히 있다가 다시 8을 넣으면 21이라고 답을 내 놓는다. 뭣 때문일까? 우선 입력하라는 메시지를 쓰도록 바꾼다. 그리고 scanf_s에서 \n을 없애고 scanf_s("%d", &n);로 바꾸어 본다.

```
int main(){
    int n=0;
    while (n < 1) {
        printf("Enter a positive integer \n");
        scanf_s("%d", &n);
        printf("The number you've entered is %d \n", n);
    }
    printf("Fibo(%d)=%d\n", n, Fibo(n));
    return 0;
}
```

이제 수행 해보면 아래와 같이 결과가 나온다.

```
Enter a positive integer
25
The number you've entered is 25
Fibo(25)=75025
계속하려면 아무 키나 누르십시오 . . .
```

물음 7.1

실습 7.1의 프로그램에 입력으로 45를 넣은 직후부터 계산을 완료하기까지 몇 초가 걸리는지 살펴보시오.

사. [성능 평가 및 베타-테스트]

큰 입력 숫자, 예를 들어 45를 넣으면 시간이 한참 걸린다. 이것은 재귀 함수로 되어 있어 많은 수의 호출이 필요하기 때문이다.

물음 7.2

실습 7.1의 프로그램에서 n이 10일 때 Fibo()함수를 몇 번 호출합니까?

이러한 호출 숫자를 줄이는 다른 방법은 없을까? 메모리를 더 투입한다면 가능한가? 다행히 이 문제에서는 그 해법이 바로 보인다. 다시 말하자면 F(1), F(2)를 미리 저장해 놓고 F(3)은 앞의 F(1)과 F(2)를 읽어서 더하여 F(3)을 나타내는 메모리에 저장하고, F(4)은 앞의 F(2)과 F(3)를 읽어서 더하여 메모리에 저장하고......이런 방식으로 계산해 나가면 F(n), n > 2,는 "두 개의 데이터를 메모리에서 읽어서 더하고 아래 메모리에 저장"하는 행위를 n-2회 하면 끝난다. 여기서는 재귀적 함수 호출이 없다. 다만 정수를 저장하는 메모리가 n개 필요하다. 아래는 이러한 방식의 알고리즘이다.

단계 0 정수를 저장하는 메모리를 M개 준비한다. M은 계산 가능한 최대의 숫자다.

단계 1 만약 n<1이면 "양수의 자료를 넣어 주세요"라는 메시지를 출력하고 단계 1로.

단계 2 만약 n<3이면 1을 반환하고 종료한다.

단계 3 $3 \le i \le n$에 대하여 M[i] = M[i-1] + M[i-2]을 계산.

단계 4 M[n]을 반환하고 종료

이 알고리즘을 코딩하기 전에 단계 3에 있는 반복구조를 표현하기에 적당한 *for* 문을 설명한다. 그 구문은 아래와 같다.

```
for (변수 시작값 할당; 반복 조건; 변수값 갱신식) { ... };
```

처음에 반복제어변수(iteration control variable)를 시작 값으로 할당하고 반복조건을 검사하여 만족하면 몸체를 한번 수행하고, 갱신(update)하는 식으로 값을 변경한 후에 다시 검사한다. 만족하면 또다시 몸체를 수행하며, 만족하지 않으면 몸체를 수행하지 않고 다음 문장으로 넘어간다. 이것을 이미 살펴본 순서도로 표현하면 그림 7.2와 같다.

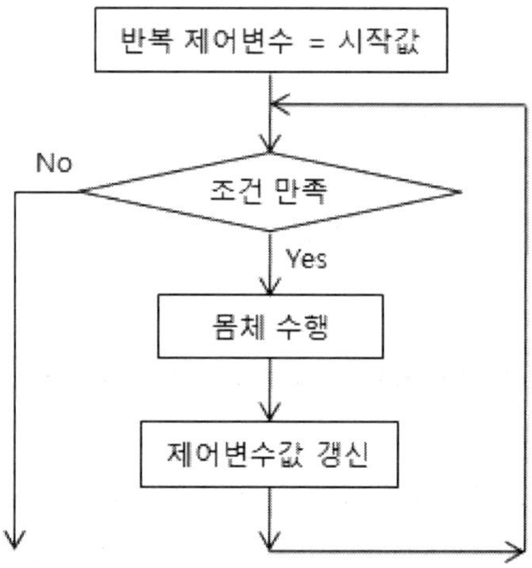

| 그림 7.2 | for 구조에 대한 순서도 표현

아래는 코딩한 결과인데 Farr[M]이란 배열을 사용하였다. 배열이란 같은 형의 자료 여러 개를 한 묶음으로 만들어 놓고 각 자료를 인덱스(index)를 사용하여 액세스한다. 첫 번째 자료를 가리키는 인덱스는 항상 0이라는 데 유의해야 한다. M=50이라면 Farr[M]이란 배열은 50개의 자료를 저장할 수 있고 첫 번째는 Farr[0], 마지막은 Farr[49]이다.

```
/* this program computes Fibonazzi number using ARRAY
#include <stdio.h>
#define M 50
long Fibo(int n){
     int i;  /* used as array index */
     int Farr[M];/* this defines array of 0 ~ M-1 */
     if (n < 1) {printf("the number should be positive interger\n"); return(0); }
     Farr[1] = Farr[2] = 1; /* Farr[0] is unused. */
      for (i=3; i <= n; i++) Farr[i] = Farr[i - 1] + Farr[i - 2];
      return(Farr[n]);
}
int main(){
     int n = 0;
     while (n < 1) {
         printf("Enter a positive integer \n");
         scanf_s("%d", &n);
         printf("The number you've entered is %d \n", n);
     }
     printf("Fibo(%d)=%d\n", n, Fibo(n));
     return 0;
}
```

코드에서 보면 메인 함수는 그대로이며 Fibo 함수만 고쳐 썼다. 이것이 함수를 사용하는 장점의 하나이다. 이 코드를 컴파일하여 수행하면 앞의 재귀함수를 이용한 프로그램보다 **월등히 빠르게** 수행함을 알 수 있다.

```
Enter a positive integer
48
The number you've entered is 48
Fibo(48)=512559680
계속하려면 아무 키나 누르십시오 . . .
```

실습 7.2

46, 47, 48, 49.......의 숫자를 하나하나 넣어서 위의 프로그램을 실행하시오. 어디까지 계산결과가 맞는지 확인하시오? 왜 그럴까요? 컴퓨터에서 32비트로 표현 가능한 정수는 약 -20억~20억이다.

자리수가 큰 실수는 컴퓨터 내에 정확히 표현될 수 없기 때문에 가끔 생각지도 않은 곳에서 "절사"가 일어나기도 한다. 예를 들어 1.0을 3.0으로 나누면 1/3보다 작은 0.33333...이 생기는데 여기에 다시 3을 곱하면 1.0 이 아니고, 0.999...가 된다. 이것이 컴퓨터 내에서 정수형 변수에 기억시키면 소수 이하는 "절사"되고 0 만 기억될 수도 있다. 어떤 할당문이 계산되면 최종결과는 "절사"되거나 0만 남게 된다. 대부분의 컴퓨터에서는 0.1, 0.002와 같은 수는 근사치로서 0.099999..., 0.01999...와 같이 표현된다.

실습 7.3

(실습 보고서 제출하기 1) 아래를 계산하는 절차를 순서도나 의사코드로 기술하시오. 적당한 언어로 프로그램을 작성하여 실행하고 결과를 분석하시오. 또한 필요한 조건을 나열하시오. 단, N = 100으로 정수형 값이다.

$$R = X/1 + X^2/(1+2) + X^3/(1+2+3) + \ldots\ldots + X^N/(1+2+3+\ldots+N)$$

실습 7.4

(실습 보고서 제출하기 2) 아래를 계산하는 절차를 아래 두 경우로 나누어 순서도나 의사코드로 기술하시오. 또한 적당한 언어로 프로그램을 작성하여 실행하고 결과를 분석하시오. 단, N = 100이다.

- 경우1: 단순한 순환 구조를 사용한다.
- 경우2: N!을 계산하는 과정을 반드시 함수의 리커젼을 사용한다.

$$SUM = 1/1! + 1/3! + 1/5! + \ldots.. + 1/(2N-1)!$$

실습 7.5

(실습 보고서 제출하기 3) 아래를 계산하는 절차를 아래 두 경우로 나누어 순서도나 의사코드로 기술하시오. 또한 적당한 언어로 프로그램을 작성하여 실행하고 결과를 분석하시오. 단, N = 100으로 정수형 값이다.

- 경우1: 단순한 순환 구조를 사용한다.

• 경우2: N!을 계산하는 과정은 반드시 함수의 리커젼을 사용한다.

$$FACT = (N-1)!/1! + (N-2)!/2! + (N-3)!1/3! + ... + (N-N)!/N!$$

실습 7.6

(실습 보고서 제출하기 4) 아래 다항식의 계산을 포개어진 곱셈을 사용하여 계산하는 순서도나 의사코드를 작성하시오. 적당한 언어로 프로그램을 작성하여 실행하고 결과를 분석하시오. 단, N = 100으로 실수형 값이다. 그리고 반드시 함수의 리커젼을 사용하시오. 즉, 다항식을 $P(X) = A_0 + (A_1 + (A_2 + \dots + (A_{n-1} + A_nX)X) \dots X)X$와 같이 계산한다.

$$P(X) = A_0 + A_1X + ... + A_nX^n$$

연습문제

7.1 다음의 프로그램을 실행시키고 그 결과를 적으시오. 그리고 각 수식이 실행된 과정과 결과를 분석하여 적으시오.

```
main()
{
  float r,x,lux,m,n;
  r = 3.14;
  y = 1.0/r;
  lux = 10.2 * x;
  m = y * y;
  n = y + y + r + y;
  printf ("%f %f %f", lux,m,n);
}
```

7.2 아래를 계산하는 순서도나 의사코드를 작성하시오. 적당한 언어로 프로그램을 작성하여 실행하고 결과를 분석하시오. 단, N = 100으로 정수형 값이다. 그리고 (1+2+3+...+N)을 계산하는 과정은 반드시 함수의 리커젼을 사용하시오.

$$R = 1 + (1+2) + (1+2+3) + \dots\dots + (1+2+3+\dots+N)$$

CHAPTER

8 조합 계산하기: 순환과 리커젼

이 장에서는 조합을 계산하는 과정을 통하여 함수의 '리커젼'에 대하여 다시 한 번 살펴본다. 실습 시간은 3시간 정도 소요할 수 있다.

실습 8.1

아래의 간단한 for 구조에 대하여 살펴보자. 각 문장의 의미를 관찰하시오. 실행하여 결과를 분석하시오.

```
1 #include <stdio.h>
2 main()
3 {
4  int x,i;
5  x=1;
6  for(i=0;i<5;i++)
7      printf("i is %d\n",i);
8 }
```

결과

```
i is 0
i is 1
i is 2
i is 3
i is 4
```

문장 6번의 for문은 인덱스를 위한 변수 i를 0으로 초기화하고 i가 5보다 작은지 조사한다. i가 5보다 작으면 7번 문장을 수행하고 i++로 인덱스를 변화하게 된다. 따라서 인덱스의 변경은 프로그램의 맨 나중에 이루어진다.

실습 8.2

조합의 결과 값을 구하는 절차를 실습하자. 즉, m개 중에서 n개를 선택하는 경우의 수, $_{m}C_{n}$, 또는 $\binom{m}{n}$의 값을 구하자.

가. [문제 제안 및 명세]

m개 중에서 n개를 선택하는 경우의 수는 $_{m}C_{n}$, 또는 $\binom{m}{n}$로 표현한다.

나. [의문점 해결]

이 문제에서는 별 의문점이 없다. 다만 아래의 질문을 가져보자.

Q1 $_{m}C_{n}$, 또는 $\binom{m}{n}$의 값 이외에 조합의 각 경우도 구해야 하는가?

A1 아니다.

Q2 m, n값의 범위는?

A2 m,n > 0, 인 정수. m ≧ n.

다. [알고리즘 개발]

$_{m}C_{n}$, 또는 $\binom{m}{n}$의 값은 $\frac{m!}{n!(m-n)!} = \frac{(n+1)\cdot(n+2)\cdots m}{1\cdot 2\cdots(m-n)}$로 구할 수 있다.

단계 1 m과 n을 읽어 들인다.

단계 2 m ≧ n > 0인지 확인한다.

단계 3 분자 (n+1)・(n+2)… m을 계산한다.

3.1 곱의 값 nom을 1로, 제어변수 i를 1로 둔다.

3.2 i가 m과 같을 때 까지 nom에 (n+i)를 곱한다.

단계 4 분모 1・2… (m−n)을 계산한다.

4.1 곱의 값 denom을 1로, 제어변수 i를 2로 둔다.

4.2 i가 m−n과 같을 때 까지 denom에 i를 곱한다.

단계 5 분자를 분모로 나눈 값을 출력한다.

라. [손으로 검증]

단계 1 m=5, n=3이라 하자.

단계 2 m ≧ n > 0인지 확인 : OK

단계 3 분자 (n+1)・(n+2)… m을 계산한다.

3.1 곱의 값 nom을 1로, 제어변수 i를 1로 둔다. : nom=1, i=1

3.2 i가 m과 같을 때까지 nom에 (n+i)를 곱한다.

여기서 1*(3+1)*(3+2)*(3+3)*(3+4)*(3+5) => 이것은 틀렸다.

따라서 " i가 m과 같을 때 까지"를 "n+i가 m과 같을 때 까지"로 수정해야 한다. 그러면 1*(3+1)*(3+2)=20이다.

단계 4 분모 1 · 2 ··· (m − n)을 계산한다.

4.1 곱의 값 denom=1, 제어변수 i=2

4.2 m−n=2=i이므로 denom=1*2=2.

단계 5 분자를 분모로 나눈 값을 출력한다.: 20/2 = 10.

수정된 알고리즘은 아래와 같다. 여기서는 앞에서 실습한 팩토리얼 함수를 사용해 본다.

단계 1 m과 n을 읽어 들인다.

단계 2 m ≧ n > 0인지 확인한다.

단계 3 분자 (n + 1) · (n + 2) ··· m을 계산한다.

3.1 곱의 값 nom을 1로, 제어변수 i를 1로 둔다.

3.2 (n+i)가 m과 같을 때 까지 nom에 (n+i)를 곱한다.

단계 4 분모 1 · 2 ··· (m − n)을 계산한다. 분모=(m−n)!.

단계 5 분자를 분모로 나눈 값을 출력한다.

경계에 있는 데이터도 넣어 본다. m=n=5일 경우에 분자는 한 번도 곱해지지 않아 1이 되고 분모는 곱하는 범위가 [1..0]이 되어 곱해지지 않는다. 따라서 1이 되어 결국 1/1=1이 된다.

실습 8.3

m과 n둘 중의 하나를 1로 넣어보시오.

마. [고급 언어로 코딩]

코딩할 때 팩토리얼 계산을 함수로 하면 편리하다. 팩토리얼 함수도 재귀적으로 만들거나 반복적으로 만들 수 있다.

첫 번째 코딩은 아래와 같다.

```
/* this program computes the mCn  */
#include <stdio.h>
int Factorial(int n){
    int    i, prod=1;
    if (n < 0)  return(1);
    for (i = 2; i <= n; i++) {
        prod = prod * i;
    }
    return(prod);
}
int main(){
    int    m=0, n=0, nom=1, denom=1, comb, i ;
    while ((m < n) || (m<1) || (n<1)) {
        printf("Enter positive integers, m >= n\n");
        scanf_s("%d %d", &m, &n);
        printf("The number you've entered is m=%d, n=%d\n",m, n);
    }
    for (i = 1; n + i <= m; i++) nom = nom * (n + i);
    denom = Factorial(m - n);
    comb = nom / denom;
    printf("(%d Comb %d)=%d\n", m, n, comb);
    return 0;
}
```

컴파일은 성공이다. 그러나 다시 한 번 살펴보자.

바. [시험 자료를 이용하여 수행]

m=20 n=10을 사용하여 돌려보면 117이라는 답이 나온다. 뭔가 잘못됐다! 이럴 때 가장 편리하게 원인을 진단하는 방법은 아래와 같이 코드 안에 의문스러운 값을 인쇄하는 문장을 더 삽입하는 것이다.

```
    for (i = 1; n + i <= m; i++) nom = nom * (n + i);
    denom = Factorial(m - n);
    comb = nom / denom;
    printf("nom=%d, denom=%d\n", nom, denom);
    printf("(%d Comb %d)=%d\n", m, n, comb);
```

이 문장을 넣고 다시 수행해 보자.

```
Enter  positive integers, m >= n
20 10
The number you've entered is m=20, n=10
nom=427674624,  denom=3628800
(20 Comb 10)=117
계속하려면 아무 키나 누르십시오 . . .
```

이렇게 나온다. 자세히 보면 nom 값은 11*12*13*14****20이므로 10^{10}=10G 이상이 되어야 하는 데 nom=427674624으로 나와있다. 이것은 숫자가 너무 커서 정수로 표시 안 되기 때문에 생긴 오류이다. 즉 20!을 계산할 수 없다. 더 작은 데이터를 넣으면 잘 작동하므로 어느 크기 이상의 자료를 넣으면 경고문을 인쇄하도록 프로그램을 수정하는 것이 좋다.

사. [성능 평가 및 베타-테스트]

수행 속도는 충분히 빠르다. 위에서 말한 바와 같은 입력 숫자의 크기 문제점을 수정한 후에 베타테스트로 넘어가면 된다.

실습 8.4

특정 금액에 맞도록 여러 종류의 지폐와 동전에서 각 지폐의 수와 동전의 개수를 최소로 하는 동전 조합을 구하자.

가. [문제 제안 및 명세]

- 입력: 300,000원, 4,500,000원 같은 어떤 크기의 금액
- 출력: 5만원, 만원,5 천원, 천원 권 각 몇 매, 그리고 500원, 100원, 50원, 10원 동전 각 몇 개

나. [의문점 해결]

Q1 10원 이하의 금액은 어떻게 처리?

A1 {끊어서 버림 , 반올림} 둘 중의 하나.

다. [알고리즘 개발]

개요: 입력된 금액을 액수가 높은 것부터 차례로 나누어 몫이 0이 아니면 그 숫자만큼의 매수(개수)를 기록하고 그 금액을 뺀 액수에서 같은 작업을 계속한다.

단계 0 금액 M을 입력 받는다. 0이면 종료. 음수이면 다시 입력.

단계 1 M을 50,000으로 나누어 Q=몫, R=나머지로 놓는다.

단계 2 Q > 0이면 50,000원권 매수이므로 "5만원권 = Q매"라고 인쇄.

단계 3 M=R로 놓고 10,000원 권에 대하여 단계 1, 단계 2와 같은 과정을 거친다.

단계 4 단계 1, 단계 2, 단계 3과 같은 과정을 1,000, 500, 100, 10원에 대하여 계산한다.

단계 5 남은 1원 단위 계산은 정책에 따라 버리든지 5보다 크면 10원 권에 1을 더해 준다.

이 알고리즘은 약간 덜 깔끔하다. 즉 각 액수에 대하여 필요한 단계를 모두 반복 나열하여 쓰거나 반복 구조를 더 명확히 쓸 필요가 있다. 단순히 반복 나열하여 쓸 수도 있으나 모양이 별로 좋지 않다. 여기서는 각 화폐 액수마다 공통적인 규칙성을 살려보는 것이 보기에 좋다. 그렇게 하려면 각 액수를 배열에 저장해 놓고 그 배열을 따라가면서 같은 계산을 행하면 될 것 같은 생각이 든다. 또한 계산하면서 생기는 몫 Q의 값도 각 화폐마다 기록하면 더욱 더 규칙성이 드러난다. 이점을 고려하여 알고리즘을 고쳐 보자.

단계 0 화폐 액수 배열 B[8], 화폐수 배열 Q[8]을 선언한다.
B[0]=50,000, B[1]=10,000, B[2]=5,000,....B[6]=50,B[7]=10으로 초기화한다.

단계 1 금액 M을 입력 받는다. 0이면 종료. 음수이면 다시 입력.

단계 2 제어변수 I=0으로 두고 다음 단계들을 I < 8까지 반복한다.
2.1 M을 B[i]으로 나누어 Q[i]=몫, R=나머지로 놓는다.
2.2 M=R로 두고 다시 2 반복.

단계 3 남은 1원 단위 계산은 정책에 따라 버리든지 5보다 크면 10원 권, 즉 Q[7]에 1을 더해 준다.

단계 4 0≦ i <8에 대하여 Q[i] > 0 이면 해당 화폐 매수이므로 "B[i] 화폐 Q[i] 매"형식으로 인쇄.

라. [손으로 검증]

금액 6,360,537을 입력받았다고 가정하자.

i	0	1	2	3	4	5	6	7
B	50,000	10,000	5,000	1,000	500	100	50	10
Q	127	1	0	0	1	0	0	3
R	10537	537	537	537	37	37	37	7

남은 7원은 반올림하는 경우에는 Q[7]에 1을 더하여 4가 된다.

마. [고급 언어로 코딩]

C 언어에서 연산자 "/"는 몫을 취하고 "%"는 나머지를 취한다.

```
/* this program calculates number of bills and coins given an amount */
#include <stdio.h>
void  main () {
      int B[8]={50000,10000,5000,1000,500,100,50,10};
                    /* available bill and coins */
      int Q[8], R, amount, i, policy;        /* 1 for rounding or 0 for cutoff */
      printf("Enter the amount of your money >0 \n");
      scanf("%d", &amount);
      printf("Enter 1 for rounding or 0 for cutoff \n");
      scanf("%d", &policy);
      for (i=0; i<8; i++){
           Q[i]  =  amount / B[i];
           R     =  amount % B[i];
           amount  =  R;
      }
      if ((policy==1)&& (R>5)) Q[7]=Q[7]+1;
      for (i=0; i<8; i++)
           if (Q[i]>0) printf("%d bill/coin: %d개\n", B[i], Q[i] );
}
```

이번엔 깔끔한 자료구조 (배열) 덕에 에러 없이 수행된다.

바. [시험 자료를 이용하여 수행]

```
Enter the amount of your money >0
6360537
Enter 1 for rounding or 0 for cutoff
1
50000 bill/coin: 127개
10000 bill/coin: 1개
500 bill/coin: 1개
10 bill/coin: 4개
계속하려면 아무 키나 누르십시오 . . .
```

사. [성능 평가 및 베타-테스트]

성능엔 문제가 없으나 출력의 보기를 지폐와 동전을 구분하여 인쇄하도록 개선할 수 있겠다.

실습 8.5

아래와 같이 제약조건이 있는 동전 조합 구하기를 수행해 보자.

(A) 지폐 중에서 5,000원권과 500원, 50원짜리 동전이 없을 경우를 살펴보자.

(B) 5,000원권은 3매만 있고 500원짜리 동전은 2개만 있으며 50원짜리 동전은 없다. 다른 화폐는 필요한 만큼 쓸 수 있는 경우를 살펴보자.

실습 8.6

<u>(실습 보고서 제출하기 1)</u> 10원, 100원, 500원의 동전과, 천원권이 각각 여러 개씩 있다. 각 동전과 천원권을 반드시 한 개 이상 사용하여 34,600원을 만들려면 각 동전과 천원권을 각각 몇 개씩 사용하여야 하는지를 계산하는 절차를 순서도나 의사코드로 기술하시오. 또한 필요한 조건을 나열하시오.

실습 8.7

<u>(실습 보고서 제출하기 2)</u> 커피숍에서 거스름돈으로 7,500을 받아야 한다고 가정하자. 이때 커피숍 주인은 <u>10원, 100원, 500원의 각 동전을 반드시 사용하지만 각각의 동전을 가장 적게 사용하여</u> 거슬러 주고 싶다. 주인은 각 동전을 몇 개씩 사용하면 되는지를 계산하는 절차를 순서도나 의사코드로 기술하시오. 또한 필요한 조건을 나열하시오.

실습 8.8

(실습 보고서 제출하기 3) 실습 보고서 제출하기2와 같은 상황에서 커피숍 주인은 500원 짜리 동전을 반드시 3개는 포함하여야 한다면, 10원과 100원 짜리 동전은 각각 몇 개씩 사용하여야 하는지에 대한 모든 경우를 계산하는 절차를 순서도나 의사코드로 기술하시오. 또한 필요한 조건을 나열하시오.

연습문제

8.1 1부터 12까지의 숫자가 적혀있는 공이 검은 주머니에 들어있다. 주머니에서 7을 뽑을 가능성을 계산하는 절차를 순서도나 의사코드로 기술하시오. 또한 필요한 조건을 나열하시오.

8.2 1부터 12까지의 숫자가 적혀있는 공이 검은 주머니에 들어있다. 주머니에서 3개의 공을 뽑았을 때, 그 세 개의 공 가운데에서 9나 5가 있을 가능성을 계산하는 절차를 순서도나 의사코드로 기술하시오. 또한 필요한 조건을 나열하시오.

8.3 0부터 9까지의 숫자가 한 개씩 있다. 이 수들 중에서 서로 다른 두 개의 수를 합했을 경우에 그 합이 같은 두 수의 짝을 모두 찾는 절차를 순서도, 의사코드, 프로그램으로 기술하시오. 또한 필요한 조건을 나열하시오. 단, 없는 경우에는 "없다"로 인쇄하시오.

8.4 순서없이 나열된 100개의 정수를 오름차순으로 정렬하기 위한 방법을 연구하시오.
(1) 정렬할 자료를 for문을 이용하여 배열에 읽어 들인다.
(2) for문과 if문을 이용하여 자료를 정렬한다.
(3) 정렬한 결과를 for문을 이용하여 출력한다.

CHAPTER

9 반복하는 삼각형의 넓이 구하기

이 장에서는 함수의 이름, 인자, 결과 자료형, 인자의 전달 방법을 통해 함수의 사용과 리커젼을 좀 더 구체적으로 이해하도록 한다. 실습 소요 시간은 약 2시간이다. 기초 내용으로 변수, 상수, 수식의 사용 방법과 수의 자료형에 대하여 정확한 지식을 필요로 한다. 또한 기억 장치의 구조와 변수 이름과의 관계에 대해 알고 있으면 좋다.

9.1 함수

함수는 수학에서 y=f(x)와 같이 나타난다. 함수는 어떠한 입력 값 (x)에 대하여 그것에 관계된 일 (f)을 행하고 결과 값 (y)을 가진다. 예로 f(x)가 x+4 라 하면 x가 5이 입력되면 5+4의 작업을 행하고 결과 값으로 9를 넘겨주고, x가 10이 들어가면 14의 결과를 넘겨준다. 이러한 원리를 프로그래밍 언어에서도 적용한다.

C에서의 함수는 특정 입력 값에 대하여 그와 관계된 일을 행하고 결과 값을 넘겨주는 루틴이다. 함수는 사용자가 정의한 함수 프로그램과 시스템에서 제공하는 내장 함수로 구별되어진다. 내장 함수의 사용할 때에는 그 함수가 포함되어 있는 header file을 include시켜 사용한다. 이제까지 써 왔던 printf나 scanf은 내장 함수의 대표적 경우이며, stdio.h에 포함되어 있다.

함수는 커다란 프로그램을 작업별로 분할하거나, 하향식 방식으로 구조화할 수 있도록 한다. 또한 구조화한 프로그램이기 때문에 프로그램을 이해하거나 수정하기 쉽도록 한다.

9.2 함수의 사용

사용자가 어떤 작업을 수행하려할 때 시스템에서 그 함수를 지원하지 않으면, 사용자는 원하는 작업을 직접 작성하여 수행해야 한다. 함수를 정의하는 기본 형식은 아래와 같다.

```
자료형  함수이름(형식인자1, 형식인자2, ...)
{
    문장 1;      /* 함수 수행 문장 */
    문장 2;
    .
    .

    return(반환 값);
}
```

이러한 기본적으로 정의된 함수를 사용하려면 다른 프로그램 혹은 다른 함수에서 호출을 하여야 하는데 아래 형식으로 호출한다.

```
main ( )  /* 주 프로그램으로 함수를 호출한다  */
{
    각종 선언문1;    /* 변수 및 배열 등의 각 자료형 선언  */
    각종 선언문2;    /* 변수 및 배열 등의 각 자료형 선언  */
    .
    .
    함수이름(실인자1, 실인자2, ...);
    .
    .
}
```

9.3 함수의 반환 값

함수의 반환 값은 그 함수가 실행하고서 나타나는 결과를 함수를 호출한 곳으로 되돌려 주는 것을 의미하는데, 사용자는 반환 값의 자료형을 지정해 주어야 한다. 결과 값의 자료형으로는 void(아무런 결과 값도 없음), 문자, 정수, 실수, 포인터, 구조체 등 어떠한 것도 가능하다.

함수에서 반환 값의 자료형이 지정되어 있지 않을 경우에는 묵시적으로 int 자료형의 반환 값을 가지는 것으로 간주한다. 또한 컴파일 시에 “Function should have return a value”라는 Warning Error(경고 메세지)가 나온다.

9.4 함수의 인자

함수의 인자로는 상수, 변수, 수식, 배열이나 포인터, 구조체, 함수 등이 조합된 어떠한 수식도 가능하다. 함수에서는 인자를 넘기기 전에 실인자를 먼저 계산하고 그 값을 형식인자에게 넘겨주기 때문에 수식의 계산 값이 정의된 형식인자의 자료형에 맞으면 어떠한 형태가 되더라도 상관없다.

9.4.1 실인자와 형식인자

함수를 호출하는 곳에서의 인자를 **실인자**라 하고, 함수가 호출되는 곳에서의 인자를 **형식인자**라 한다. 함수를 호출할 때 실인자를 먼저 계산한 다음, 형식인자에 계산된 실인자가 넘어가게 된다. 실인자와 형식인자는 서로의 자료형과 인자의 개수가 맞아야 한다.

실습 9.1

아래의 프로그램은 가장 간단한 형태의 사용자 정의 함수이다. 손으로 각 문장을 순서대로 추적하면서 관찰하시오. 또는 컴퓨터에서 실행하고 함수의 선언과 호출이 어떻게 되는지 관찰하시오.

```
#include <stdio.h>
void func_A()
{
    printf("....함수 A입니다.\n");
}

void func_B()
{
    printf("....함수 B입니다.\n");
}

main()
{
```

```
    func_A();
    func_B();
}
```

결과

```
....함수 A입니다.
....함수 B입니다.
```

함수 func_A와 함수 func_B는 인자를 가지지 않으며 반환 값으로 void (아무 것도 넘기지 않음)가 사용되었다. 먼저 함수를 선언하고 main에서 함수가 호출되었다.

C에서는 모든 계산의 단위가 함수이다. main도 마찬가지이다. 따라서 **함수 안에서 main함수를 부를 수도 있다**. 그러나 어떠한 함수에서 main을 부른다면 (main에서 자기 자신을 부르는 경우를 포함해서) 프로그램이 종료하지 않을 수도 있다. 또한 프로그램의 읽기가 어렵기 때문에 사용하지 않는 것이 좋다.

실습 9.2

아래 프로그램을 손으로 각 문장을 순서대로 추적하면서 관찰하시오. 또는 컴퓨터에서 실행하고 함수의 선언과 호출이 어떻게 되는지 관찰하시오. 이 프로그램은 인자를 갖는 함수의 정의와 호출에 대한 것이다.

```
#include <stdio.h>
function( int i,int j)
{
  printf("In function, i== %d, j==%d \n",i,j);
}

main()
{
    int i,j;
    i=1; j=1;
    function(i,j);
    function(2,8);
    function(2+3,8*2*(3+3));
}
```

결과

```
In function, i=1,  j=1
In function, i=2,  j=8
In function, i=5,  j=144
```

함수 function은 int(묵시적으로 int임)의 반환 값을 가지고 두 개의 인자를 가지는 함수로 선언되었다. 이때 선언된 두 정수 인자 i, j를 형식인자라 한다. main에서의 문장 10, 11, 12번의 속에 있는 i, j, 2, 8, 2+3, 8*2*(3+3)을 실인자라 한다. 실인자의 값이 먼저 계산되어 형식인자에 넘겨지게 된다.

물음 9.1

위의 실습 9.2에서 실인자와 형식인자를 검사하고, 실제로 함수 호출시 어떻게 실행되는지 관찰하시오.

물음 9.2

실습 9.2에서 문장 11의 function(2,8);를 function(2);와 같이 실인자를 하나만 기술하면 어떠한 상황이 발생하는지 관찰하고 설명하시오.

9.4.2 인자를 통한 값의 전달

함수 사이에서는 인자를 통하여 값을 전달할 수 있는데 이것을 ‘인자전달’이라 한다. 이 인자전달 방식은 아래와 같이 두 경우를 사용할 수 있다.

- 값에 의한 인자전달(call-by-value)
- 주소에 의한 인자전달(call-by-reference)
- **값에 의한 인자전달**은 함수에 인자를 넘겨줄 때 값으로만 인자를 넘겨주는 것이다. 이 방법은 함수를 수행하고 난 후에 자신을 호출한 함수나 프로그램으로 되돌아갈 때 함수에서 계산한 값을 인자를 통하여 되돌려 주지 않는다.
- **주소에 의한 인자전달**은 내용 또는 주소를 인자로 넘겨준다. 이 방법은 함수를 수행하고 난 후에 자신을 호출한 함수나 프로그램으로 되돌아갈 때 함수에서 계산한 값을 인자를 통하여 되돌려 준다.

그러므로 주소에 의한 인자전달은 함수가 호출되어 수행된 결과가 인자에 반영되어 호출한 함수에서 바뀐 인자를 사용할 수 있다. 이것은 주소(내용)에 의하여 인자를 전달하기 때문이다. 인자전달 방식에 대한 자세한 사항의 아래의 실습을 통하여 살펴보자.

실습 9.3

아래의 프로그램은 지역 변수와 call-by-value에 관한 것이다. 손으로 문장을 따라가 보거나 실행해 보고 결과를 관찰하시오.

```
1 #include <stdio.h>
2 function( int i,int j){
3  i=10;
4  j=20;
5  printf("In function, i== %d, j==%d \n",i,j);
6 }

7 main(){
8 int i, j;
9  i=1; j=1;
10  function(i,j);
11  printf("In Main, i==%d, j==%d \n",i,j);
12 };
```

결과

```
In function, i== 10, j==20
In Main, i==1, j==1
```

main에서의 i,j와 function에서의 i,j는 서로 다른 값으로 쓰인다. 함수를 실행할 때 문장 10에서 정수 인자 i,j의 값과 함수 function에서의 i,j의 값이 다름을 위의 결과에서 알 수 있다. 이와 같이 함수에 인자를 전달하여 사용한 뒤 변한 인자의 값을 재사용하지 못하는 인자전달 방법을 **값에 의한 인자전달**이라 한다.

또한 위의 예에서와 같이, i,j는 같은 변수 이름으로 사용되었어도 함수(main과 function)에 따라 사용되는 값이 달라진다. 변수 i,j는 각각의 함수 내에서는 영향을 미치지만 다른 함수로 제어가 넘어가면 아무런 영향도 미치지 않는다. 이와 같은 변수를 **지역 변수**라 한다. 그리고 하나의 이름으로 모든 함수 안에서 쓸 수 있는 변수를 **전역 변수**라 한다.

물음 9.3

위의 실습 9.3에서 함수 function과 main함수에서 똑같은 이름의 i,j가 사용되었다. 그러나 시스템은 이 두 변수를 똑같은 변수로 보지 않는다. i,j의 main에서의 값과 function에서의 값이 어떻게 다른지 알아보시오.

물음 9.4

값에 의한 인자전달은 함수 호출 후 사용된 변수의 값이 변하지 않는다. 그러나 호출한 함수에서 변한 값을 사용하고 싶다면 어떻게 해결할 수 있는지 설명하시오.

실습 9.4

아래 프로그램은 주소에 의한 인자전달에 대한 것이다. 손으로 문장을 따라가 보거나, 실행해 보고 결과를 분석하시오.

```
1  #include <stdio.h>
2  function( int *i,int j){
3   *i=10;
4   j=20;
5   printf("In function, i== %d, j==%d \n",*i,j);
6  }

7  main(){
8  int i,j;
9   i=1; j=1;
10  function(&i,j);
11  printf("In Main, i==%d, j==%d \n",i,j);
12 };
```

결과

```
In function, i== 10, j==20
In Main, i==10, j==1
```

main 함수의 문장 10에서 function 함수를 호출할 때 &i,j로 호출하였다. 결과로는, i의 값은 바뀌어 지고 j의 값은 바뀌어 지지 않았다. i 앞에 있는 & 표시는 변수의 주소를 지칭하는 것이다. 따라서 i는 주소로, j는 값으로 인자를 넘겨준다. 주소로 인자가 전달된 i는 내용이 바뀌어 지고, 값으로 인자가 전달된 j는 내용이 바뀌어 지지 않는다.

물음 9.5

변수 i에 붙은 &는 무엇을 의미하는가? 인자의 전달 방식은 포인터와 깊은 연관이 있다(포인터(pointer)에 대한 설명은 다른 교재를 참고하여야 한다).

9.5 리커젼

위에서 살펴본 함수는 자신의 프로그램 혹은 함수의 외부에 선언한 다른 함수를 메인 혹은 함수에서 호출하여 사용하였다. 그러나 **어떤 함수가 자기 자신을 호출하여 실행할 수 있는데, 이와 같이 함수가 자신을 다시 호출하면 '리커젼'**이라 한다.

아래의 팩토리얼을 계산하는 함수를 살펴보자.

```
F(1) = 1
F(N) = N × F(N-1), N > 1
```

실습 9.5는 특정 값 N에 대하여 계산하는 함수로 작성된 리커젼 프로그램을 작성하면 아래와 같다. 함수 프로그램인 fact는 자신의 몸체에서 자신을 재호출(리커젼)하고 있다.

실습 9.5

아래 프로그램은 입력으로 주어지는 값 N에 대한 팩토리얼 값을 계산하는 함수이다. 이 프로그램의 함수를 손으로 문장을 따라가 보거나, 실행해 보고 결과를 분석하시오.

```
#include < stdio.h >
main()
{
long int N, Nfact, fact( );
printf(" input number N=");
scanf("%d", &N);
Nfact = fact(N);
printf("\n%d의 팩토리얼 값은 %d 입니다", N, Nfact);
}

long fact(K)
int K;
{
return((n==1)? 1 : K*fact(K-1));
 /* 위 문장은 만약 N=1이면 1값을, 아니면 N*fact(N-1)을 계산한다는 의미이다 */
}
```

물음 9.6

실습 9.6에서 문장 return((n==1)? 1 : K*fact(K-1));를 좀 더 이해하기 쉬운 다른 문장으로 변환하시오.

실습 9.6

(실습 보고서 제출하기) 아래 그림과 같이 정삼각형이 연속으로 포개져있다. 이때, 정삼각형이 정삼각형 안으로 포개질 때를 깊이라 한다. 깊이가 10일 때, 그림에 나타나는 모든 정삼각형 면적의 합을 구하는 순서도나 의사코드를 작성하여 제출하시오. 문제를 해결하기 위한 조건을 나열하시오. 반드시 함수와 리커젼을 사용하시오.

(a) 삼각형 하나의 면적을 구하는 방법을 생각해보고 그 과정을 순서대로 기술하시오.

(b) 각 깊이에서의 삼각형의 면적을 구하는 과정을 순서대로 기술하시오.

(c) 깊이가 10일 때의 각 깊이에서의 정삼각형의 면적을 모두 합한 총 면적을 구하는 과정을 순서대로 적으시오.

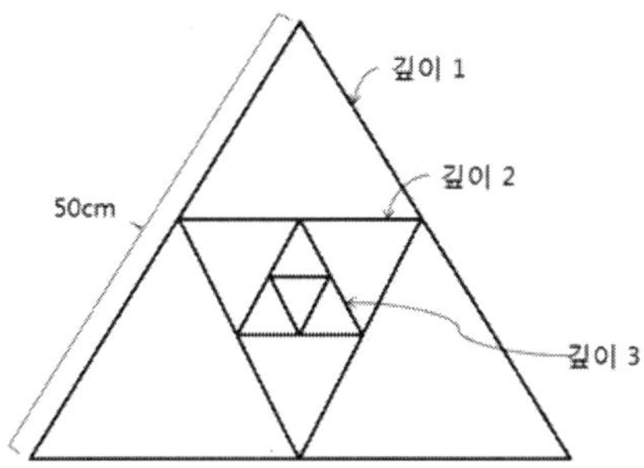

문제를 구체화하기, 외부 정삼각형의 면적 구하기

(1) 깊이가 k일 때 한 변의 길이 생각하기

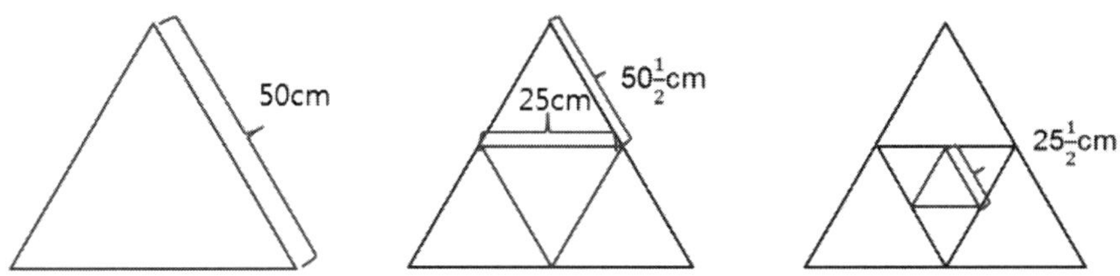

깊이가 1일 때
한변의 길이 = 50cm

깊이가 2일 때
한변의 길이 = $50 \times \frac{1}{2}$ cm

깊이가 3일 때
한변의 길이 = $50 \times \left(\frac{1}{2}\right)^2$ cm

그러므로 깊이가 k일 때의 한 변의 길이는 아래와 같다.

$$\text{깊이가 k일 때의 한 변의 길이} = 50 \times \left(\frac{1}{2}\right)^{k-1} \text{cm}$$

(2) 외부 정삼각형의 면적 구하기, 깊이가 k일 때 외부 삼각형 면적 생각하기

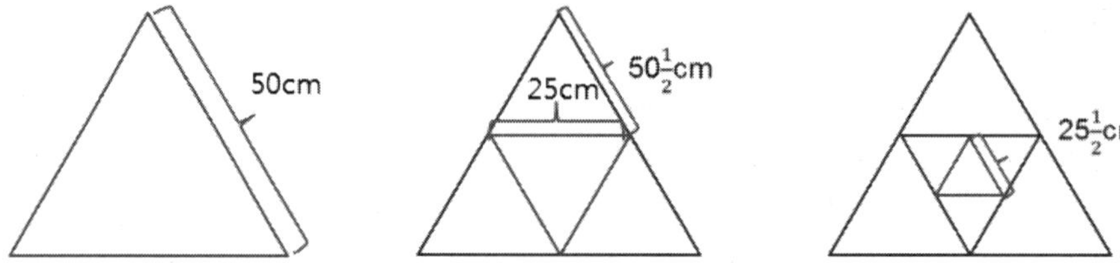

깊이가 1일 때
한변의 길이 = 50cm
넓이 = $\frac{\sqrt{3}}{4} \times (50)^2 \text{cm}^2$

깊이가 2일 때
한변의 길이 = $50 \times \frac{1}{2}$ cm
넓이 = $\frac{\sqrt{3}}{4} \times \left(50 \times \frac{1}{2}\right)^2 \text{cm}^2$

깊이가 3일 때
한변의 길이 = $50 \times \left(\frac{1}{2}\right)^2$ cm
넓이 = $\frac{\sqrt{3}}{4} \times \left(50 \times \left(\frac{1}{2}\right)^2\right)^2 \text{cm}^2$

그러므로 깊이가 k일 때의 정삼각형 하나의 넓이는 아래와 같다.

$$\text{깊이가 k일 때 넓이} = \frac{\sqrt{3}}{4} \times \left(50 \times \left(\frac{1}{2}\right)^{k-1}\right)^2 \text{cm}^2$$

이와 같이 구체화한 문제를 바탕으로 순서도나 의사코드를 작성하시오. 아래의 규칙을 만드는 힌트를 활용하시오.

단계 1 한 변의 길이에 대한 규칙 찾기

길이가 1일 때

한 변의 길이 $L1 = 50\text{cm}$

길이가 2일 때

한 변의 길이 $L2 = 50 \times \frac{1}{2}\text{cm}$

길이가 3일 때

한 변의 길이 $L3 = 50 \times \frac{1}{2} \times \frac{1}{2}\text{cm}$

길이가 k일 때

한 변의 길이 $Lk = 50 \times \left(\frac{1}{2}\right)^{k-1}$

단계 2 외부 삼각형 면적에 대한 규칙 찾기

길이가 1일 때

$$\text{외부 삼각형 넓이 S1} = \frac{\sqrt{3}}{4} \times (\text{L1})^2$$
$$= \frac{\sqrt{3}}{4} \times (50)^2$$

길이가 2일 때

$$\text{외부 삼각형 넓이 S2} = \frac{\sqrt{3}}{4} \times (\text{L2})^2$$
$$= \frac{\sqrt{3}}{4} \times \left(50 \times \frac{1}{2}\right)^2$$

길이가 3일 때

$$\text{외부 삼각형 넓이 S3} = \frac{\sqrt{3}}{4} \times (\text{L3})^2$$
$$= \frac{\sqrt{3}}{4} \times \left(50 \times \frac{1}{2} \times \frac{1}{2}\right)^2$$

길이가 k일 때

$$\text{외부 삼각형 넓이 Sk} = \frac{\sqrt{3}}{4} \times (\text{Lk})^2$$
$$= \frac{\sqrt{3}}{4} \times \left(50 \times \left(\frac{1}{2}\right)^{k-1}\right)^2$$

단계 3 계산하기

길이가 $\text{k} = 10$일 때, 외부 삼각형 넓이 $\text{S10} = \frac{\sqrt{3}}{4} \times \left(50 \times \left(\frac{1}{2}\right)^9\right)^2$

구체화한 문제를 바탕으로 아래 내용을 고려하여 직접 식을 세워보자.

- 외부 삼각형 넓이 규칙 찾기
- 변수 설정
- 식 세우기
- 계산

순서도를 그리면 아래와 같다.

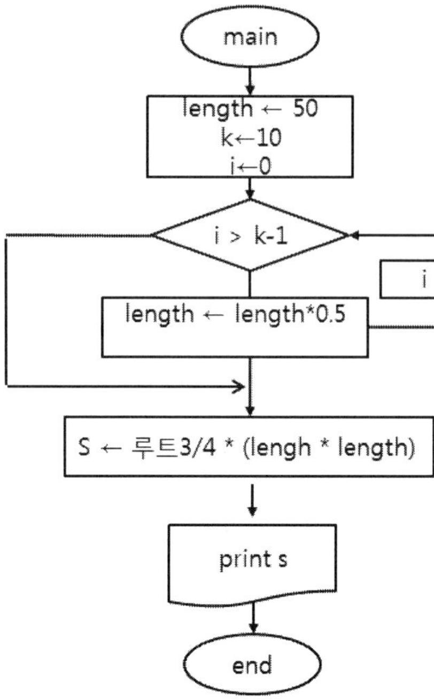

의사코드는 아래와 같이 기술할 수 있다.

```
length = 50
for i = 1 to k-1 do
        length = length * 0.5
endfor
s = sqrt(3)/4 * (length * length)
```

이러한 의사코드를 이용하여 C 프로그래밍 언어로 코딩하고 실행한 결과는 아래와 같다.

```
#include <stdio.h>
#include <math.h>

main( ){
    double length;
    double s;
    int k = 10, i;

    length = 50;

    for( i=0; i<k-1; i++)
    {
        length = length * 0.5;
    }

    s = sqrt(3.0) / 4 * (length * length);

    printf("깊이가 %d일 때 외부 삼각형 면적 : %lf₩n",k,s);
}
```

```
C:₩Windows₩system32₩cmd.exe
깊이가 10일 때 외부 삼각형 면적 : 0.004130
계속하려면 아무 키나 누르십시오 . . .
```

위의 방법 외에 다른 방법이나 더 효율적인 방법이 있으면 제시하고, 제시한 방법에 따라 순서도나 의사코드를 작성하시오.

연습문제

9.1 어떤 정수 값에 대하여 절대 값을 구하는 함수를 작성하시오.

예) abs(-3.14) = 3.14

abs(5) = 5

9.2 어떤 정수를 다른 정수로 나누었을 때의 나머지를 구하는 함수인 namozi를 작성하시오. namozi의 예는 아래와 같다.

namozi(7, 4)=3. 즉, 7을 4로 나누었을 때의 나머지는 3이다.

9.3 어떤 정수를 '0'으로 나누었을 때는 어떤 현상이 발생하는지 설명하시오.

9.4 '0'을 어떤 정수로 나누었을 때는 어떤 현상이 발생하는지 설명하시오.

9.5 이차 방정식의 근의 존재를 알기 위해서 판별식을 이용한다. 계수 a, b, c를 입력으로 받아서 판별식을 구하는 함수를 작성하시오. 또한 D에 대하여 근의 종류에 대해 출력하시오 (두 근, 중근, 두 허근). 두 개의 함수(판별식을 구하는 함수, 근의 종류를 판별하는 함수)를 써서 구현하시오.

9.6 아래의 계산 결과를 반드시 리커젼 함수를 활용하여 구현하시오.

$$SUM = (1)/1! + (1+2)/2! + (1+2+3)/3! + \ldots.(1+2+\ldots+N)/N!$$

CHAPTER 10 찾기

이 장에서는 컴퓨터 안에 있는 특정 자료를 찾는 문제를 살펴보자. 컴퓨터의 메모리 안에 자료가 저장되면 소프트웨어(프로그램)로 찾는 것은 우리 생활의 여러 곳에서 활용하는 중요한 문제이다. 이와 같이 특정 자료를 찾는 것을 검색이라 한다. 이 장에서의 실습은 약 2시간이 소요된다.

10.1 검색

아래의 나열한 사람 중에서 내가 찾고자 하는 사람이 있다고 하자. 그러면 인간은 어떻게 찾는가?

인간은 머리 속에서 찾고자 하는 사람이 있다면 번호 같은 데이터, 사진, 등의 정보를 활용하여 차례로 비교할 것이다. 그러므로 아래와 같이 사전 자료를 가지고 비교하여야 한다.

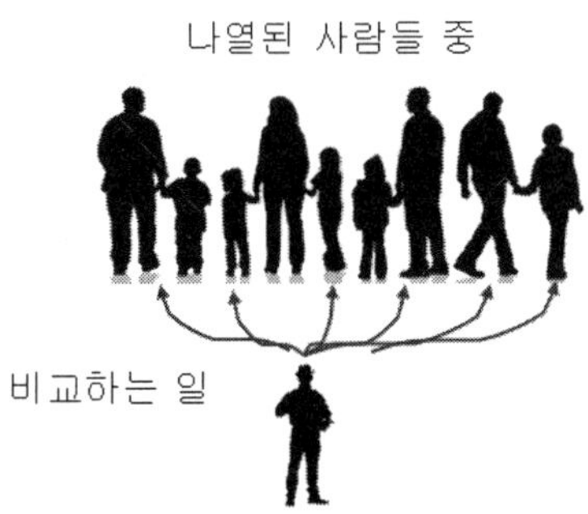

그러므로 찾기에 필요한 것들은 아래와 같다.

- 나열된 자료
- 비교할 대상-키 값
- 비교하는 일

나열한 자료는 이미 입력되어 있는 자료로 작게는 하나에서부터 크게는 수십억 개의 자료가 된다. 오늘날 빅데이터에서는 어마 어마한 수의 아이템이 데이터로 취급된다.

10.2 컴퓨터에서의 순차 검색

아래의 예를 살펴보자. 만약 아래 그림과 같은 여러 개의 통 중에서 한 개의 통 안에는 사과가 있다. 인간은 어떻게 찾을 것인가? 그림 오른쪽처럼 통을 하나씩 열어보고 사과가 있는지 확인할 것이다.

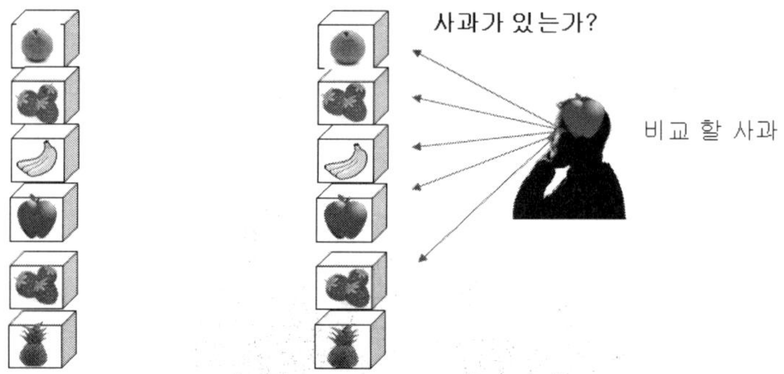

그렇다면 컴퓨터 안에 있는 문자나 숫자를 찾으려면 어떻게 할까? 아래 그림처럼 찾기를 원하는 주어진 키 값 10을 메모리 안에 저장되어 있는 데이터하고 차례로 비교하고 같으면 찾은 것이다.

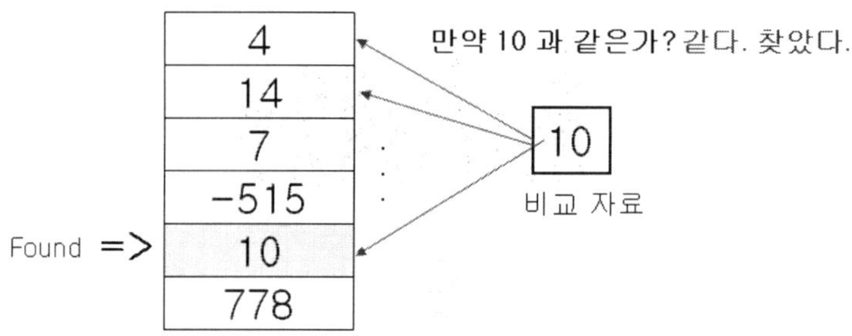

이러한 과정을 구체화하려면 컴퓨터 안에 저장되는 데이터가 있어야 하는데 아래와 같이 배열을 선언하고 데이터를 일거나 다른 방법으로 저장한다.

(1) 값을 저장할 통을 지정하여야 한다.
Mem[1], Mem[2],..와 같이 배열을 선언하고 데이터를 저장한다.
(2) 비교할 값을 읽어온다.
(3) 순환문 구조를 사용하여 같은 값인지를 판단하며 차례로 비교한다.
(4) 키 값이 같으면 '찾았다'는 메시지와 해당 '데이터(값)'를 출력한다.

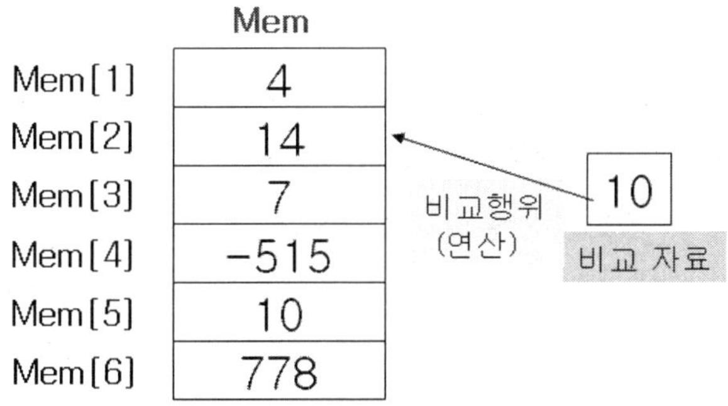

값의 나열

이러한 데이터와 키 값을 차례로 비교하는 '순차 검색' 방법을 단계별로 구체화하여 기술하면 아래와 같다.

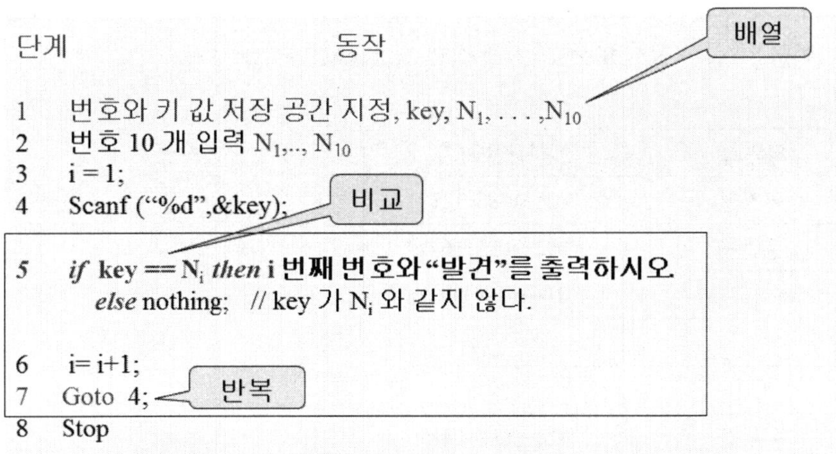

이 방법을 잘 관찰하면 아래와 같은 세 개의 문제를 발견할 수 있다.

(1) 이 방법은 언제 종료하는가? 즉, 하나를 발견되면 출력을 하고 계속 반복 수행한다.
(2) 만약 같은 데이터가 여러 개 존재하면 어떻게 할 것인가? 즉, 한 개만 발견하고 같은 데이터지만 다른 곳에 있는 데이터는 검색하지 않는 것인가? 계속 검색하려면 어떻게 하여야 하는가?
(3) 만약 저장된 데이터의 마지막 까지 검색하였지만 같은 데이터가 없어서 발견하지 못한다면 어떻게 되는가?

실습 10.1

데이터가 순서 없이 기록된 전화번호에서 지정한 사람 이름에 대한 전화번호를 찾는 방법을 의사코드로 작성하는 예를 살펴보자. 여기에서 몇 개의 가정과 조건이 필요하다.

- 가정 : 각 이름은 전화번호가 하나씩 있으며 가-나-다....순으로 정렬되지 않다.
- 입력 : 이름과 전화번호부(이 번호부에는 이름과 번호가 쌍으로 있다).
- 출력 : 찾고자하는 이름의 번호가 있으면 '전화번호'를, 없으면 "찾는 이름을 발견할 수 없습니다"를 출력한다.
- 방법 : 순차적으로 찾는다.

아래 표는 전화번호부의 입력 형식이다. 이름과 전화번호가 쌍을 이루어 10,000개가 입력되어 저장된다. 그러므로 이러한 형식의 번호를 읽으려면 이름을 변수 N_i(i=1,..., 10,000)로 번호를 T_i(i=1,...,10,000)로 하여 10,000 개의 쌍을 읽어야 한다. 또한 찾고자하는 이름을 변수 NAME으로 지정하고 그 NAME도 읽는다.

이름(N)	전화번호(T)
이지창	024-1988-1234
강만구	012-3455-1678
우리나라	011-1488-0987
...	
...	
최두심	324-5686-2434

그 후에 번호를 찾고자하는 아름인 NAME 가 이미 읽은 이름인 N_1,..., N_{10000}에서 같은 것이 있는가를 비교한다. 만약 같은 이름이 있으면 해당하는 번호인 T_i를 출력한다.

이러한 과정을 한 문장씩 사용하여 검색하는 의사코드로 작성하면 아래와 같다.

단계	동작
1	Get values for NAME, N_1, . . . $N_{10,000}$, and T_1 , . . . , $T_{10,000}$
2	If NAME = N_1 then print T_1 값
3	If NAME = N_2 then print T_2 값
4	IF NAME = N_3 then print T_3 값
.	.
.	.
.	.
10,000	If NAME = $N_{9,999}$ then print $T_{9,999}$ 값
10,001	If NAME = $N_{10,000}$ then print $T_{10,000}$ 값
10,002	Print '찾는 이름을 발견할 수 없습니다.'
10,003	Stop

그러나 이 표현 방법은 10,000 개의 이름 자료에 대하여 10,000번을 비교하는 동작 코드를 작성하여야 하므로 비효율적이다. 이러한 경우는 10,000 개의 이름 자료를 반복하여 비교하는 의사코드로 변경할 수 있다.

아래는 10,000 개의 자료를 반복하여 비교하는 방법으로 수정한 의사코드이다.

단계	동작
1	Get values for NAME, N_1, . . .,$N_{10,000}$ and for T_1, . . . , $T_{10,000}$
2	i = 1 and Found = 'NO'
3	**repeat**
4	If NAME == N_i then
5	Print T_i /* telephone number of that person */
6	Found = 'YES'
7	else if (NAME ≠ N_i)
8	i = i +1
9	**until either Found = 'YES' or i > 10,000**
10	If (Found = 'NO') then
11	Print the message '찾는 이름을 발견할 수 없습니다.'
12	Stop

여러 번 비교하여야 할 동작 코드를 반복 구조를 활용하여 간단한 의사코드로 만들 수 있다. 그러므로 주어진 문제를 해결하는 방법을 구성하기 위하여 의사코드의 여러 구조를 효율적으로 활용한다.

물음 10.1

위의 실습 10.1은 N개의 데이터(이름)에 대하여 어떤 원소를 찾고자 한다. 이 경우에 찾고자 하는 데이터와 배열의 데이터를 최대 몇 번을 비교하여야 하는지 분석하시오.

물음 10.2

위의 실습 10.1은 N개의 데이터(이름)에 대하여 어떤 원소를 찾고자 한다. 이 경우에 찾고자 하는 데이터와 배열의 데이터를 평균 몇 번을 비교하여야 하는지 분석하시오.

물음 10.3

위의 실습 10.1과 같이 모든 데이터를 차례로 비교하면서 찾는 방법 외에는 다른 방법이 없는지 알아보시오. 또 더 빠른 검색 방법을 제시하시오.

실습 10.2

위의 실습 10.1을 데이터인 이름이 순서가 있도록 입력하고 실행해 보시오.

위의 전화번호부는 이름이 가-나-다..... 순으로 저장되어 있지 않다. 이와 같이 데이터가 일정한 크기 순서로 저장되어 있지 않으면 데이터의 처음부터 차례로 비교하여 순차적으로 검색할 수 있다. 그러나 만약 이름이 가-나-다..... 순으로 저장되어 있다면 순차 검색 방법도 가능하지만, 다른 방법으로 검색하는 것이 시간적으로 적게 소요되어 효율적일 수도 있다. 이와 같이 이름이 가-나-다..... 순으로 저장되어 있을 경우에는 어떻게 검색하는 것이 좋을지 살펴보자.

10.3 이진 검색

앞에서 살펴본 검색 방법은 저장된 자료를 처음부터 마지막까지 차례로 하나씩 모두 비교하는 방법이다. 이 방법은 자료를 찾기 위해 많은 시간을 소요한다. 이 절에서는 검색 시간을 줄이고 좀 더 빠른 시간에 원하는 자료를 찾는 방법 중에서 '이진 검색'을 살펴보자.

이진 검색은 이미 정렬된 자료에서 원하는 특정 값을 찾는 방법이다. 자료는 아래 그림 10.1과 같이 정렬되어 있다. 이러한 자료에서 이진 검색을 하려면 아래와 같은 기법을 사용한다.

- 이진 검색에서는 처음 중간의 값을 임의의 값으로 선택하여, 그 값을 찾고자 하는 값과 크고 작음을 비교하는 방법이다.
- 처음 선택한 중앙값(mid)이 찾는 값보다 크면, 그 값은 새로운 최상위값(high)이 되고, 작으면 그 값은 새로운 최하위값(low)이 된다. 검색이 반복될 때마다 원하는 값을 찾을 확률은 두 배가 된다. 즉, mid = (low + high)/2에서 **아래쪽 정수 값을 취한다**.
- 즉, 처음 자료에서 작은 쪽이든 큰 쪽이든, 반쪽은 버리고 다른 반쪽에서만 검색하기 때문에 전체 자료를 모두 검색하는 방법보다는 검색 시간이 덜 소요된다.

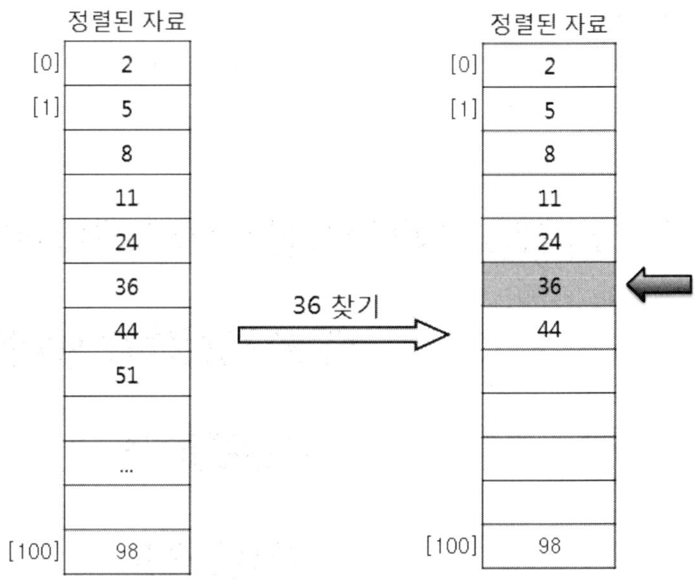

| 그림 10.1 | 정렬된 자료에서 찾기

예를 들어, 아래와 같은 자료 배열에서 44라는 값을 검색하려면 새로운 최하위(low) 값은 44가 된다.

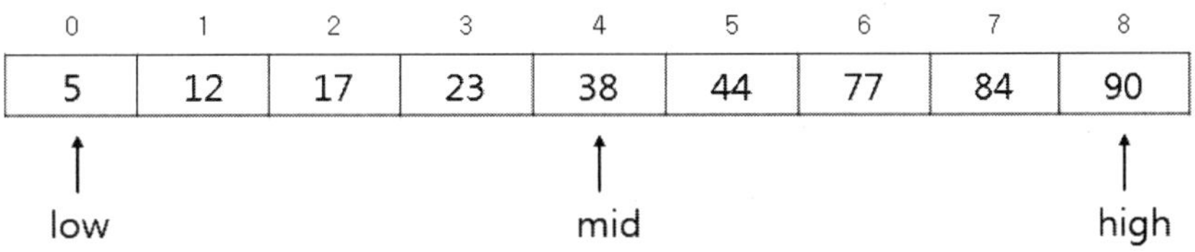

즉, 38 < 44로 44가 중간 값(mid)인 38보다 크기 때문에 low = mid + 1로 5 가 된다. 그러므로 data[5] = 44이다.

아래의 그림 10.2와 같은 자료 배열을 통하여 이진 검색을 관찰하자. 먼저 44를 검색하려면 아래의 과정을 거친다.

(1) low = 0, high = 14이다. 그러므로 mid =7이다. data[mid]인 data[7]은 38이므로 찾는 값이 아니다.

(2) 찾는 값인 44가 mid와 high 사이에 있으므로, low = 7, high = 14이다. 그러므로 mid = 10이다. data[10]은 52이므로 찾는 값이 아니다.

(3) 찾는 값인 44가 low와 mid 사이에 있으므로, low = 7, high = 10이다. 그러므로 mid = 8이다. data[8]은 43이므로 찾는 값이 아니다.

(4) 찾는 값인 44가 mid와 high 사이에 있으므로, low = 8, high = 10이다. 그러므로 mid = 9이다. data[9]s는 44이므로 찾는 값이다.

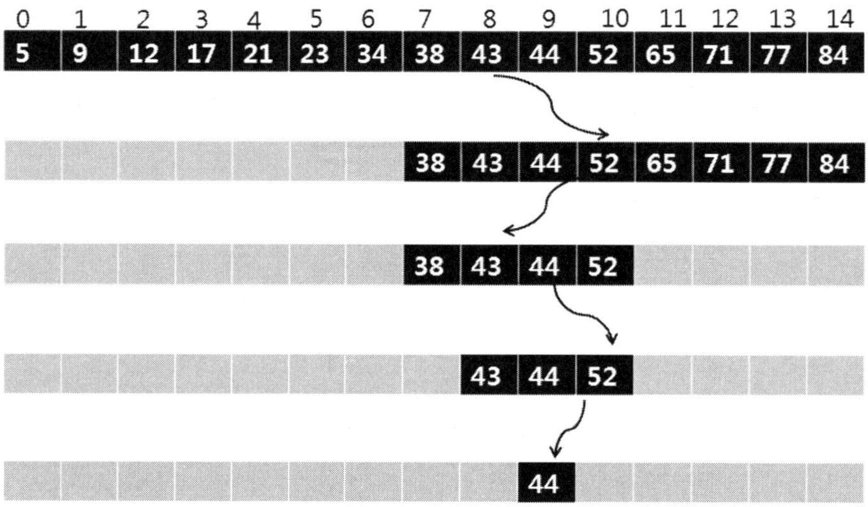

| 그림 10.2 | 이진 검색으로 44를 검색하는 과정

이러한 과정을 좀 더 구체적인 단계적으로 살펴보자.

단계 1 정렬된 리스트의 중간에 위치하는 값을 찾는다.

middle = (first + last) / 2

단계 2 이 값이 찾고자 하는 item 인지 판단한다. 만약 yes이면 이 값과 관련된 item 들을 return 한다.

단계3 No이면 이 값이 찾고자 하는 item 보다 큰지 작은지 판단한다.
만약 data[middle] > item이면, 새로운 last = middle -1
만약 data[middle] < item이면, 새로운 first = middle +1
/* 이것은 찾고자 하는 item이 전체 리스트의 절반 중 어디에 위치하는가 보고 item이 위치하지 않는 나머지 절반 리스트를 다음부터는 고려하지 않는다는 것을 의미한다. */

단계4 찾고자 하는 item을 리스트에서 찾을 때 까지 단계1번으로 가서 수행을 계속한다.

이러한 과정을 순서도로 그리면 아래와 같다.

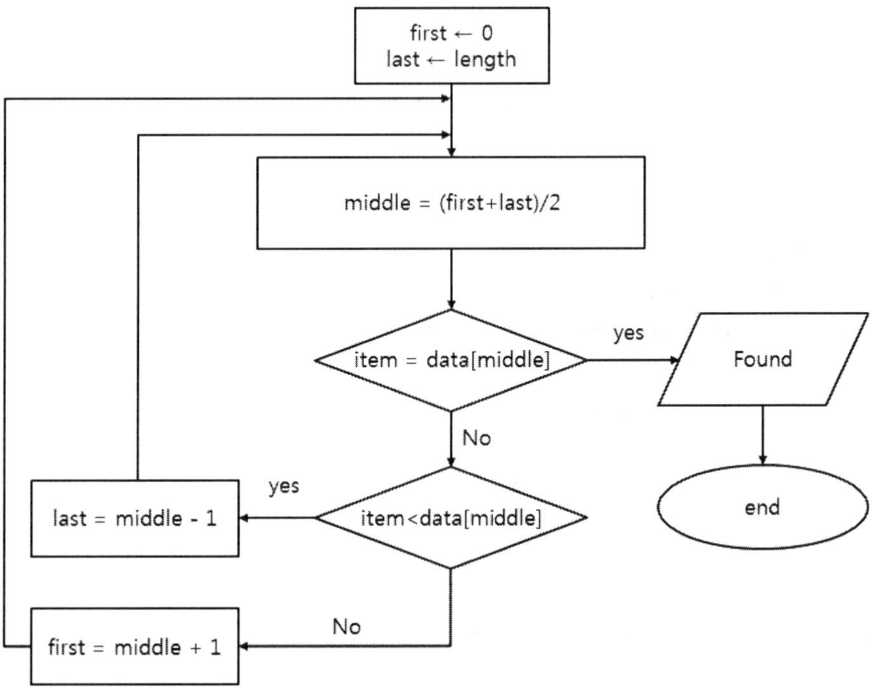

이러한 과정을 의사코드로 나타내면 아래와 같다.

```
length = 11
first = 0
last = length-1
found = FALSE
```

```
  while (first <= last AND NOT found)
    middle ← (first + last)/2
    if( item = data [middle])
        found ← TRUE
    else if (item < data [middle])
        last ← middle-1
    else first ← middle+1
return found
```

실습 10.3

아래는 위의 의사코드를 프로그램으로 작성한 것이다. 손으로 각 문장을 따라가면서 관찰하고 분석하시오. 또 실행하고 결과를 확인하시오.

```
#include <stdio.h>
int binarySearch(int arr[],int value,int low,int high);
int main() {
  int num, output, findNum
  int arr[11] = { 3, 5, 8, 11, 15, 20, 33, 43, 55, 62, 77 };
  printf("Enter a number : ");
  scanf("%d",&findNum);
  output = binarySearch(arr,findNum,0,10);
  if( output != -1 )
    printf("arr[%d] is %d \n", output, findNum);
   else
    printf("Can not find the number. \n");
  return 0;
}

int binarySearch(int arr[],int value,int low,int high) {
    int mid;
    if( arr[high] < value ) return -1; //not found
    mid = (low + high)/2;
    if( arr[mid] > value )
      return binarySearch(arr,value,low,mid-1);
    else if( arr[mid] < value )
      return binarySearch(arr,value,mid+1,high);
    else return mid; //found
}
```

물음 10.4

위의 이진검색 방법에서 자료의 총수가 짝수 일 때와 홀수일 때의 실행 결과에서 차이가 있는지를 분석하여 설명하시오.

물음 10.5

위의 이진검색 방법을 리커젼으로 작성하는 방법과 리커젼이 아닌 방법으로 작성하는 방법 중 어느 방법이 병렬로 처리하는데 유리한지 설명하시오(병렬처리란 여러 개의 프로그램 혹은 함수를 동시에 실행할 수 있는 능력을 말한다).

물음 10.6

위의 이진검색 방법에서 자료의 총수가 N(N ≧ 100,000)개 일 때 원하는 자료를 검색하는데 최대 몇 번을 비교하여야 하는지 분석하시오. 또 평균적으로 몇 번을 비교하여야 하는지를 분석하시오.

실습 10.4

(실습 보고서 제출하기 1) 아래와 같이 각각 크기순으로 정렬된 두 개의 서로 다른 배열 (A와 B)로 된 데이터가 있다. 이 두 개의 데이터를 그림과 같이 크기 순서로 정렬된 하나의 데이터(C)를 만들고 싶다. 순서도나 의사코드를 작성하시오. 그리고 프로그램을 구현하여 실행하고 분석하시오.

	1	2	………						N
A 자료	20	34	46	49	67	68	78	89	90

	1	2	………										M
B 자료	14	26	28	34	37	40	45	56	60	65	67	78	89

	1	2	………						N	N+1	N+2			………								M
C 자료	14	20	26	28	34	34	37	40	45	46	49	56	60	65	67	67	68	78	78	89	89	90

물음 10.7

이진 검색은 데이터가 순서로 되어 있을 때 검색하기 유리하다. 그러나 모든 데이터가 순서로 되어 있지는 않다. 만약 데이터가 순서화되어 있지 않은 경우에도 이진검색이 가능한지 설명하시오. 만약 가능하지 않다면 어떻게 하여 이진 검색을 할 수 있는지 제시하시오.

연습문제

10.1 이진 검색에서 데이터 수에 따라 찾고자하는 값을 비교하는 회수와 순차 검색에서의 비교하는 회수를 비교하여 분석하시오.

10.2 본문의 검색 의사코드에서 찾고자하는 번호를 입력하면 이름과 번호를 동시에 출력하는 것으로 수정하시오.

10.3 검색이 왜 중요한지 설명하시오. 그리고 실생활에서 응용되는 예를 보이시오.

10.4 검색하는 여러 방법을 조사하고 분석하시오.

CHAPTER

11 정렬

이 장에서는 컴퓨터 안에 있는 데이터를 크기순(오름차순 혹은 내림차순)으로 정렬하는 문제를 살펴보자. 컴퓨터 메모리에 저장된 자료를 정렬하는 것은 여러 곳에서 활용되는 중요한 문제다. 이와 같이 특정 자료를 크기 순서로 나열하는 것을 정렬이라 한다. 자료 중에서 순서를 정하는 기준이 되는 것을 키(key)라 하며 키를 비교하는 방법은 크기, 무게 같은 숫자 또는 알파벳 순서와 같이 서로 비교할 수 있는 관계이어야 한다. 이러한 정렬은 검색과 함께 아주 많이 사용되며 알고리즘 또한 아주 많은 종류가 개발되어 있어 컴퓨터 알고리즘의 경연장 같은 분야이다. 사전의 단어들이 만약 순서 없이 나열되어 있다고 가정해보라. 어떤 단어를 찾기가 얼마나 어려울까? 따라서 정렬은 검색의 전단계로도 많이 활용된다.

11.1 정렬의 개요

아래의 나열된 숫자들 중에서 크기가 큰 수부터 작은 수로 나열하려면 인간은 어떻게 하는가?

인간은 한 번에 전체 수들을 살펴보고 크기의 순서를 정할 수 있다. 그러나 컴퓨터는 한 번에 전체 수들을 볼 수가 없다. 또 다른 카드에 있는 숫자의 의미도 알 수 없다. 그러므로 앞에서 실습한 차례로 비교하는 과정을 활용해야 한다.

아래는 컴퓨터가 위의 카드에 새겨진 수들 중에서 제일 큰 수에서 작은 수로 정렬하는 과정이다. 맨 왼쪽(첫 번째)에서 맨 오른쪽(마지막)으로 큰 수부터 작은 수로 정렬한다.

단계 1 (1) 첫 번째 카드 값이 제일 크다고 생각하고, 두 번째 카드의 값과 비교한다.
(2) 두 번째 카드의 값이 작으므로 첫 번째 카드와 두 번째 카드를 그대로 둔다.

7	3	9	5

단계 2 첫 번째 카드에 제일 큰 값이 있다.

단계 3 (1) 첫 번째 카드 값과 세 번째 카드 값을 비교한다.
(2) 세 번째 카드의 값이 크므로 첫 번째 카드와 세 번째 카드를 교환한다.

9	3	7	5

단계 4 첫 번째 카드에 제일 큰 값이 있다.

단계 5 (1) 첫 번째 카드 값과 네 번째 카드 값을 비교한다.
(2) 네 번째 카드의 값이 작으므로 그대로 둔다.
(3) 내용물을 끝까지 모두 비교하였으므로 첫 번째 카드에 제일 큰 값이 있다.

9	3	7	5

그런데 아직은 문제가 있다. 즉, 맨 처음의 카드만 마지막까지 비교했기 때문에, 제일 큰 것 하나만 찾았지, 두 번째로 큰 것은 찾지 않았다. 다시 말하면, 두 번째 카드부터는 아직 비교하지 않았다는 의미이다. 그러므로 두 번째 카드부터 남은 카드의 값들 중에서 제일 큰 값를 다시 찾아야 한다. 두 번째 카드부터 같은 과정을 반복한다.

단계 6 (1) 두 번째 카드 값이 제일 크다고 생각하고, 세 번째 카드의 값과 비교한다.
(2) 세 번째 카드의 값이 크므로, 두 번째 카드 값과 세 번째 카드 값을 교환한다.

9	7	3	5

단계7 두 번째 카드에 남은 값 들 중에서 제일 큰 값이 왔다.

단계8 (1) 두 번째 카드 값과 네 번째 카드의 값을 비교한다.
(2) 두 번째 카드의 값이 크므로 네 번째 카드 값을 그대로 둔다.

9	7	3	5

단계9 내용물을 끝까지 모두 비교하였으므로 두 번째 카드에 두 번째 큰 값이 있다. 이제 세 번째와 네 번째를 비교한다.

단계10 (1) 세 번째 카드 값이 제일 크다고 생각하고, 네 번째 카드의 값과 비교한다.
(2) 네 번째 카드의 값이 크므로 세 번째 카드와 네 번째 카드를 교환한다.

9	7	5	3

세 번째에 남은 값 들 중에서 제일 큰 값이 왔다. 세 번째와 네 번째까지, 즉 마지막까지 모두 비교했으므로 정렬이 끝났다.

11.2 컴퓨터 안에서의 정렬

마찬가지로 메모리에 데이터가 있는 경우를 살펴보자. 먼저 아래의 메모리에 저장된 데이터를 활용한다.

위치	값
1	19 ←
2	41
3	12
4	63
5	22

이 데이터에 대하여 위의 정렬 과정을 적용하면 아래와 같이 정렬 과정을 거친다.

단계 1

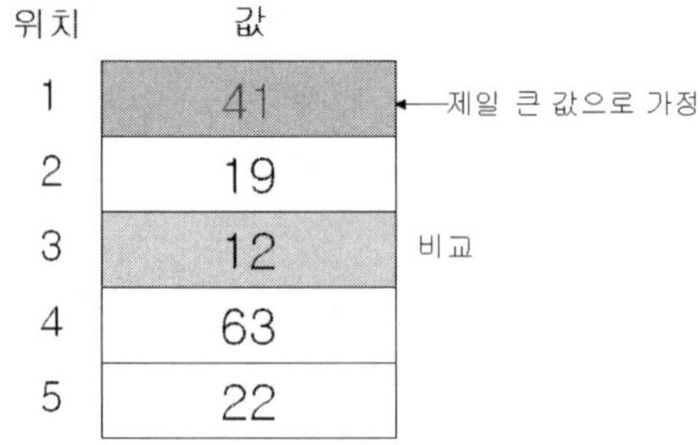

단계 2

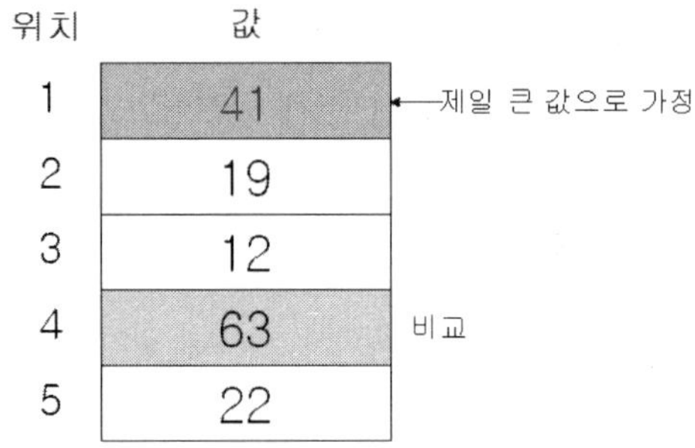

단계 3

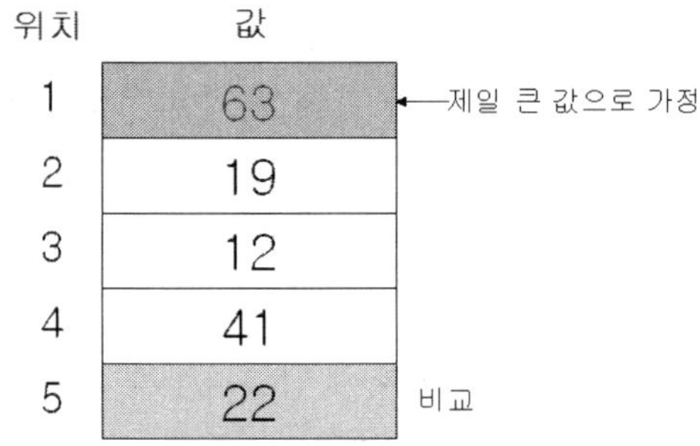

단계 4

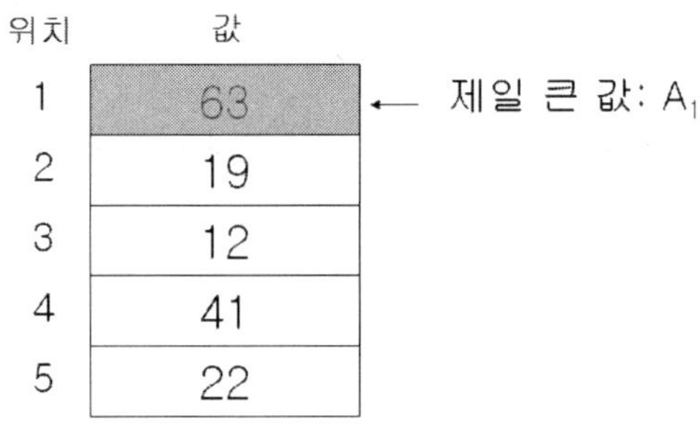

단계 5

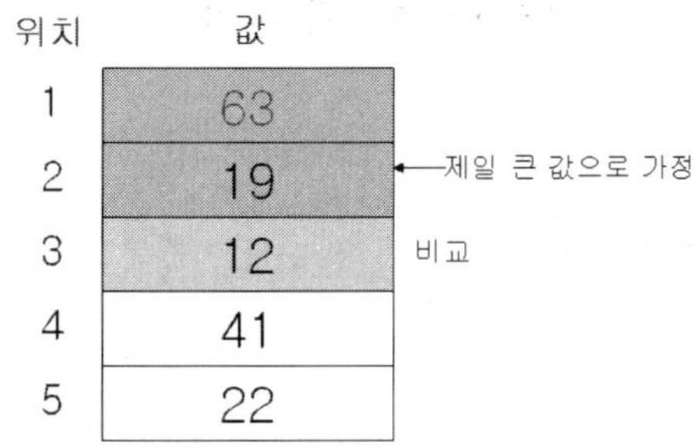

단계 6

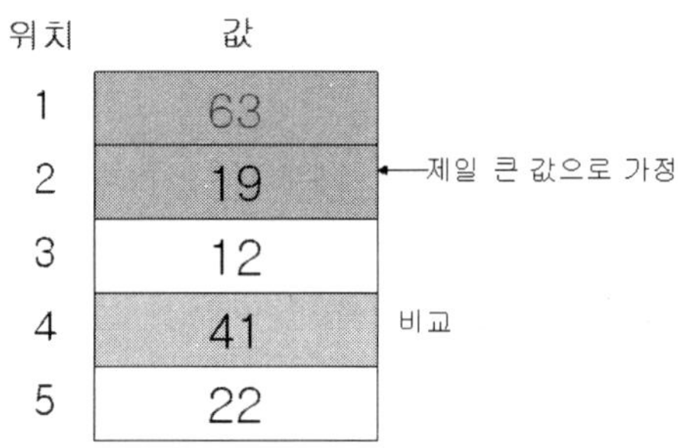

단계 7

이러한 과정을 반복하면 최종적으로 아래의 정렬된 결과를 얻는다.

위치	값
1	63
2	41
3	22
4	19
5	12

아래는 제일 큰 값을 찾는 방법의 의사코드이다. 이 의사코드를 활용하면 주어진 데이터를 크기 순서로 정렬할 수 있다.

```
배열 선언
배열 각 원소 A1, A2, . . . , An 값을 읽는다
A1 값을 제일 큰 값으로 간주한다
위치 값을 1 로 한다
i 값을 2 로 준다
While (i <= 10 ) {
   If Ai > 현재 제일 큰 값 then
      제일 큰 값을 Ai에 넣는다
      위치 값을 i에 넣는다.
      i 를 증가시킨다
}
위치와 제일 큰 값을 출력한다
종료한다
```

정렬 방법은 다양하며 각 방법마다 특성이 있다. 아래에서 몇 개의 정렬 방법을 살펴보자.

11.3 선택 정렬(selection sorting)

가. [문제 제안 및 명세]

그림 11.1과 같이 배열에 정렬되지 않은 자료들이 있을 때 이를 정렬하는 알고리즘을 생각해 보자.

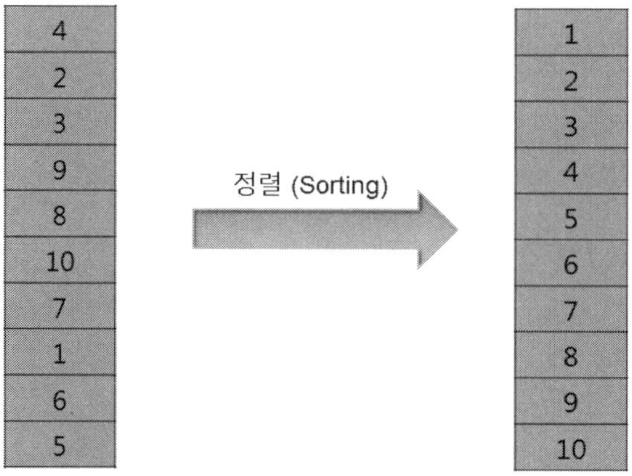

| 그림 11.1 | 제시한 정렬 문제

나. [의문점 해결]

Q1 크기가 큰 것이 먼저 와야 하나 작은 것이 먼저 와야 하나? 더 구체적으로 제일 큰 것이 배열 인덱스 맨 처음에 와야 하는지 제일 작은 것이 와야 하는지?

A1 작은데서 큰 순서로 정렬하는 것을 증가순이라 한다. 반대로 큰 것에서 작은 것으로 가는 순서를 감소순라 한다. 여기서는 증가순으로 하자.

Q2 보조 메모리를 사용해도 되나?

A2 OK.

다. [알고리즘 개발]

가장 간단한 방법은 자료 중에서 **제일** 작은 것을 골라 다른 종이에 써 놓고 옮겨 썼다는 표시를 한 다음 또다시 남아있는 자료 중에서 제일 작은 것을 골라 옮겨 써 놓는다. 이러한 작업을 모든 자료가 처리될 때 까지 반복하면 될 것이다. 이것을 의사코드 형태로 써 보자. 의사 코드는 코드로 옮기기에 충분히 자세하게 될 때 까지 점점 더 자세하고 구체적이게 고쳐 나가는데 이 과정을 '단계적 정제(stepwise refinement)'라고 한다. 모든 알고리즘은 이러한 단계적 정제과정을 거쳐 개발되어야 한다.

첫 번째 시도

0. 크기가 같은 배열 하나를 더 준비한다. 원 배열을 배열1, 새로 준비한 것을 배열2라 하자.
1. 배열1에 있는 자료 중에서 제일 작은 것을 **선택**하여 배열2의 쓸 수 있는 첫 빈칸에 쓴다. 배열1에서 그 자료를 X표시 한다.

2. 배열1의 자료가 모두 X표가 될 때까지 위의 단계 1을 계속한다.
3. 결국 배열2에 모두 정렬된 상태로 옮겨지게 된다.

이것을 좀 더 자세히 써 보자.

두 번째 시도

0. 크기가 같은 배열 하나를 더 준비한다. 새로 준비한 배열 B의 첫 빈칸을 가리키는 인덱스 j를 0으로 초기화한다.
1. 배열 A의 인덱스 i=0에 있는 자료A[i]를 제일 작은 것이라고 임시로 정한다.
2. 인덱스i를 1~n-1까지 변화시키면서 A[i]와 1에서 골라 놓은 **제일** 작은 것과 비교하여 A[i]가 더 작으면 smallest를 A[i]로 갱신한다.
3. 단계 2에서 찾은 제일 작은 자료에 X표시를 하고 그 자료를 B[j]에 쓴다. j를 1 증가시킨다. 배열1에서 그 자료를 X표시 한다.
4. 배열 A에서 X 표시가 되지 않은 자료가 없을 때까지 위의 단계 1~3을 계속한다.
5. 결국 배열B에 모두 정렬된 상태로 옮겨지게 된다.

이렇게 써 놓고 보니 단계 1, 2는 배열 A를 처음으로 훑을 때를 기준으로 쓴 것이어서 두 번째 스캔할 때는 맞지 않는 점이 있다. 이를 반복에 더 맞게 고쳐 쓰면 다음과 같다.

세 번째 시도

0. 원 배열을 A, 새로 준비한 배열을 B라 한다. A의 인덱스를 i, B를 가리키는 인덱스를 j라 하고 i, j를 모두 0으로 초기화한다.
1. 배열 A에서 X표시되지 않은 A[i]를 읽어 제일 작은 것(smallest)이라고 임시로 정한다.

   실제로는 smallest에 제일 작은 값을 기억시키지 않고 그 위치만 기억시킨다. 즉 smallest=i.
2. 인덱스i를 0~n-1까지 변화시키면서 X표시가 없는 A[i]와 1에서 골라 놓은 A[smallest]와 비교하여 A[i]가 더 작으면 smallest를 **i로 갱신**한다.
3. 단계 2에서 찾은 제일 작은 자료에 X표시를 하고 그 자료 A[smallest]를 B[j]에 쓴다. j를 1 증가시킨다.
4. 배열 A에서 X표시 되지 않은 자료가 없을 때까지 위의 단계 1~3을 계속한다.
5. 결국 배열 B에 모두 정렬된 상태로 옮겨지게 된다.

그런데 X 표시는 어디에 어떻게 표시할 것인가? 이를 위해서 별도의 메모리(배열)를 준비해야 하나? 만약 자료의 특징을 알면 절대 일어나지 않는 값으로 표시할 수 있을 것이다. 예를 들면 자료가 모두 양수이라면 X대신 음수의 값을 사용하면 된다. 그러나 사전에 아무 지식이 없을 때는 이 방법을 쓰지 못하며 별도의 배열을 준비해야 한다. 이 배열을 P라 하고 P[k]==0이면 처리 안 된 것이며 1이면 처리 되었다고 하자. 이번엔 실제 코드에 좀 더 가깝게 영어 비슷한 말로 써 본다.

네 번째 시도

```
0.  Let S=the size of array A. declare  B[S], P[S], i, j, k.
1.  Let i=j=k=0.
2.  Set P[k]=0 for all k=0~S-1.
3.  search for any k ∈ {0~S-1} for which P[k]==0, and let smallest = k.
4.  for i∈{0~S-1}, if (A[i]<A[smallest]) AND (P[i]==0), then  set smallest = i;
5.  Let  B[j] = A[smallest].
         j = j+1.
         P[smallest] = 1, meaning "X"
6.  Repeat step 3~5 until no P[k]==0 for all k ∈ {0~S-1} .
```

이렇게 써 놓고 보니 다른 것은 거의 다 실제 코드로 쉽게 바꿀 수 있는데 단계 6의 "P[k]==0가 발견되지 않을 때 까지"라는 것은 어떻게 바꿀 것인가? 이를 위해 새로운 변수 found를 도입하고 0(false)로 초기화 해 놓자. 발견된 경우엔 1(true)로 바꾸고 작업을 계속하나 발견되지 않은 경우엔 작업을 종료한다. 이를 고려하고 좀 더 C 코드에 가깝게 바꾸어 보면 다음을 얻을 수 있다.

다섯 번째 시도

```
0.  Let S=the size of array A. declare  B[S], P[S], i, j, k, found
1.  Let i=j=k=0.
2.  for (k=0; k<S; k++) P[k]=0;
3.  k=0; found=0;
        while ( P[k]==1 AND k<S ) k=k+1.
            if (k<S) {smallest = k;  found =true;}
4.  if found, then {
```

```
    4.1  for (i=0; i<S;i++) if (A[i]<A[smallest]) AND (P[i]==0)  smallest = i;
    4.2  B[j] = A[smallest];
         j = j+1;
         P[smallest] = 1; }
         else stop;
5.  go to step 3 and repeat.
```

컴퓨터 알고리즘에서는 "go to"를 가끔 쓰지만 실제 구현에는 쓰지 않는 게 좋다. "go to"를 쓰지 않도록 위의 알고리즘을 while을 이용하여 다시 고쳐 쓰자. 반복해야할 것들을 모두 while의 몸체에 포함시키고 반복조건을 잘 만드는 게 요령이다. 또한 조건을 만든 후에 희망대로 while문으로 들어가며, 반복조건에 따라 언젠가 반드시 종료하는 지를 체크해야 한다.

여섯 번째 시도

```
0.  Let S=the size of array A. declare  B[S], P[S], i, j, k, found
1.  Let j=0.
2.  for (k=0; k<S; k++) P[k]=0;
3.  found=true;
    while (found) {
    found=false;  /* reset */
    k=0;
    while ( (P[k]==1) && ( k < S ) ) k=k+1;
      if (k < S) {
       found = true;
       smallest = k;
       for (i=0; i<S;i++) if ((A[i]<A[smallest]) AND (P[i]==0)) smallest = i;
           B[j] = A[smallest];
           j = j+1;
           P[smallest] = 1; }
    }
```

이제 거의 C code에 가깝다.

라. [손으로 검증]

단계 0, 1, 2 자료 및 보조 배열의 초기 상태는 다음과 같다.

S=10, i=j=0, k=10

	0	1	2	3	4	5	6	7	8	9
A	9	5	7	4	3	6	2	8	1	10
P	0	0	0	0	0	0	0	0	0	0
B										

단계 3 found=true로 while 안으로 들어간 다음 found=false; k=0; 되고 내부의 while로 들어간다. 조건 **(P[0]==1) && (0<10)이 만족되지 않으므로 k=0 그대로** 두고 while 끝남. if문에서 (0<10)이 성립하므로 내부로 들어가서 found = true; smallest = 0; 그다음 for문에서 A[smallest]=A[0]=9. 현재 모든 P[i]==0이므로 A[i]<9만 비교하면 되는데 A[0]부터 A[9]까지 비교해 나가면서 아래의 순으로 변한다.

smallest=1, A[smallest]=5

smallest=3, A[smallest]=4

smallest=4, A[smallest]=3

smallest=6, A[smallest]=2

smallest=8, A[smallest]=1

B[0]=1, j=1, P[8]=1이 되므로 이것을 반영하면 배열은 다음과 같다.

	0	1	2	3	4	5	6	7	8	9
A	9	5	7	4	3	6	2	8	1	10
P	0	0	0	0	0	0	0	0	*1*	0
B	*1*									

다시 while로 올라가서 found=true이기 때문에 while loop내부로 들어간 후 found=false; k=0;로 reset한 후 내부의 while에 가면 조건 (P[0]==1) && (0<10)이 만족되지 않으므로 k=0. if문 내부로 들어가서 smallest=k=0이 되어 A[smallest]=9. for문에서 i가 1,3,4,6일 때 if문의 조건이 만족되어 마지막엔 smallest=6, A[smallest]=2가 되나, **i가 8일 때는 앞서 와는 달리 P[8]==0의 조건이 만족되지 않기** 때문에 smallest가 8이 되지 않는다.

따라서 B[j]=B[1]=A[smallest]=2, j=1+1=2, P[6]=1. 반영된 결과는 다음과 같다.

	0	1	2	3	4	5	6	7	8	9
A	9	5	7	4	3	6	2	8	1	10
P	0	0	0	0	0	0	1	0	***1***	0
B	1	***2***								

실습 11.1

이러한 과정을 끝까지 수행해 보라. 결과가 다음과 같이 되는가?

	0	1	2	3	4	5	6	7	8	9
A	9	5	7	4	3	6	2	8	1	10
P	1	1	1	1	1	1	1	1	1	1
B	1	2	3	4	5	6	7	8	9	10

마. [고급 언어로 코딩]

이미 의사코드가 거의 C 코드에 가까우므로 코팅은 쉽다. 프로그램에서 #define문은 상수를 정의하는데 사용한다. 이렇게 상수를 맨 앞에 정의해 놓으면 나중에 변경해야 할 필요가 있을 때 코드 안의 각 부분을 찾아다니며 모두 변경시킬 필요 없이 앞부분의 #define문만 변경하므로 편리하다. true와 false도 상수로 정의해 놓으면 프로그램에서 의미를 살리고 이해하기 쉽게 한다. 또한 배열을 초기화 하는 부분을 주목하여 볼 필요가 있다. 여기서는 배열의 자료 개수가 몇 개 안되기 때문에 사용자로부터 읽어 들일 수도 있는데 편의상 코드 안에서 초기화 하였으나, 배열이 클 경우에는 파일에서 읽어오는 게 편리하다. 파일 입출력은 나중에 다뤄진다. 결과를 보기 위해 마지막 부분에 배열을 프린트 하는 문들을 넣었다.

```
/* Selection Sort*/
#include <stdio.h>
#define S 10
#define true 1
#define false 0

void main(){
    int  A[S] = { 9, 5, 7, 4, 3, 6, 2, 8, 1, 10 };
    int  B[S], P[S], i, j, k, smallest, found;
    j = 0;
    for (k = 0; k<S; k++) P[k] = 0;
```

```
        found = true;
        while (found) {
            found = false;  /* reset */
            k = 0;
            while ((P[k] == 1) && (k < S)) k = k + 1;
            if (k < S) {
               found = true;
               smallest = k;
               for (i = 0; i<S; i++)
                   if ((A[i]<A[smallest]) && (P[i] == 0))  smallest = i;
               B[j] = A[smallest];
               j = j + 1;
               P[smallest] = 1;
               }
        }
        printf("the Original and Sorted array are \n");
        for (i = 0; i < S; i++) printf(" %d ", A[i]);
        printf("\n");
        for (i = 0; i < S; i++) printf(" %d ", B[i]);
        printf("\n");
}
```

바. [시험 자료를 이용하여 수행]

의사코드 개발 과정에서 워낙 꼼꼼하게 정제하였기 때문에 컴파일 에러도 거의 없고 수행 시 에러도 없다. 이렇게 개발 과정을 꼼꼼하게 정제하는 것이 결과적으로 시간을 절약하게 된다. 수행 결과는 아래와 같다.

```
the Original and Sorted array are
 9   5   7   4   3   6   2   8   1   10
 1   2   3   4   5   6   7   8   9   10
계속하려면 아무 키나 누르십시오 . . .
```

사. [성능 평가 및 베타 테스트]

선택 정렬 알고리즘은 결과를 저장할 배열을 따로 마련해야 하므로 추가적인 메모리가 필요하다. 추가적인 메모리를 사용하지 않고 정렬하는 알고리즘도 많은데 그런 것을 '제자리 정렬'이라 한다. 또한 자료의 개수가 n개라면 각 자료당 다른 자료 모두와 비교해야 하므로 총 비교 회수는 n^2이 된다. 정렬 알고리즘 중에서 이것보다 더 좋은 $n\log n$ 알고리즘도 있다.

위의 C코드에서 if ((A[i]<A[smallest]) && (P[i] == 0)) smallest = i; 문을 자기 자신과 비교하는 것을 피하기 위해 if ((i != smallest) && (A[i]< A[smallest]) && (P[i] == 0)) smallest = i;으로 바꾸면 자료의 크기 비교 회수는 n*(n-1)로 약간 줄어들지만 if문 조건 안에서 자신인지 비교하는 항이 추가되므로 실제 계산속도상 얻는 이익은 없다.

11.4 교환 정렬(exchange sorting)

가. [문제 제안 및 명세]

선택 정렬과 같다.

나. [의문점 해결]

선택 정렬과 같다. 단 추가 메모리를 사용하지 않는다.

다. [알고리즘 개발]

추가 메모리를 사용하지 않으므로 내부에서 자리를 서로 바꾸어야 한다. 배열에서 제일 작은 것을 골라 첫 번째 자료(index 0)와 자리를 바꾼다. 다음으로 첫 번째 자리(0)는 이미 최소자료가 차지하고 있으므로 이를 제외한 두 번째 자리(1)부터 끝까지 자료 중에서 제일 작은 것을 찾아 두 번째 자리(1)과 서로 바꾼다. 이와 같은 과정을 n-1회 반복하면 끝난다. 간단한 예를 들어 이 과정을 설명하면 그림 11.2와 같다.

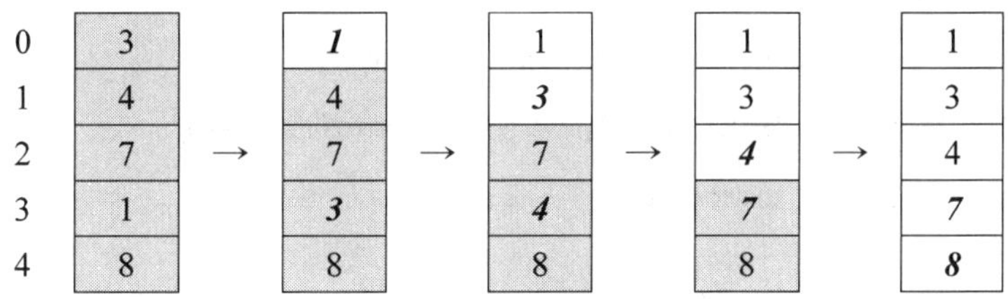

| 그림 11.2 | 교환 정렬

의사코드는 아래와 같다.

첫 번째 시도

1. 주어진 배열 A[S]에서 smallest=0, 이번에 교환해야할 항목번호 toXchg=0로 놓는다.
2. i=toXchg+1로 놓는다.
3. i<S인 모든 i에 대하여 A[i] < A[smallest]이면 smallest=i로 놓는다.
4. A[toXchg]와 A[smallest]을 서로 교환한다. toXchg를 1증가시킨다.
5. toXchg가 S-2가 될 때 까지 2~4를 반복한다.

두 번째 시도

1. 주어진 배열은 A[S], smallest=0, 이번에 교환해야할 항목번호 toXchg=0로 놓는다.
2. i∈[toXchg+1, S}인 모든 i에 대하여 A[i]<A[smallest]이면 smallest=i로 놓는다.
3. A[toXchg]와 A[smallest]을 서로 교환한다. toXchg를 1증가시킨다.
4. toXchg가 S-2가 될 때까지 2~4를 반복한다.

단계 3에서 교환은 어떻게 할까? A[toXchg]=A[smallest]; A[smallest]=A[toXchg];로 될 것 같지만 첫 번째 할당에서 A[toXchg]에 있던 내용이 없어져 버리기 때문에 두 번째 할당에서 같은 값이 다시 할당되고 결국 두 값이 서로 같게 된다. 이를 피하려면 다음 버전과 같이 먼저 없어질 첫째 값을 임시 변수에 저장해 놓고, 없어지지 않는 두 번째 변수의 값을 할당한 후, 두 번째 변수에 할당할 때는 임시 변수에 저장해 놓았던 첫 번째 값을 할당하면 된다. 위 버전을 영어로 고쳐 쓰고 위에서 설명한 교환과정을 넣으면 다음 **[세 번째 시도]**가 된다.

세 번째 시도

1. Let A[S] be the data array. smallest=0; toXchg=0 ;
2. for i∈[toXchg+1, S} (if A[i] < A[smallest]) smallest=i;
3. temp = A[toXchg]; A[toXchg]=A[smallest]; A[smallest]=temp;
4. **go to step 2 until toXchg=S-2;**

여기에서 보기 싫은 go to를 WHILE 또는 FOR를 이용하여 없애고 거의 C 언어로 새로 쓴다. 여기서는 반복 조건이 어떤 숫자에 도달할 때 까지 이므로 FOR가 더 편리하다.

네 번째 시도

```
1. Let A[S] be the data array. smallest=0; toXchg=0 ;
2. for (toXchg=0; toXchg<S-1; toXchg++) {
2.1 for (i=toXchg+1; i<S; i++) (if A[i] < A[smallest]) smallest=i;
2.2. temp = A[toXchg]; A[toXchg]=A[smallest]; A[smallest]=temp;
   }
```

라. [손으로 검증]

손으로 수행해 보면 처음 toXchg=0일 때는 그림 11.3과 같이 맞다. 그러나 두 번째 toXchg=1에서는 smallest는 앞서의 결과인 3이므로 A[3]=3과 A[2~4]={7,3,8}을 비교하게 되어 의도와 맞지 않다. 따라서 for loop 시작하자마자 smallest를 toXchg로 세팅하도록 다음과 같이 알고리즘을 수정한다. 이런 에러를 발견하는 것이 손으로 수행해 보는 이유이다.

toXchg	0		1
0	3		*1*
1	4		4
2	7	→	7
3	1		*3*
4	8		8
수행후 smallest	3		

| **그림 11.3** | 교환 정렬의 손으로 검증

다섯 번째 시도

```
1. Let A[S] be the data array. smallest, toXchg, temp: integer;
2. for (toXchg=0; toXchg<S-1; toXchg++) {
   2.0 smallest = toXchg;
   2.1 for (i=toXchg+1; i<S; i++) if (A[i] < A[smallest]) smallest=i;
   2.2. temp = A[toXchg]; A[toXchg]=A[smallest]; A[smallest]=temp;
      }
```

수정된 알고리즘으로 수행해 보면 아래와 같이 동작한다. 마지막 단계에서는 smallest= toXchg=3이어서 두 항목을 바꾸는 단계 2.2에서 같은 것 끼리 바꾸는 연산이 되지만 결과는 맞다. 같을 때는 바꾸지 않게 하려면 if (toXchg != smallest) {.....}로 바꾸면 되겠

으나 일치하지 않는 다른 여러 경우에도 모두 테스트를 행하게 되어, 원래대로 특별한 하나의 경우에 필요 없는 바꾸기를 하도록 놔두는 것 보다 오히려 수행이 느려지게 할 것이다.

toXchg	0		1		2		3
0	3		***1***		1		1
1	4		4		***3***		3
2	7	→	7	→	7	→	***4***
3	1		***3***		***4***		***7***
4	8		8		8		8
smallest	3		3		3		3

| **그림 11.4** | 교환 정렬 과정

마. [고급 언어로 코딩]

이미 C 코드에 가까워서 코딩은 쉽게 된다.

```
/* Exchange Sort*/

#include <stdio.h>
#define S 10
void main(){
    int  A[S] = { 9, 5, 7, 4, 3, 6, 2, 8, 1, 10 };
    int   i,  smallest, toXchg, temp;
    printf("the Original array before sorting is \n");
    for (i = 0; i < S; i++) printf(" %d ", A[i]);
    printf("\n");
    for (toXchg = 0; toXchg<S - 1; toXchg++) {
        smallest = toXchg;   /* the item processed this time */
        for (i = toXchg + 1; i<S; i++)/* search smallest among rest */
            if (A[i] < A[smallest]) smallest = i;
        temp = A[toXchg];   /* now exchange two items */
        A[toXchg] = A[smallest];
        A[smallest] = temp;
    }
    printf("the  array after sorting is \n");
    for (i = 0; i < S; i++) printf(" %d ", A[i]);
    printf("\n");
}
```

바. [시험 자료를 이용하여 수행]

교환 정렬과 같은 자료를 이용하여 수행하면 아래와 같다.

```
the Original array before sorting is
 9  5  7  4  3  6  2  8  1  10
the  array after sorting is
 1  2  3  4  5  6  7  8  9  10
계속하려면 아무 키나 누르십시오 . . .
```

사. [성능 평가 및 베타 테스트]

교환 정렬은 선택 정렬 알고리즘에 비하여 결과를 저장할 배열을 따로 요구하지 않는 제자리 정렬이다. 또한 한번 제자리에 놓아진 항목은 다음 비교대상에서 제외되므로 비교 횟수가 줄어든다. 다시 말해 시간-공간적으로 더 나은 알고리즘이라 할 수 있다.

11.5 거품 정렬(Bubble sorting)

가. [문제 제안 및 명세]

앞의 정렬과 같다.

나. [의문점 해결]

이것도 앞의 문제와 같다. 추가 메모리를 사용하지 않는다.

다. [알고리즘 개발]

첫 번째 시도

1. 리스트(배열)를 여러 번 스캔한다. 처음 스캔할 때는 마지막에 있는 아이템을 그 바로 앞에 있는 아이템과 비교하여 자기보다 크면 서로 자리를 바꾸고 작으면 그 작은 아이템을 기준으로 하여 비교를 계속하면서 올라간다. 이렇게 하면 가장 작은 아이템이 제일 위에 있게 된다.
2. 두 번째 스캔에서 맨 위의 아이템은 이전의 스캔에서 제일 작은 것을 이미 저장해 놓았으므로 건드리지 않고 두 번째 아이템부터 마지막 아이템까지를 대상으로 첫 번째와 같은 과정을 수행한다.
3. 이러한 과정을 n-1회 수행하면 n-1개의 아이템을 정렬시키므로 전체 정렬이 끝난다. 마지막 한 개는 스스로 정렬된 상태이다.

이 알고리즘은 아이템의 이동이 거품이 수면으로 올라오는 듯한 모습을 보이기 때문에 거품정렬이라 부른다. 정렬과정을 그림으로 보이면 그림 11.5와 같다. 그림 11.5에서는 값이 큰 것을 배열의 인덱스 큰 쪽에 배치하는 정렬을 한다. 교환 정렬에서는 대상 범위에서 제일 큰 것의 인덱스만 구하여 교환위치에 있는 아이템과 교환하였는데 여기서는 비교할 때 마다 교환이 일어나는 점이 다르다.

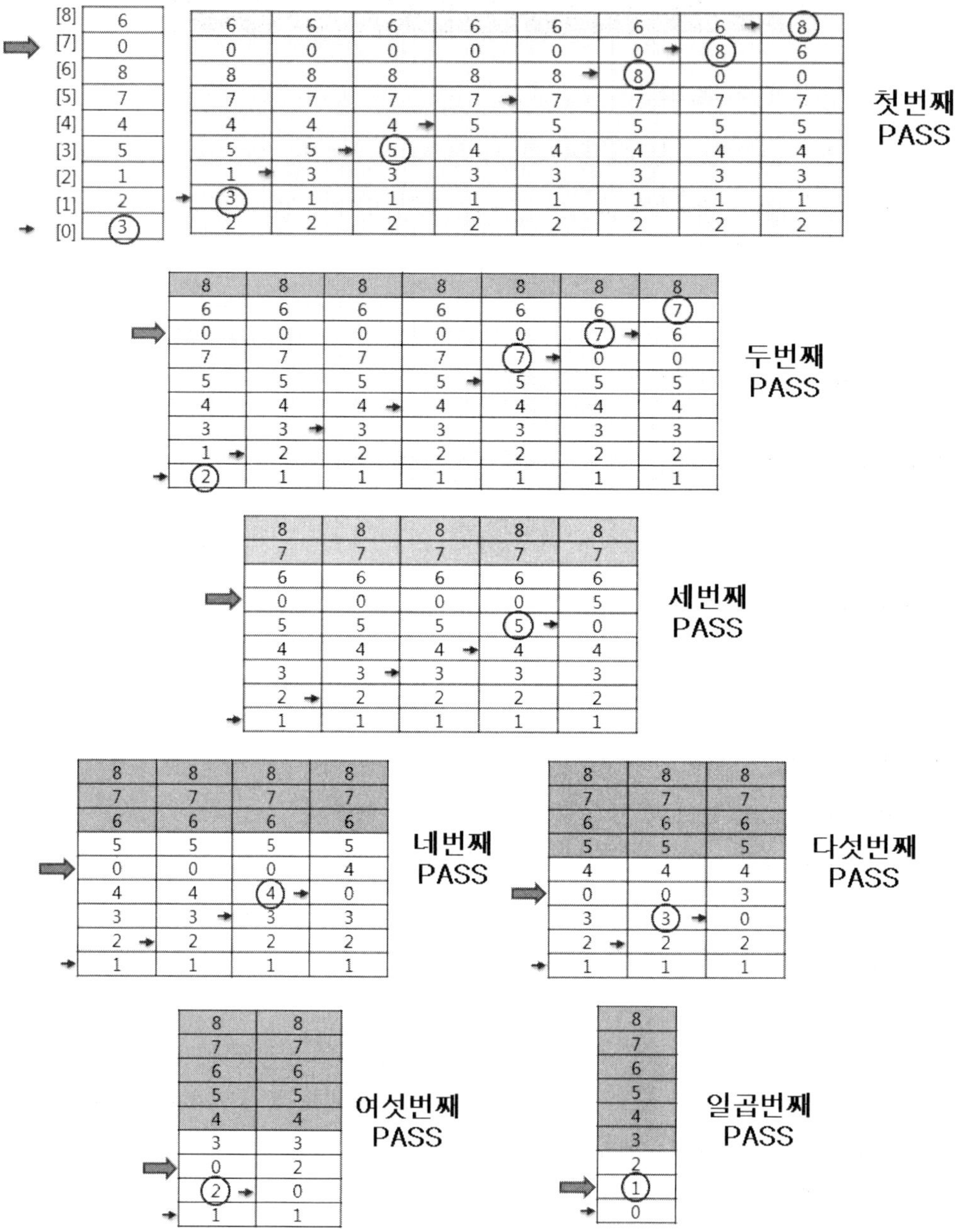

| 그림 11.5 | 거품 정렬 과정

두 번째 시도

0. 배열 A의 크기를 S라 하자. 그러면 인덱스 i ∈ [0, S-1]이다. 정렬 작업의 범위를 0~last이라 하자. 처음 스캔할 때는 last=S-1이며 마지막 스캔에서는 last=1이다. 결과를 저장할 곳도 A[last]이다. last=S-1, i=0으로 둔다.
1. 인덱스 i를 0~last-1으로 변화시키면서 A[i] A[i+1]을 비교해나간다.
   A[i] > A[i+1] 이면 서로 자리를 바꾼다.
2. last가 1보다 크면 last를 1 감소시키고 단계 1로 간다. 1보다 크지 않으면 종료한다.

써 놓고 잠시 주어진 배열이 특별한 경우에서도 작동하는지 생각해 볼 필요가 있다. 만약 배열에 아무 것도 없다면(S=0)? 배열에 아이템이 한 개밖에 없다면(S=1)? 이럴 땐 분명히 아무것도 할 게 없다. 따라서 이 경우를 대비하여 알고리즘을 약간 수정하고 영어로 쓰자.

세 번째 시도

```
0. Let S = number of elements in A.
   last=S-1, i=0;
1. If S<2 then stop;
2. for last in [S-1, 1]
        for i in [0~last-1]
             if (A[i] > A[i+1]) then swap( A[i], A[i+1]).
```

이렇게 써 놓고 보니 0번의 "last=S-1, i=0"은 단계 1과 2에서 수행하게 되어 사실 필요 없게 된다. 실제 코드에 가깝게 for문으로 옮겨 보자.

네 번째 시도

```
0. Let S = number of elements in A.
1. If S<2 then stop;
2. for (last=S-1; last>0; last--)
       for (i=0; i>last-1; i++)
            if (A[i] > A[i+1]) then swap( A[i], A[i+1]);
```

이렇게 for문으로 바꿔 놓고 다시 살펴보면 S=0,1일 때는 단계 2의 for문에서 last>0의 조건에 맞지 않아 for내부의 과정을 수행하지 않고 빠져 나온다. 그러므로 단계1의 체크는 불필요 하다. 이것을 고쳐 다시 쓴다.

다섯 번째 시도

```
0.  Let S = number of elements in A.
1.  for (last=S-1; last>0; last--)
            for (i=0; i>last-1; i++)
                    if (A[i] > A[i+1]) then swap( A[i], A[i+1]);
```

순서도로 나타내면 아래와 같다.

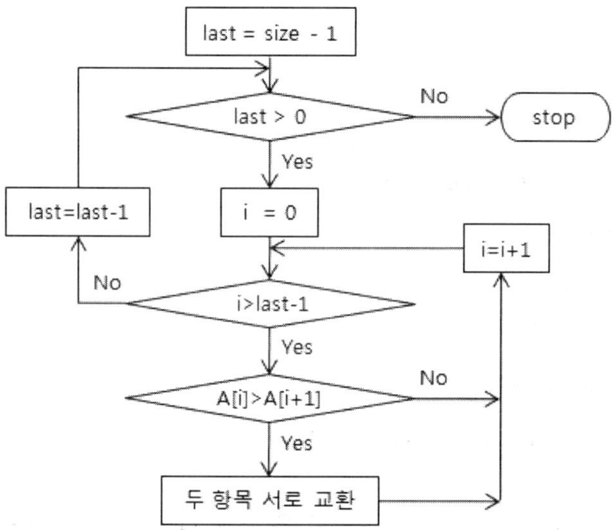

라. [손으로 수행해 보기]

실습 11.2

위의 알고리즘을 손으로 수행해 보시오.

마. [고급 언어로 코딩]

이제 충분히 실제 C 코드와 가까우므로 코딩에 들어간다. 핵심부만 표시하면 다음과 같다.

```
for (last = S - 1; last>0; last--)
    for (i = 0; i>last - 1; i++)
        if (A[i] > A[i + 1]) { /* swap  */
            temp = A[i];
            A[i] = A[i + 1];
            A[i + 1] = temp;
        };
```

바. [시험 자료를 이용하여 수행]

그런데 이게 왠일인가? 컴파일 한 후 시험자료를 수행하여 보면 아래와 같이 전혀 정렬이 되지 않고 그대로이다.

```
the Original array before sorting is
 9  5  7  4  3  6  2  8  1  10
the  array after sorting is
 9  5  7  4  3  6  2  8  1  10
계속하려면 아무 키나 누르십시오 . . .
```

다시 코드를 자세히 살펴보면서 왜 바꾸기 작업을 전혀 수행하지 않는지 살펴보자! S=10으로 들어가면 첫 번째 for는 for(last = 9; last>0; last--)가 될 터이고 두 번째 for는 last=9일 때 for(i = 0; i>8; i++)이 될 것이다. 이 두 개의 for 중에 문제가 있는가? for문의 정의를 다시 떠올려 보면 for(초기화; 반복조건; 갱신식)인데 반복조건이 성립되면 수행하고 성립되지 않으면 수행하지 않는 것이다. 두 번째 for문에서 처음에 i = 0이 되고 0>8 조건이 성립되지 않으므로 순환에 한 번도 들어가지 않게 된다.

for문의 i > last - 1가 잘못되어 있다. 이렇게 알고리즘을 다 쓰고 나서 면밀히 검사하지 않으면 컴파일 후 수행 시에 디버깅해야 하는데 이것이 더 힘들게 되므로 알고리즘 단계에서 손으로 수행하는 단계를 반드시 거쳐야 한다.

위의 소스 코드에서 문제의 문장을 for(i = 0; i<last; i++)로 고쳐야 한다. 순서도에서도 음영 속의 부분을 i<last로 고쳐야 한다. 고치고 나서 수행하면 선택 정렬이나 교환 정렬과 결과는 같다.

선택 정렬이나 교환 정렬과 같은 기능만 반복하여 지루하므로 이번에는 미리 배열의 값을 초기화 해 놓고 시작하지 않고 사용자의 입력으로 배열을 채운 후 정렬하는 프로그램으로 고쳐 써 보자. 다음의 코드는 배열의 크기를 100개로 넉넉히 잡아 놓고 키보드에서 음수가 들어 올 때 까지 읽어 들여서 저장한 후 정렬한다.

아래는 이와 같이 수정한 프로그램이다.

```
/* Bubble Sort*/
#include <stdio.h>
#define N 100
void main(){
      int  A[N];
      int   S, i, last, temp, data;
      printf("Enter integers. To finish, enter negative data \n");
      for (i = 0; i < N; i++) {
          scanf_s("%d", &data);
          if (data < 0) break;
          else A[i] = data;
      }
      S = i; /* Array size is the value of i after the above for loop */
      printf("the Original array before sorting is \n");
      for (i = 0; i < S; i++) printf(" %d ", A[i]);
      printf("\n");
       for (last = S - 1; last>0; last--)
          for (i = 0; i<last; i++)
              if (A[i] > A[i + 1]) { /* swap  */
                  temp = A[i];
                  A[i] = A[i + 1];
                  A[i + 1] = temp;
              };
      printf("the  array after sorting is \n");
      for (i = 0; i < S; i++) printf(" %d ", A[i]);
      printf("\n");
}
```

수정한 곳을 굵은 활자로 표시하였는데 **scanf_s("%d", &data); 함수가** 자료를 읽어 data에 저장한다. "&"기호는 주소를 알아내는 연산자로서 &data라고 하면 data라는 변수의 주소를 알아내어 scan함수에 전달해 주고 그 함수는 그 주소에 값을 저장하여 함수 바깥에서도 저장된 값을 알 수 있게 해 준다(call by reference). 이 프로그램의 수행 결과는 아래와 같다.

```
Enter integers. To finish, enter negative data
5 3 7 4 6 2 8 1 9 10 -1
the Original array before sorting is
 5  3  7  4  6  2  8  1  9  10
the  array after sorting is
 1  2  3  4  5  6  7  8  9  10
계속하려면 아무 키나 누르십시오 . . .
```

사. [성능 평가 및 베타 테스트]

앞에서 언급한 바와 같이 버블 정렬은 교환 정렬처럼 배열의 사본을 저장하기 위한 별도의 공간은 필요로 하지 않지만, 버블이 올라가면서 교환 정렬 보다 바꾸기를 더 많이 해야 한다.

물음 11.1

위의 코드에서 입력을 한 개만 해 보고 또 한 개도 없이 바로 음수의 자료를 넣어 보시오. 정상적으로 작동 하는지 살펴보시오.

물음 11.2

위에서 아이템이 하나도 없을 경우엔 메시지만 출력되는 게 보기 싫다. 이런 경우에도 출력을 보기 좋게 만들어 보시오.

11.6 삽입 정렬(Insertion sorting)

가. [문제 제안 및 명세]

앞의 정렬과 같다.

나. [의문점 해결]

이것도 앞의 문제와 같다. 추가 메모리를 사용하지 않는다.

다. [알고리즘 개발]

알고리즘 개발에서 아주 중요한 한 가지 접근법은 크기가 제일 작은 경우에서 하나씩 늘려가며 점진적으로 해결하는 방법을 찾아내는 것이다. 만약 배열에 하나의 아이템만 있다면 그것 자체로 정렬된 것이다. 만약 두 개의 아이템이 있다면, 그 둘을 비교하여 순서가 틀린 경우에 자리를 바꾸면 정렬된다. 세 번째 이상의 아이템은 이미 정렬된 배열에서 들어갈 위치를 찾아 삽입하면 된다.

삽입 정렬은 거품 정렬의 변형된 모습이라 할 수 있는데, 사람 이름을 알파벳 순서대로 정렬하는 예를 들면 그림 11.6과 같다.

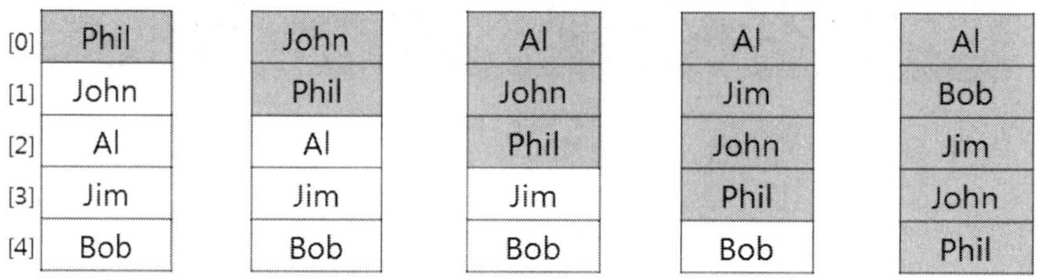

| **그림 11.6** | 삽입 정렬의 예

그림 11.6에서 음영을 넣은 부분은 정렬된 부분이다. 부분적으로 정렬된 배열에 어떤 아이템을 삽입 하려면 삽입 위치 아래에 있는 부분을 모두 밀어 내려야한다: 즉 한 위치 밑으로 베껴 옮겨야 한다.

이제 의사코드를 작성해 보자.

첫 번째 시도

1. 배열에 아이템이 한 개만 있으면 그냥 완료.
2. 두 개 있으면 서로 비교하여 필요시 위치를 바꿈.
3. 세 개째부터 마지막 항목까지는 기존의 정렬된 배열에서 위치를 찾아 그 곳에 끼움.

이 중에서 단계 3을 더 자세하게 만들어야 한다.

두 번째 시도

1. 배열에 아이템이 한 개만 있으면 그냥 완료.
2. 두 개 있으면 서로 비교하여 필요시 위치를 바꿈.
3. 세 개째부터 마지막 항목 까지 다음을 반복
   3.1 기존의 정렬된 배열에서 삽입할 위치를 찾음.
   3.2 자리를 만들기 위해 위치의 아래에 있는 항목들을 한 칸씩 옮김.
   3.3 만들어진 공간에 베껴 넣음.

아직도 분명하지 않은 것이 3.1, 3.2와 3.3이므로 이들을 좀 더 자세하게 만들어 다시 쓰자.

세 번째 시도

1. 배열 A에 아이템이 한 개(S=1)만 있으면 그냥 완료.
2. 두 개 있을 때, A[0]>A[1]이면 서로 위치를 바꿈.
3. 삽입할 항목을 toInsert라 하면 toInsert=2~S-1에 대하여 다음을 반복
   - 3.1 배열 A[0 ~ toInsert-1]에서 삽입할 위치 i를 찾음, 즉 [i-1]<A[toInsert]<A[i]인 i를 찾음.
   - 3.2 toInsert 위치에 다른 것을 베껴 넣게 되므로 미리 temp에 복사 해놓고 A[i ~ toInsert-1]을 A[i+1 ~ toInsert]로 복사한다.
   - 3.3 A[i] = temp;

이제 각 단계가 분명해 졌으므로 C 언어 비슷한 영어로 고쳐 쓰자.

네 번째 시도

1. if (S<2) stop.
2. if (S==2) { if (A[0]>A[1]) swap(A[0], A[1]); stop};
3. for toInsert = [2 to S-1] do the followings.
   - 3.0 **temp = A[toInsert];**
   - 3.1 for i=[0 ~ toInsert-1] if temp<A[i] then break out of this for loop.
   - 3.2 A[toInsert]=A[toInsert-1], A[toInsert+1]=A[toInsert], . . . A[i]=A[i-1], A[i+1]=A[i];
   - 3.3 A[i] = **temp;**

3.0에서 어차피 3.2에서 해야 할 일을 미리 해 두었다. 이렇게 미리 해 두면 그 값이 필요할 때 마다 배열자체를 액세스 하는 것 보다 더 효율적이다. 단계 3.1은 while로도 쓸 수가 있으며 3.2는 for로 옮겨 쓰면 다음과 같다.

다섯 번째 시도

1. if (S<2) **return 0.**
2. if (S==2) { if (A[0]>A[1]) swap(A[0], A[1]); **return 0**};
3. for (toInsert = 2; toInsert < S; toInsert++) {
   - 3.0 temp = A[toInsert];

```
3.1 for (i=0; i < toInsert; i++) if (temp<A[i]) break;
3.2 for (j=toInsert; j > i; j=j-1 ) A[j]=A[j-1];
3.3 A[i] = temp;
    }
```

라. [손으로 검증]

아래와 같이 5개의 정수 배열을 사용하여 검증해 보자.

toInsert	2

0	5
1	2
2	4
3	1
4	6

S=5이므로 바로 단계 3으로 간다. 그런데 S==2일 때를 수행하지 않으므로 위의 두 개는 순서가 잘못된 채로 단계 3으로 가게 되어 오류가 발생한다. 이렇게 손으로 검증해 보는 과정이 반드시 필요하다. 따라서 알고리즘을 고쳐야 한다. 이때 S=2일 경우도 다음과 같이 일반화 하여 단계 3이 해결해 줄 수 있는지 따져보자.

```
3. for (toInsert = 1; toInsert < S; toInsert++) {
```

여기서 원래 toInsert=2였던 것을 S=2인 경우를 포함 시키기 위해 toInsert = *1;*로 바꾸었다.

여섯 번째 시도

```
1. if (S<2) return 0.
2. for (toInsert = 1; toInsert < S; toInsert++) {
   2.0 temp = A[toInsert];
   2.1 for (i=0; i < toInsert; i++) if (temp<A[i]) break;
   2.2 for (j=toInsert; j > i; j=j-1 ) A[j]=A[j-1];
   2.3 A[i] = temp;
       }
```

여기서 toInsert=1 인 경우를 따져 보자.

2.0 temp=2

2.1 for (i=0; i < 1; i++) if (2<A[i]) ***break;***에서 i=0인 경우만 수행되고 2<A[0]=5 이므로 바로 break, 즉 for 순환을 빠져 나온다.

2.2 for **(j=1; j > 0; j=j-1)** A[j]=A[j-1];에서 A[1]=A[0]=5.

2.3 A[i] = temp;에서 A[0]=2. 따라서 제대로 바꾸어 동작한다.

같은 방법으로 toInsert=2,3,4인 경우를 따져 보면 다음 그림 11.7과 같이 진행한다.

toInsert	1	2		3			4				
temp	2	4		1			6				
i 찾기	***0***	0	***1***	***0***	1	2	0	1	2	3	***4***
수행 결과											
0	***2***	+	***2***	1	x	x	+	+	+	+	1
1	***5***		***4***	2							2
2	4		***5***	4							4
3	1		1	5							5
4	6		6	6							6

| **그림 11.7** | 삽입 정렬의 진행과정

표에서 +는 i를 증가하여 다음 값으로 간다는 뜻이며 x는 앞서 발견되었기 때문에 갖지 않는 값이다.

마. [고급 언어로 코딩]

실제 C 코드와 가까우므로 코딩은 어렵지 않다.

```
/* Insertion Sort*/
#include <stdio.h>
#define N 100
void main(){
    int  A[N];
    int   S, i, j, temp, toInsert, data;
    printf("Enter integers. To finish, enter negative data \n");
    for (i = 0; i < N; i++) {
```

```
        scanf_s("%d", &data);
        if (data < 0) break;
        else A[i] = data;
    }
    S = i; /* Array size is the value of i after the above for loop */
    printf("the Original array before sorting is \n");
    for (i = 0; i < S; i++) printf(" %d ", A[i]);
    printf("\n");
    if (S < 2) return 0;
    else{
        for (toInsert = 1; toInsert < S; toInsert++) {
            temp = A[toInsert];
            for (i = 0; i < toInsert; i++) if (temp < A[i])  break;
                        /* while로*/
            for (j = toInsert; j > i; j = j - 1)  A[j] = A[j - 1];
            A[i] = temp;
        }
    }
    printf("the  array after sorting is \n");
    for (i = 0; i < S; i++) printf(" %d ", A[i]);
    printf("\n");
}
```

```
Enter integers. To finish, enter negative data
5 3 4 8 6 9 4 2 7 1 -1
the Original array before sorting is
 5  3  4  8  6  9  4  2  7  1
the  array after sorting is
 1  2  3  4  4  5  6  7  8  9
계속하려면 아무 키나 누르십시오 . . .
```

바. [시험 자료를 이용하여 수행]

실습 11.3

위 프로그램에서 두 번째 for문을 while문으로 바꾸어 보시오.

실습 11.4

거품 정렬과 삽입 정렬 알고리즘이 각각 자료 5개의 배열 원소에 대해 비교, 할당연산을 몇 회씩 하는지 다음 표를 채우시오.

	크기 비교	자료 할당	기타(인덱스 등)
거품 정렬	회	회	회
삽입 정렬	회	회	회

실습 11.5

네 가지의 정렬 알고리즘이 각각 자료 5개의 배열 원소 {3, 2, 5, 1, 4}에 대해 비교, 할당연산을 몇 회씩 하는지 다음 표를 채워 보시오.

	크기 비교	자료 할당	기타(인덱스 등)
선택 정렬	회	회	회
교환 정렬	회	회	회
거품 정렬	회	회	회
삽입 정렬	회	회	회

실습 11.6

배열 원소 {5, 4, 3, 2, 1}에 대해서도 아래 표를 채우시오. 또 가장 효율적인 알고리즘은 무엇인지 살펴보시오.

	크기 비교	자료 할당	기타(인덱스 등)
선택 정렬	회	회	회
교환 정렬	회	회	회
거품 정렬	회	회	회
삽입 정렬	회	회	회

물음 11.3

삽입 정렬이 최악일 경우는 원래 자료의 순서가 어떠한 경우인지 설명하시오.

물음 11.4

각 정렬 알고리즘을 순서도로 그려보시오.

물음 11.5

10000보다 작은 4자리 양의 정수 자료들이 주어 졌을 때 이들을 1000자릿수를 기준으로 정렬하여 9로 시작하는 것들부터 0으로 시작하는 것 (천 자리가 없는 것)순서대로 나열한다. 이때 각각의 시작과 끝을 표시해 둔다. 다시 각 부분 내에서 100자리를 기준으로 정렬한 뒤에 같은 방법으로 각각의 시작과 끝을 표기해 둔다. 이런 방법으로 10자리, 1자리를 정렬하면 전체 자료를 정렬하게 된다. 이 방법을 radix sort라 한다. radix sort를 이 장에서 사용한 방법으로 개발하시오. 즉 여러 버전의 의사코드를 쓰고, 손으로 수행해 보고, C로 코딩하고 테스트하시오. 어떤 정수의 어떤 자릿수를 얻으려면 C 언어에서 나머지 연산 "%"를 이용한다. 예를 들면 9873 % 1000 = 9이며 9873 % 100 = 98이다. 따라서 100자리 숫자만 얻으려면 n % 1000 = q라 할 때 (n - q*1000) % 100으로 계산할 수 있다.

실습 11.7

이 장에서 기술한 선택 정렬, 교환 정렬, 거품 정렬, 삽입 정렬과 다른 정렬 알고리즘을 생각해 보시오. 특히 주어진 자료들을 2개의 부분으로 나누고 각 부분을 정렬하여 합치는 방식을 반복하는 알고리즘을 생각해 보시오.

실습 11.8

(실습 보고서 제출하기 1) 어떤 전화번호부는 이름이 가-나-다..... 순으로 저장되어 있지 않다. 이와 같이 데이터가 일정한 크기 순서로 저장되어 있지 않은 데이터를 이름과 해당하는 전화번호를 오름차순으로 정렬하는 절차를 순서도나 의사코드를 작성하여 제출하시오. 문제를 해결하기 위한 조건을 나열하시오. 반드시 배열과 반복 구조를 사용하시오.

실습 11.9

(실습 보고서 제출하기 2) 실습 11.8의 데이터 입력 부분은 main으로, 크기 비교후에 두 원소를 교환하는 부분은 반드시 함수구조로 수정하시오. 정렬는 절차를 순서도나 의사코드를 작성하여 제출하시오. 문제를 해결하기 위한 조건을 나열하시오.

연습문제

11.1 −3, 27, 65, 44, −6, 30, 0, 3, −8, −5와 같이 임의의 수가 배열에 있다. 가장 **큰 수를 가장 위에 오도록** 하는 임의의 정렬 방법을 선택하고 순서도나 의사코드를 작성하시오.

(1) 배열 구조를 그림으로 그리고 선언문을 작성하시오.

(2) 순서를 쓰시오.

(3) 실행문을 작성하시오.

11.2 −3, 456, −67775, 76899, −906,0, 3, −8, −5와 같이 임의의 수가 배열에 있다. 가장 **작은 수를 가장 위에 오도록** 하는 임의의 정렬 방법을 선택하고 순서도나 의사코드를 작성하시오.

(1) 배열 구조를 그림으로 그리고 선언문을 작성하시오.

(2) 순서를 쓰시오.

(3) 실행문을 작성하시오.

CHAPTER

12 한 쪽으로만 자료를 넣거나 제거하기

12.1 스택의 구조와 연산

우리는 생활 속에서 그림 12.1과 같이 "깔끔하게 정돈"하거나 어떤 물건들을 "깔끔하게 정돈하여 쌓거나 포개놓는" 경우를 많이 본다. 이 경우에 책을 밑에서부터 꺼내기는 불편하다. 그러므로 책을 쌓을 때나 꺼낼 때는 맨 위에서부터 차례로 넣거나 꺼내게 된다. 이와 같이 컴퓨터 안에 자료를 맨 위에서부터 순차적으로 쌓아두거나 역으로 순차적으로 뺄 때 사용하는 자료의 구조를 '스택' 이라 한다. 컴퓨터에서는 이러한 스택의 자료 구조를 활용하여 여러 기능을 할 수가 있다.

| 그림 12.1 | 책 무더기

스택을 사용하는 몇 개의 알고리즘을 작성해 보자. 스택의 각 원소는 입력된 순서와는 역으로 꺼낸다. 그러므로 스택은 '나중에 들어간 데이터가 먼저 나온다는 의미'(후입선출, Last in First out)를 가진다.

그림 12.2는 스택의 구조를 나타낸다. 관련된 단순 연산으로는 저장소에 자료를 입력하는 삽입(push) 연산과 저장된 자료 중에서 가장 마지막에 입력된 자료를 꺼내는 삭제(pop) 연산이 있다.

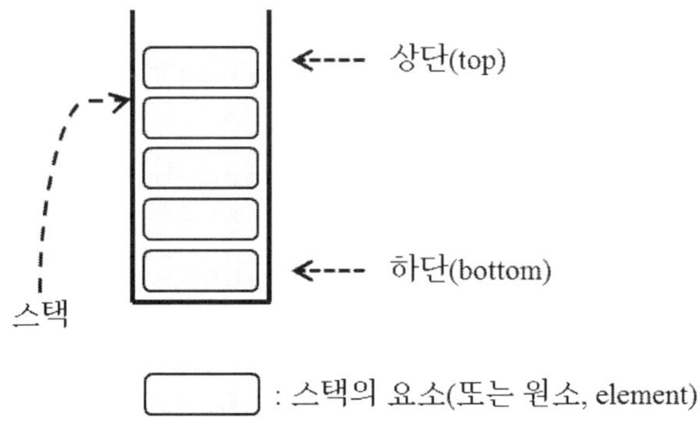

| 그림 12.2 | 스택의 구조

그림 12.3은 스택 연산인 삽입과 삭제를 표현한 것으로 요소 a, b, c, d를 순차적으로 입력한 후, 2번의 삭제를 수행한 결과이다.

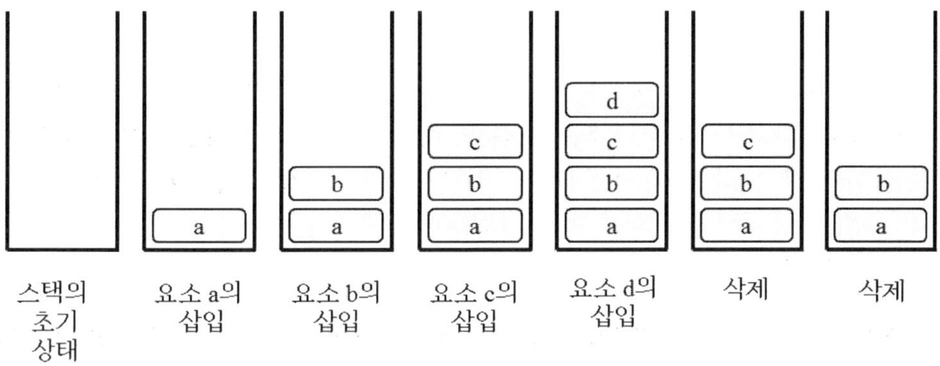

| 그림 12.3 | 스택에서 요소의 삽입과 삭제

실습 12.1

아래는 스택을 사용하기 위하여 일반적으로 삽입 및 삭제 연산에 대한 프로그램 코드이다. 이 프로그램을 손으로 따라가면서 논리적인 흐름을 관찰하시오.

```
/* 스택 삽입 알고리즘 */
push(stack, item)
{
    if (top >= (size-1)) {  /*  스택의 상단까지 아이템으로 찼음 */
            print " 스택 가득 찼음";
             return error;
       }
```

```
    else {
            top= top + 1;
            stack[top] = item;
        }
}

/* 스택 삭제 알고리즘 */
element pop(stack)
{
    if (top > -1) {    /* 스택에 하나의 아이템도 없음 */
                top = top – 1;
                return stack[top];
              }
    print " 스택 비어 있음";
    return error;
}
```

실습 12.1의 알고리즘은 배열을 이용한 알고리즘이며, 스택의 실제 구현은 배열 이외에도 레코드나 연결 리스트로도 구현할 수 있다. 여기서 변수 top은 스택의 최상단 요소를 가리키는 변수이며, 변수 item은 스택에 삽입 및 삭제되는 요소이다.

실습 12.2

스택이 비어있는지, 스택이 내용물로 가득 차 있는지를 확인하는 것도 중요하다. 아래는 스택에서 사용가능한 연산으로 스택 상단의 값을 조회 하는 것과 스택의 크기를 조회하는 연산이다. 이 코드를 손으로 따라가면서 논리적인 흐름을 관찰하시오.

```
/* 스택의 맨 꼭대기 값 조회
element peek(stack)
{
    if (top > -1)
            return stack[top];
    else
            return error;
}

/* 스택의 크기를 조회
number getSize(stack) {
    return top;
}
```

스택의 내용물이 가득 찬 경우와 비어 있는 경우는 top이 가지는 상태는 그림 12.4와 같다. 배열 구조의 스택에서 초기 상태의 top의 값은 −1이며, 스택이 가득 찬 경우 현재 스택의 최상단 값인 6을 가진다.

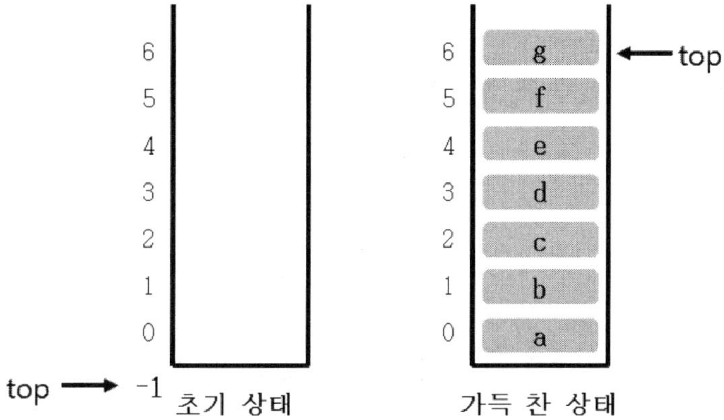

| 그림 12.4 | 스택의 초기 상태와 가득 찬 상태

실습 12.3

실습 12.1의 삽입과 삭제 알고리즘을 이용하여 다음과 같은 순서로 연산을 수행할 경우 결과는 3, 2, 1을 차례로 출력한다.

```
{
    push(1);
    push(2);
    push(3);
    print pop();
    print pop();
    print pop();
}
```

실습 12.4

밑이 막히고 동전을 위에서 한 개씩만 넣는 통이 있다. 이 통을 item[0...n]의 일차원 배열로 지정하고, item array 안의 동전에 따라 Push(통 안에 넣기)와 Pop(통에서 빼기) 함수를 만들어 수행한다. 이때, 위에서만 넣고 뺄 수 있으므로 top을 설정하여 box array에서 윗부분인 top에서만 넣거나 뺄 수 있도록 한다. 만약 뺄 수 있는 것이 없는데 빼라는 신호가 오면 error를 출력한다. 이 과정을 순서도로 그리시오.

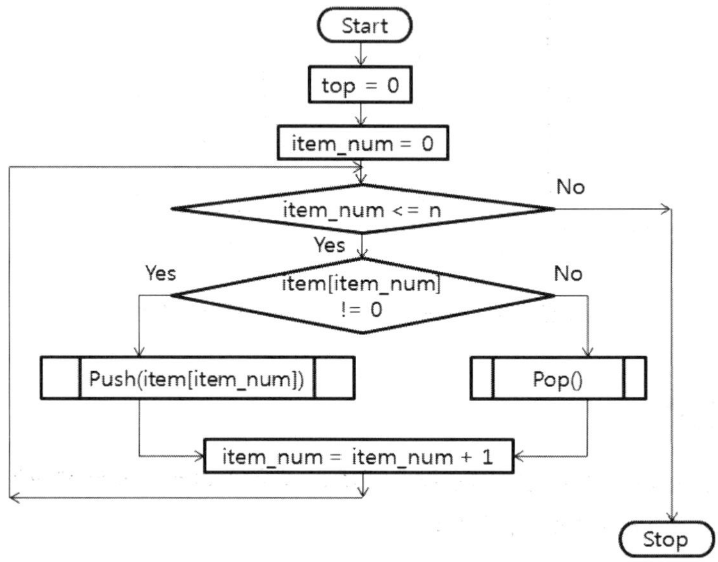

아래는 Push(통 안에 넣기)와 Pop(통에서 빼기)의 함수에 대한 순서도이다.

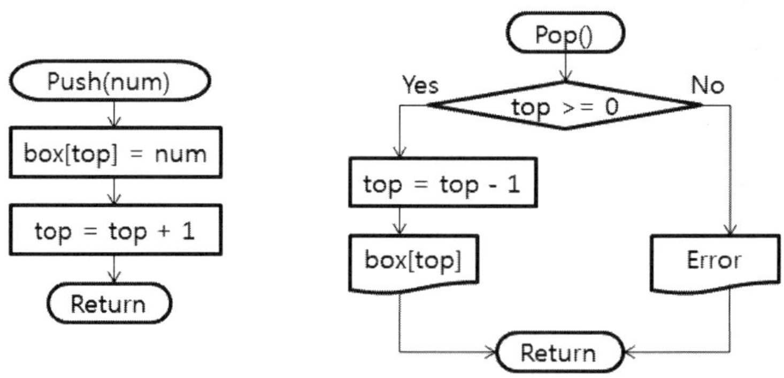

스택에서 삭제 연산을 수행한다고 하더라도 컴퓨터 시스템에서 구현되는 경우에는 삭제 연산이 이루어지는 해당 저장 공간에 null값을 입력하지 않으면, top 포인터의 값은

하나 아래쪽을 가리키지만 이전 top 포인터가 가리키는 공간에는 값이 그대로 남아 있다.

배열과 같이 순차적인 자료구조를 이용하면 프로그램으로 구현하기는 쉽지만, 스택의 크기가 고정됨으로서 입력할 자료가 많고 적음에 따라 크기 변경이 어렵고 메모리의 낭비를 초래할 수 있다. 이러한 문제를 해결하기 위하여 연결형 자료구조인 연결 리스트를 이용할 수 있다. 연결 리스트를 이용한 스택의 구조는 그림 12.5와 같다. 여기서 하나의 노드는 내용물을 저장하는 공간과 다른 노드 즉 다음 저장 공간을 가리키는 포인터 공간으로 구성된다. 스택의 초기 상태는 스택 포인터 L이 NULL을 가리키게 되며, 스택 포인터 L이 가리키는 부분이 스택의 상단이 된다. 하지만 스택이 가득 찬 상태는 컴퓨터 시스템 환경에서 사용자에게 허용하는 저장 공간의 한계까지 스택의 내용물을 삽입할 수 있다.

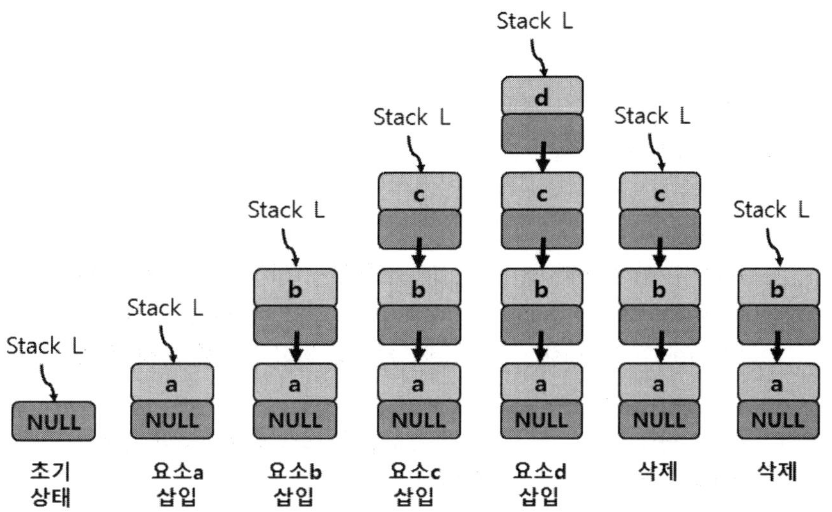

| 그림 12.5 | 연결 리스트를 이용한 스택에서 삽입과 삭제

연결 리스트를 이용한 삽입과 삭제 연산은 다음과 같다. 연결 리스트에서 사용되는 각 노드는 데이터 필드와 노드를 가리키는 연결 필드로 구성이 된다.

```
/* 연결 리스트를 이용하는 스택 삽입 연산 알고리즘
push(listStack, item)
{
    if ( listStack == null )   /* 스택이 비어있을 경우 */
        {
```

```
            tmp = new node;    /* 새로운 데이터를 삽입할 노드를 추가 */
            tmp.link = null;       /* 새로운 노드의 연결 필드는 값 없음으로 */
            tmp.data = item;    /* 새로운 노드의 데이터 필드에 값 삽입 */
            linkTop = tmp;       /* linkTop은 스택의 상단을 가리키는 변수 */
            listStack = linkTop;
        }
    else {
            node tmp = new node;  /* tmp는 생성된 노드를 가리 킴 */
            tmp.link = null;
            tmp.data = item;
            linkTop = tmp;
            listStack = linkTop;
        }
}

/* 연결 리스트를 이용하는 스택 삭제 알고리즘
element pop(listStack)
{
    if ( listStack != null )
        { node tmp = linkTop;    /* 스택 상단을 가리키는 임시변수 tmp */
          element item = tmp.item;    /* tmp노드의 아이템을 저장 */
          linkTop = tmp.link;     /* 스택 상단을 이전 노드를 가리 킴 */
          lsitStack = linkTop;
          free(tmp);                  /* 기존 최상단 노드를 메모리에 반환 */
          return item;                /* 아이템 값 반환 */
        }
    print "스택 비어 있음";
    return error;
}
```

스택을 구성하기 위하여 배열을 이용하는 것과 연결 리스트를 이용하는 것의 차이는 아래와 같다. 배열로 구성되는 스택은 삽입과 삭제 알고리즘이 단순하나, 내용물 개수에 한계를 가지고 있다. 그리고 연결 리스트로 구성되는 스택은 삽입과 삭제 알고리즘이 상대적으로 복잡하나, 컴퓨터 시스템이 사용자에게 허용하는 저장 공간만큼 삽입할 요소의 개수와 크기가 확장될 수 있는 융통성을 가진다. 또한 저장 공간도 좀 더 효율적으로 관리할 수 있다.

12.2 중위 수식(Infix)을 후위 수식(Postfix)으로 변경

스택의 사용 예를 살펴보자. 중위 수식 표현은 사람이 읽기에 편리하나 컴퓨터에서 처리하기에는 불편한 수식의 형태로서 일반적으로 후위 수식의 형태로 변경하여 계산한다.

중위 수식을 후위 수식으로 바꾸는 방법은 다음과 같다.

① 입력으로 다음 요소를 읽음
② 입력된 요소가 피연산자이면, 입력된 요소를 끄집어내어 출력함
③ 입력된 요소가 연산자이면,
  a) 스택이 비어있으면, 스택에 연산자를 삽입함
  b) 스택 탑의 연산자보다 입력된 연산자가 우선순위가 높으면, 스택에 연산자를 삽입하고, 그렇지 않으면 스택의 탑에 위치한 연산자를 끄집어내어 출력하고 단계 ③을 반복하여 수행함
  c) 입력할 요소가 있다면, 단계 ①부터 다시 각 단계를 수행함
④ 더 이상 입력할 요소가 없다면, 스택에 남아있는 연산자를 탑에 위치한 것부터 차례로 끄집어내어 출력함

아래와 같이 중위 수식 "3*2+8/4"가 주어질 경우 표 12.1과 같이 스택을 사용하여 후위 수식을 출력할 수 있다.

표 12.1 후위 수식의 생성을 위한 스택의 변화

순서	입력 요소	스택의 내용 하단 〈---〉 상단	출력 결과(Postfix)
1	3	empty	3
2	*	*	3
3	2	*	3 2
4	+	+	3 2 *
5	8	+	3 2 * 8
6	/	+ /	3 2 * 8
7	4	+ /	3 2 * 8 4
8	empty	empty	**3 2 * 8 4 / +**

괄호를 가진 중위 수식 "(3-2)+8/4"일 경우는 괄호를 우선적으로 고려하여 표 12.2와 같이 후위 수식을 출력할 수 있다.

표 12.2 후위 수식의 생성을 위한 스택의 변화

순서	입력 요소	스택의 내용 하단 〈---〉 상단	출력 결과(Postfix)	비고
1	(	(		
2	3	(	3	
3	-	(-	3	
4	2	(-	3 2	
5	)		3 2 -	괄호 우선순위로 스택에 있는 요소 pop
6	+	+	3 2 -	
7	8	+	3 2 - 8	
8	/	+ /	3 2 - 8	
9	4	+ /	3 2 - 8 4	
10	empty	+	3 2 - 8 4 /	입력 요소 없으면, 스택에 있는 요소 pop
11	empty	empty	3 2 - 8 4 / +	입력 요소 없으면, 스택에 있는 요소 pop

후위 수식으로 표현된 계산식은 스택을 이용하여 최종 결과 값을 계산한다. 후위 수식을 계산하는 방법은 다음과 같다.

① 입력으로 다음 요소를 읽음
② 입력된 요소가 피연산자이면, 입력된 요소를 스택에 삽입함
③ 입력된 요소가 연산자이면, 스택의 상단 두 요소를 끄집어내어 입력된 연산자를 이용하여 계산한 후 그 결과 값을 스택의 상단에 입력함
④ 입력할 요소가 있다면, 단계 ①부터 다시 각 단계를 수행함
⑤ 입력할 요소가 없으면, 스택 상단의 값을 끄집어냄

아래와 같이 후위 수식 "32*84/+"가 주어질 경우 표 12.3과 같이 스택을 사용하여 후위수식의 계산 값을 출력할 수 있다.

표 12.3 후위 수식에서 계산을 위한 스택의 변화

순서	입력 요소	스택의 내용 하단 〈---〉 상단	비고
1	3	3	삽입
2	2	3 2	삽입
3	*	6	상단의 두 요소 끄집어내어 계산 후 결과 값을 삽입
4	8	6 8	삽입
5	4	6 8 4	삽입
6	/	6 2	상단의 두 요소 끄집어내어 계산 후 결과 값을 삽입
7	+	8	상단의 두 요소 끄집어내어 계산 후 결과 값을 삽입
8	empty	8	상단의 요소를 끄집어냄(계산 완료)

12.3 프로그램에서 함수가 호출되어질 경우

프로그램을 수행하다보면 부 프로그램의 호출로 인하여 프로그램의 실행 순서가 진행 중인 프로그램에서 호출된 부 프로그램으로 넘어가게 된다. 호출된 부프로그램은 실행을 마친 뒤 자신을 호출한 프로그램으로 다시 복귀하여 남아있던 프로그램을 실행하게 된다. 프로그램에서는 부프로그램의 호출과 복귀가 반복적으로 일어나며 가장 나중에 호출된 부 프로그램이 가장 먼저 복귀를 하게 됨으로 스택을 이용하여 호출과 복귀를 지원하기 용이하다. 이때 사용되는 스택을 시스템 스택이라고 한다. 그림 12.6은 부프로그램의 호출과 복귀에 따른 프로그램 진행 순서를 나타낸다.

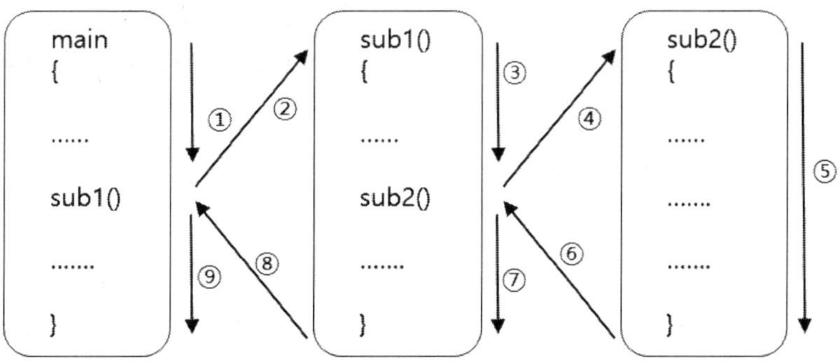

| 그림 12.6 | 부 프로그램의 호출과 실행 과정

부 프로그램이 실행되는 시점인 ②와 ④에서 스택에 복귀할 지점(주소)을 저장하고 부 프로그램인 sub2()의 실행이 완료되면 스택에서 저장된 역순으로 복귀 주소를 가져와서 sub1()의 나머지 부분인 ⑦을 완료한다. 그런 후 다시 스택에서 복귀할 주소를 가져온 후 main()함수의 나머지 부분인 ⑨를 실행하여 완료한다. 그림 12.7은 부 프로그램의 호출과 복귀에 따른 스택의 내용을 나타낸다.

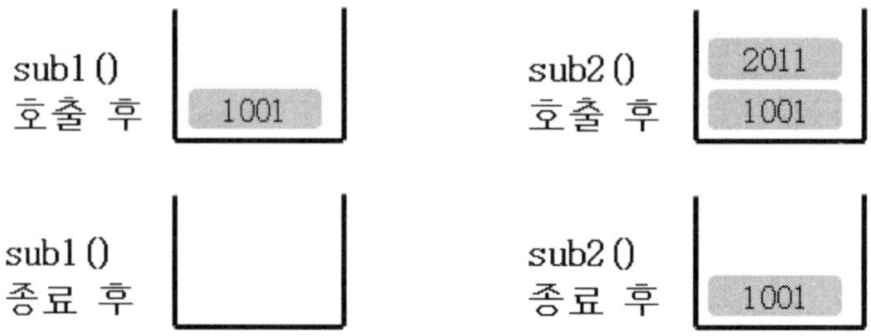

| **그림 12.7** | 부 프로그램의 호출과 복귀에 따른 스택의 내용

실습 12.5

<u>(실습 보고서 제출하기)</u> 미로에서 길을 찾아보자. 길 찾기는 출구를 찾는 기본적인 방법으로 여러 갈래의 선택할 수 있는 경로에서 하나씩 선택하여 탐색하여 출구를 찾아가는 방법이다. 이때, 선택된 경로에서 출구를 찾지 못할 경우 가장 최근에 선택을 한 위치까지 되돌아가서 다른 경로를 찾아 탐색하게 된다(백트래킹이라 한다). 순서도나 의사코드를 작성하시오.

미로 탐색 방법은 다음과 같다.

① 현재 위치를 방문한 것으로 표시함

② 현재 위치에서 탐색 가능한 다음 위치를 시계방향(또는 반 시계방향)으로 탐색하여 스택에 삽입함.

③ 스택이 비어 있으면, 미로 탐색 실패를 알리고 탐색을 종료함.
그렇지 않으면, 스택의 최상단 위치의 값을 가져와서 다음 이동 위치로 이동함.

④ 현재 위치가 출구이면, 탐색을 성공을 알리고 종료함.
그렇지 않으면, 단계 ①부터 다시 각 단계를 수행함.

그림 12.8과 같은 미로가 있을 경우, 새로운 갈림길이 나오면 시계방향으로 다음 탐색 경로 위치를 스택에 넣은 후, 스택 최상단에 있는 경로 위치를 취하여 이동한 후 다시 시계방향으로 다음 탐색 경로 위치를 탐색한다. 더 이상 나아갈 수 없을 경우 스택에

최상단에 저장된 이동 위치 값을 하나 씩 이용하면서 다음 이동 위치를 결정하면서 미로를 탐색한다. 그림 12.6에서는 탐색방향을 남, 동, 북, 서의 방향으로 다음 위치를 탐색하였으며, 10번째 탐색에서 출구를 찾았음을 알 수 있다.

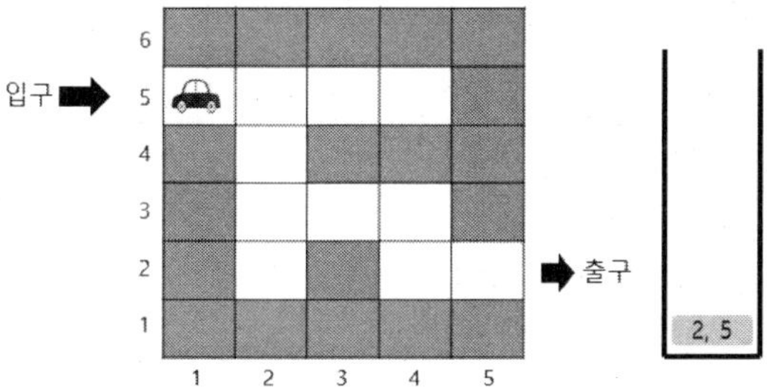

(a) 초기 상태에서 스택의 내용물

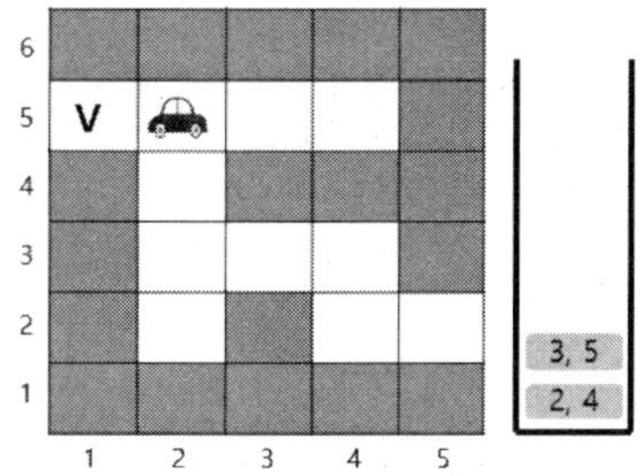

(b) 2번째 탐색에서 스택의 내용물

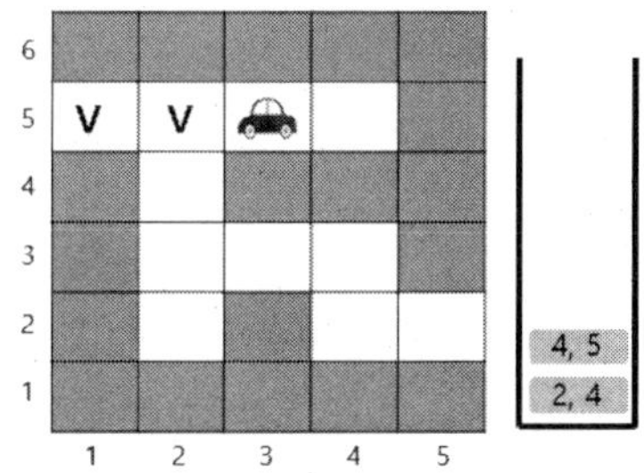

(c) 3번째 탐색에서 스택의 내용물

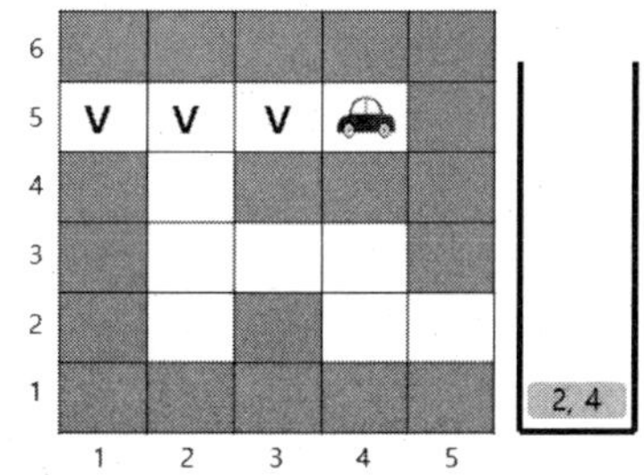

(d) 4번째 탐색에서 스택의 내용물

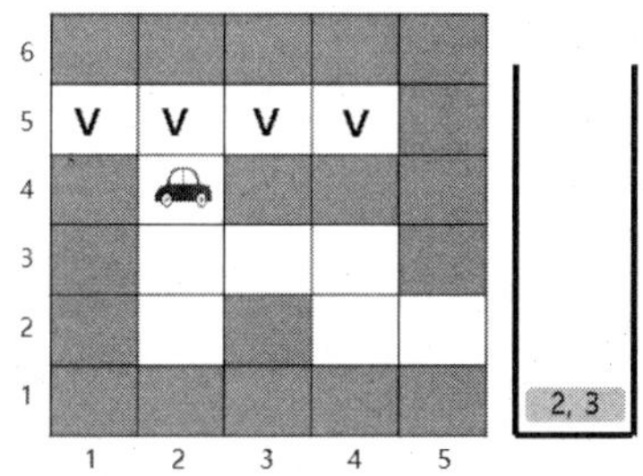

(e) 5번째 탐색에서 스택의 내용물

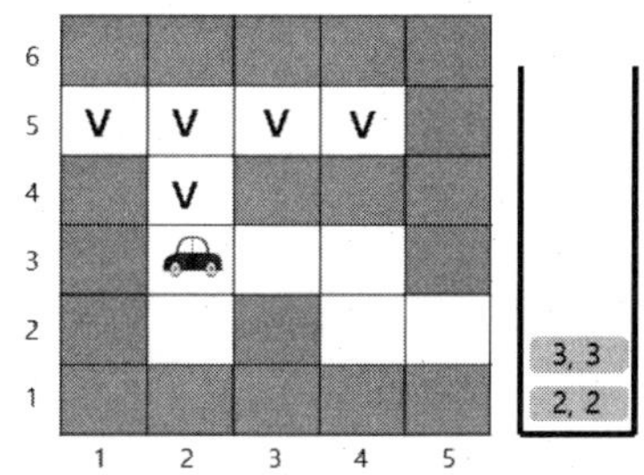

(f) 6번째 탐색에서 스택의 내용물

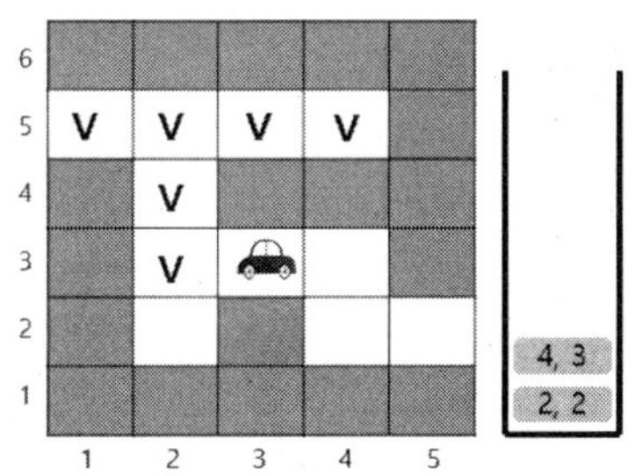

(g) 7번째 탐색에서 스택의 내용물

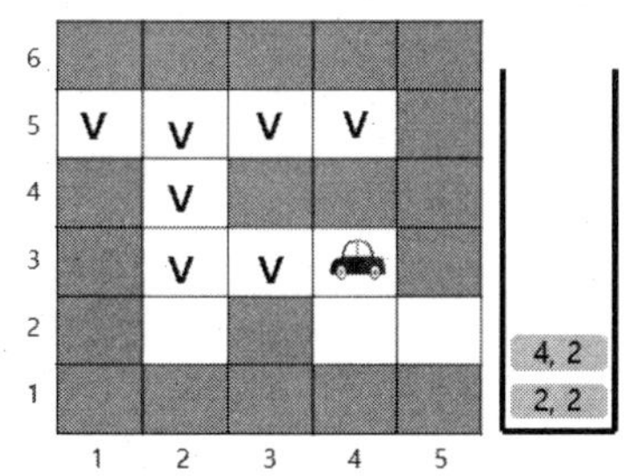

(h) 8번째 탐색에서 스택의 내용물

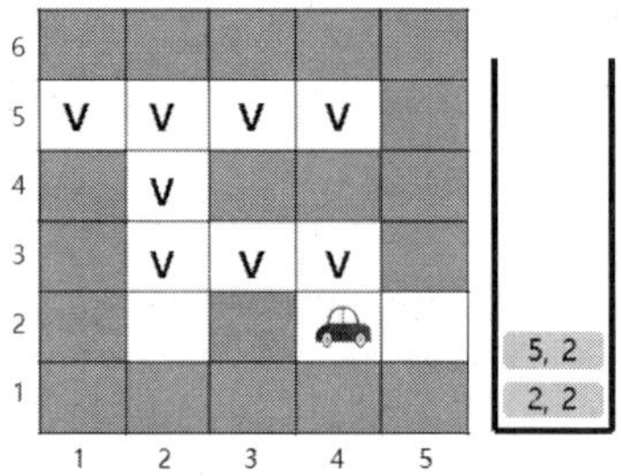

(i) 9번째 탐색에서 스택의 내용물

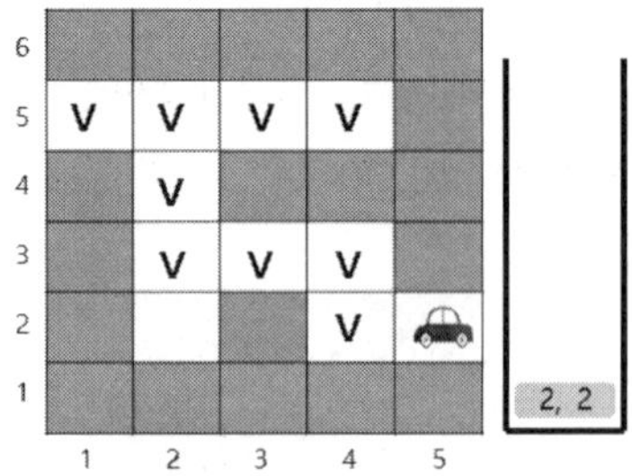

(j) 10번째 탐색에서 스택의 내용물

| **그림 12.8** | 미로 탐색에서 스택의 이용

연습문제

12.1 스택 A와 요소 a, b, c, d, e가 있을 경우 아래와 같은 스택 연산을 수행하면 스택의 내용이 어떻게 변하는지 그림으로 나타내시오. 단, 스택의 크기는 4이다.

```
push(A, a);
push(A, b);
push(A, c);
push(A, d);
push(A, e);
pop(A);
push(A, a);
```

위 연산에 따른 스택 A의 내용 변화는 그림 12.9와 같다.

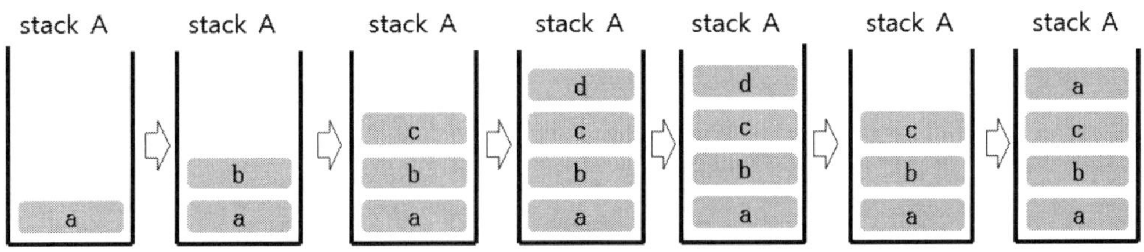

| **그림 12.9** | 연산에 따른 스택의 변화 과정

12.2 스택 A, B와 요소 a, b, c, d, e가 있을 경우 다음과 같은 스택 연산을 수행할 때 스택의 내용이 어떻게 변하는지 그림으로 나타내시오. 단, 스택의 크기는 4이다.

```
push(A, a);
push(A, b);
push(A, c);
push(A, d);
push(B, e);
push(B, pop(A));
pop(A);
```

위 연산에 따른 스택 A와 B의 내용 변화는 그림 12.10과 같다.

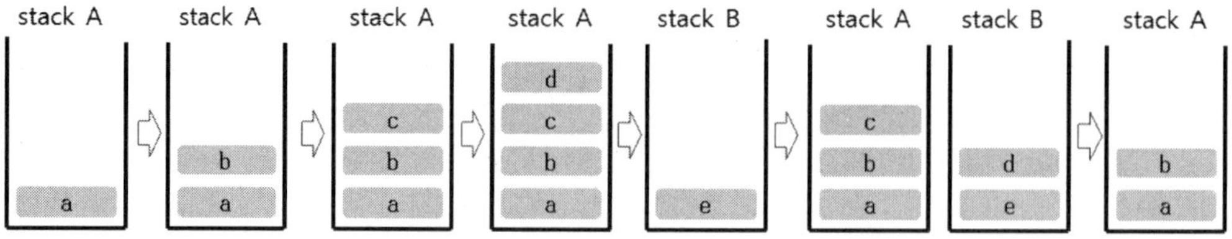

| 그림 12.10 | 연산에 따른 스택의 변화 과정

CHAPTER 13

한 쪽으로만 자료를 넣고 다른 쪽에서는 제거하기

13.1 큐의 구조와 연산

극장 매표소나 기차 매표소에서 기다리는 일은 우리 생활에서 늘 일어나는 일이다. 이때 기다리기 위해 대기하는 것을 '대기행렬' 이라 한다. 이러한 대기행렬을 컴퓨터에서 '큐(queue)'라고 한다. 이러한 큐는 스택의 자료구조와 달리 큐는 데이터를 한 쪽에서 순차적으로 삽입하고, 삽입된 순서대로 다른 쪽에서 끄집어내는 추상적인 자료구조이다. 즉, 먼저 들어간 자료를 먼저 삭제하거나 꺼내는 구조이다. 그러므로 큐에서 일을 처리하는 방법으로는 그림 13.1과 같이 일방통행 도로에서 자동차가 순차적으로 들어오고 나가는 것처럼, 앞 차부터 들어온 순서대로 들어오게 하거나 나가게 하는 것 등을 할 수 있다.

| 그림 13.1 | 자동차의 큐

큐의 요소는 입력된 순서와는 같은 순서로 출력된다. 큐는 먼저 들어간 자료를 먼저 삭제하거나 꺼내는 구조이므로 선입 선출(FIFO: First in First out)의 추상적이고 선형적인 자료구조이다. 일반적으로 제한된 크기 즉, 입력이 가능한 개수가 고정되어 있다. 그림 13.2는 큐의 구조를 나타낸다. 여기서 front는 큐의 제일 첫 번째 요소를 가리키는 포인터로서 포인터가 가지는 값은 첫 번째 요소 바로 앞을 가리킨다. 그러므로 배열과 같은 선형적인 자료구조에서는 첫 번째 요소의 인덱스 값보다 항상 하나 작은 값을 가진다. 그러나 제일 마지막 요소를 가리키는 rear은 큐의 마지막 요소와 관련된 인덱스 값을 그대로 가진다. 관련된 단순 연산으로는 저장소에 자료를 입력하는 삽입 연산과 저장된 자료 중에서 가장 먼저 입력된 자료를 끄집어내는 삭제 연산이 있다.

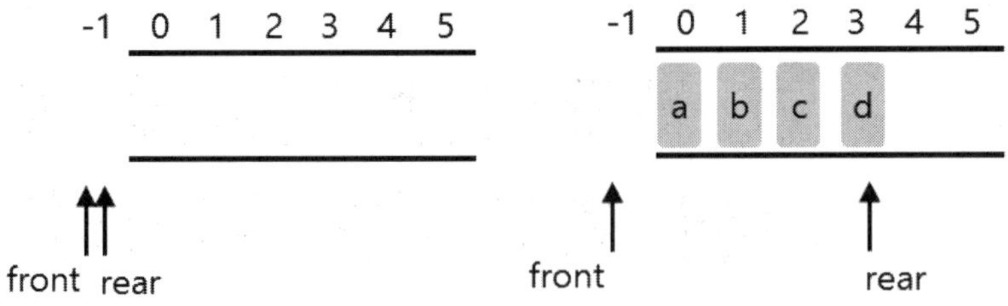

(a) 큐의 초기 상태 (b) 큐에 내용물이 있는 상태

| 그림 13.2 | 큐의 구조

그림 13.3은 6개의 요소를 가질 수 있는 큐에서 요소의 삽입과 삭제를 표현한 것으로 요소 a, b, c, d를 순차적으로 입력한 후, 2번의 삭제를 수행한 후 큐의 상태를 나타낸다.

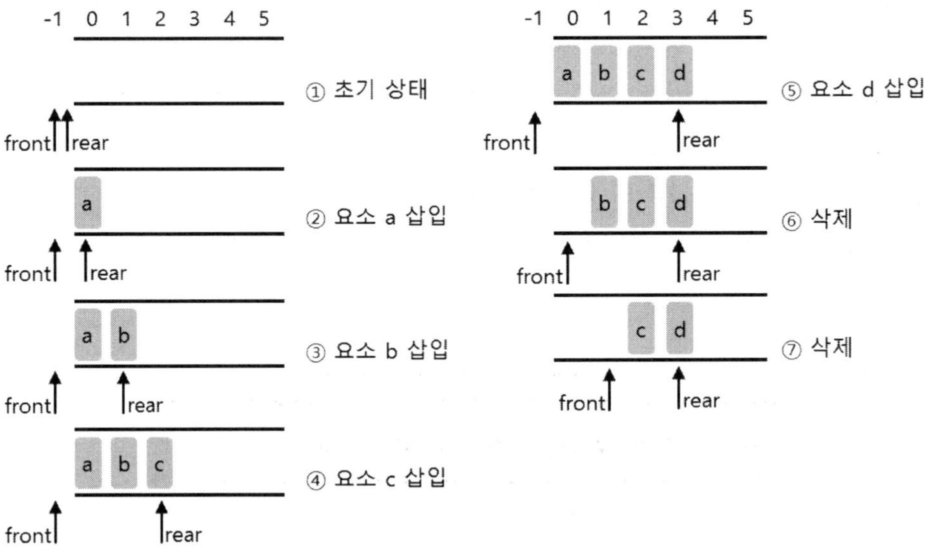

| 그림 13.3 | 큐에서 요소의 삽입과 삭제

그림 13.3에서 보듯이 큐에 요소의 삽입과 삭제와 같은 일련의 연산이 지속된다면, 요소의 첫 번째와 마지막 요소를 가리키는 포인터 front와 rear는 마지막 요소의 삭제 이후는 더 이상의 요소를 삽입도 할 수 없고 삭제도 할 수 없다. 이와 같이 일반적인 선형 큐에서는 빈 유휴 여백이 남아있음에도 불구하고 삽입과 삭제 연산을 수행할 수 없으므로, 저장 공간이 비효율적으로 사용되는 문제점을 가진다. 그러므로 배열을 선형적 논리 구조에서 원형의 논리 구조로 바꿈으로서 저장 공간을 좀 더 효율적으로 사용하는 것이 가능하다.

실습 13.1

아래는 큐의 삽입 및 삭제 연산에 대한 알고리즘을 C 프로그램 코드로 나타낸 것이다. 임의의 자료를 넣거나 제거하는 과정을 손으로 각 문장을 따라가면서 관찰하시오.

```
/* 선형 구조 큐의 삽입 연산 알고리즘
enqueue(queue, item)
 {
        if ( rear == (n-1) ) {          /* 큐의 상단까지 아이템으로 찼음 */
                print "큐 가득 찼음";
                return error;
        }
        else {
          rear = rear + 1;
          queue[rear] = item;
        }
  }

/* 선형 구조 큐의 삭제 연산 알고리즘
dequeue(queue)
 {
        if ( front == rear ) {          /* 큐에 하나의 아이템도 없음 */
                print "큐가 비었음";
                return error;
        }
        else {
          front = front + 1;
          return queue[front];
        }
  }
```

일반적인 큐는 논리적인 원형구조를 가지고 사용된다. 그림 13.4는 8개의 요소를 가질 수 있는 선형 구조의 큐와 원형 구조의 큐를 나타낸다. 차이점은 원형구조의 큐에서 front는 초기 상태에서 -1을 가리키지 않고 큐의 마지막 인덱스를 가리킨다. 원형 구조의 큐에서는 저장 공간을 효율적으로 사용하기 위하여 하나의 요소가 저장될 공간은 사용하지 않고 내용물이 가득 찬 상태를 나타내기 위하여 사용한다. 그림 13.5는 원형 구조의 큐에서 초기 상태와 내용물이 가득 찬 상태를 나타낸다. 그림 13.5의 (b)에서 하나의 요소가 비어있는 것은 가득 찬 상태와 초기 상태를 구분 짓기 위한 것이다. 가득 찬 상태에서 하나의 요소가 추가된다면 초기 상태와 구분할 수 없는 상태가 될 수 있다.

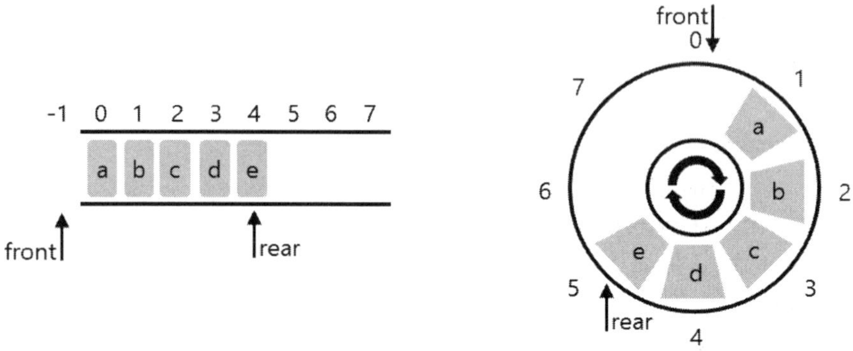

(a) 선형 구조의 큐　　　　(b) 원형 구조의 큐

| 그림 13.4 | 선형 구조의 큐와 원형 구조의 큐의 비교

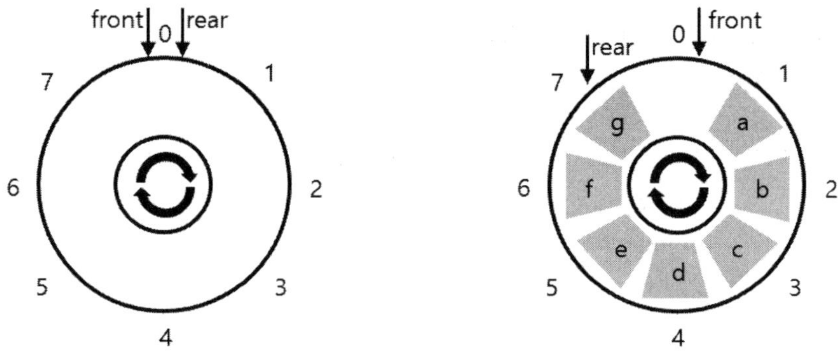

(a) 초기 상태　　　　(b) 가득 찬 상태

| 그림 13.5 | 원형 구조 큐의 초기 상태와 내용물이 가득 찬 상태

실습 13.2

그림 13.6은 8개의 요소를 가질 수 있는 원형 구조의 큐에서 요소의 삽입과 삭제를 표현한 것으로 요소 a, b, c, d를 순차적으로 입력한 후, 2번의 삭제를 수행한 후 큐의 상태를 나타낸다. 그림 13.6에서 원형 큐의 원리를 관찰하시오.

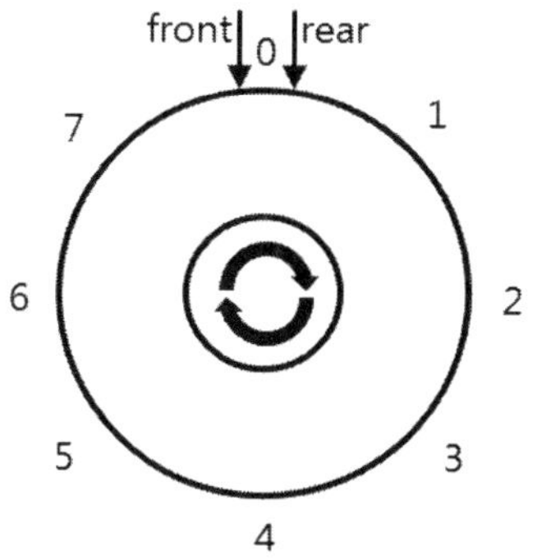

(a) 초기 상태

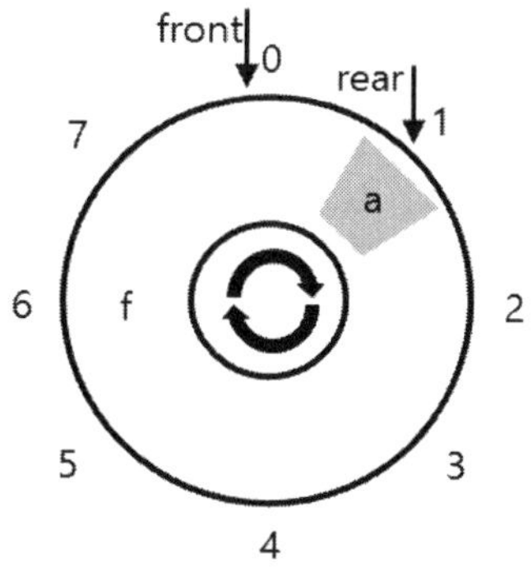

(b) 요소 a의 삽입

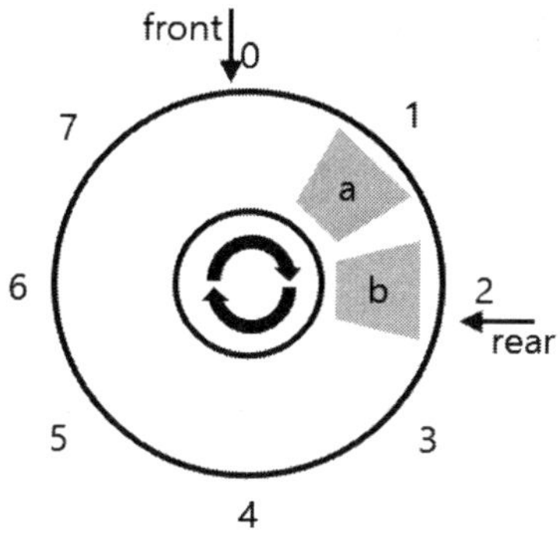

(c) 요소 b의 삽입

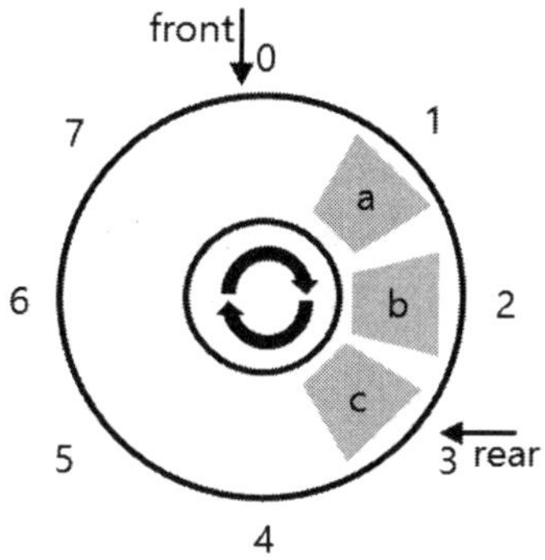

(d) 요소 c의 삽입

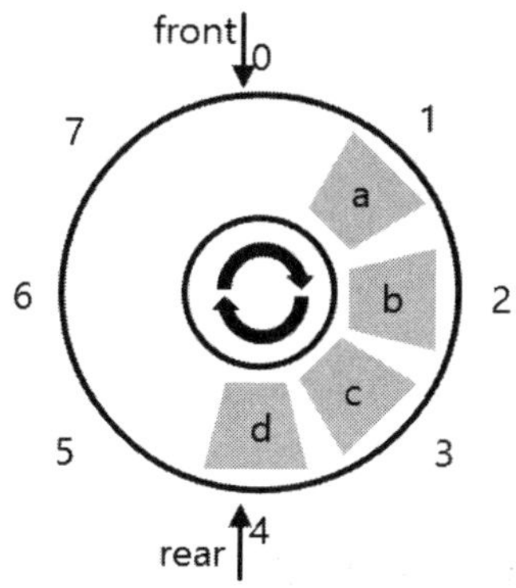

(e) 요소 d의 삽입

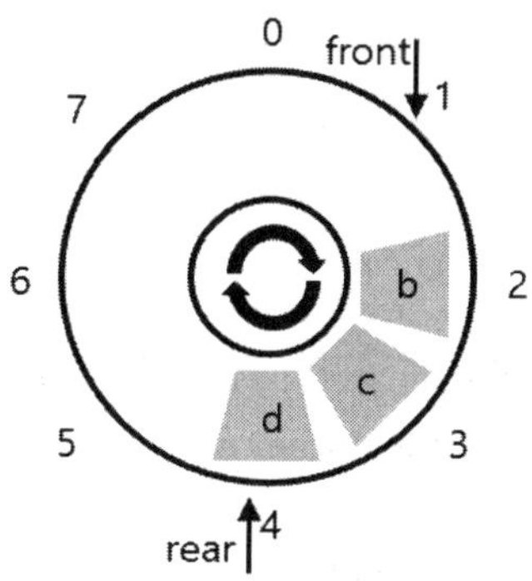

(f) 삭제

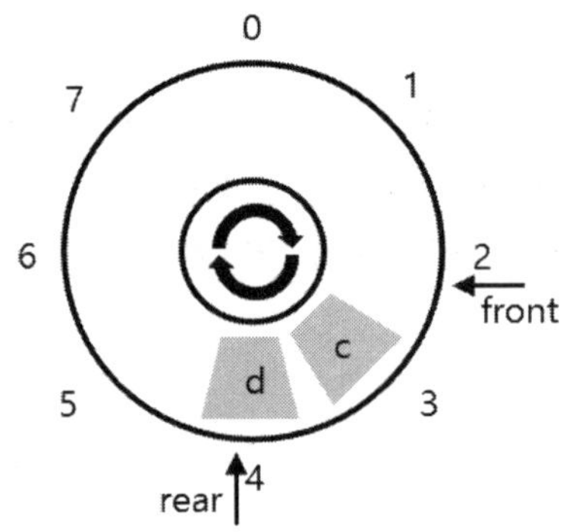

(g) 삭제

| 그림 13.6 | 원형 구조의 큐에서 삽입과 삭제

실습 13.3

아래는 원형 큐의 삽입 및 삭제 연산에 대한 알고리즘을 C 프로그램 코드로 나타낸 것이다. 임의의 자료를 넣거나 제거하는 과정을 손으로 각 문장을 따라가면서 관찰하시오. 여기서 mod 연산은 나눗셈 연산에서 나머지를 취하는 연산이다. 즉, “7 mod 3”의 결과 값은 4이다.

```
/* 원형 구조 큐의 삽입 연산 알고리즘
enqueue(queue, item)
 {
        if ( ((rear + 1) mod n)== front ) { /* 큐의 상단까지 아이템으로 찼음 */
                print "큐 가득 찼음";
                return error;
        }
        else {
         rear = (rear + 1) mod n;
         queue[rear] = item;
        }
  }

/* 원형 구조 큐의 삭제 연산 알고리즘
dequeue(queue)
 {
        if ( front == rear ) {          /* 큐에 하나의 아이템도 없음 */
```

```
        print "큐가 비었음";
        return error;
    }
      else {
        front = (front + 1) mod n;
        return queue[front];
      }
  }
```

그림 13.7은 새로운 요소의 삽입을 위한 mod 연산으로 큐의 빈 영역을 재사용하는 과정을 나타낸다. (a)항은 큐의 마지막을 나타내는 rear 포인터가 선형 구조의 큐에서는 마지막 인덱스로서 더 이상 진행할 수 없었지만, 총 저장 요소의 개수가 8개인 원형 구조의 큐에서는 "(7 + 1) mod 8"의 연산 결과 값인 0에 의하여 삽입될 요소의 저장 위치가 0으로 결정된다. 그리고 삽입이 완료된 후 큐는 더 이상의 요소를 추가할 수 없는 가득 찬 상태가 된다.

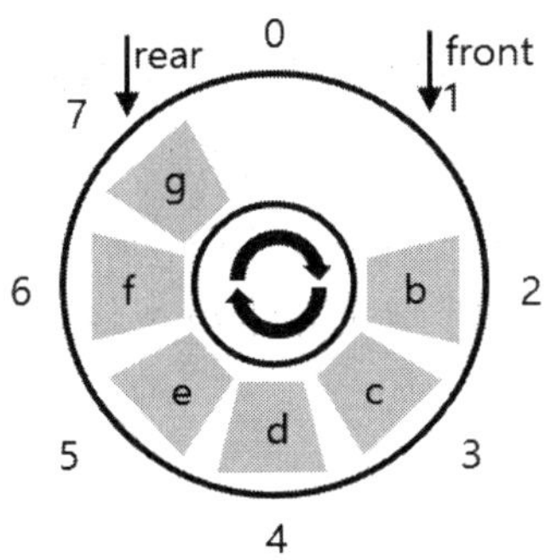

(a) 요소 삽입 전 상태

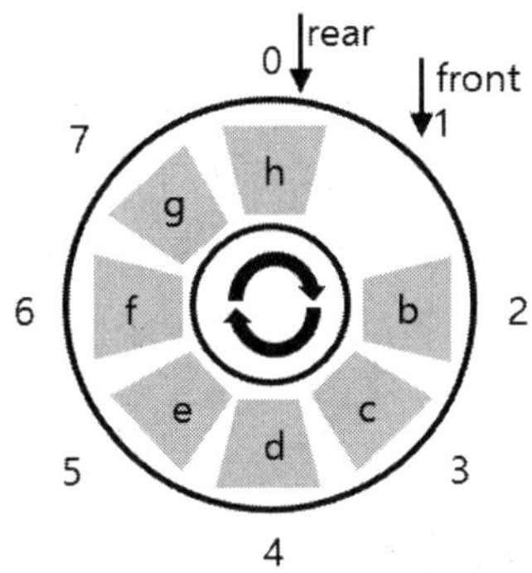

(b) 요소 삽입 후 상태

| **그림 13.7** | 원형 구조의 큐에서 삽입 연산 과정

큐도 연결 구조의 연결 리스트를 이용할 수 있다. 연결 리스트를 이용하면 좀 더 유연하게 저장 장소를 활용할 수 있다.

13.2 비디오 스트림 버퍼

이러한 큐는 여러 경우에 활용할 수 있는데, 비디오 스트림 버퍼의 경우에는 일정량 이상의 스트림이 버퍼에 찬 순간부터 비디오를 출력하기 시작한다. 큐를 활용한 버퍼링을 사용함으로서 일시적으로 스트림이 단절되더라도 버퍼에 저장된 데이터를 활용하여 끊임없는 재생 서비스를 지원할 수 있다. 또한 재생과 함께 지속적으로 버퍼링을 수행하여 스트림 단속에 대응할 수 있다.

그림 13.8은 CCD 카메라에서 생성하는 영상 데이터 스트림을 버퍼에서 받아 모니터에 재생하는 과정을 나타낸다.

| 그림 13.8 | 큐를 이용하는 스트림 버퍼

운영체제에서는 다양한 프로그램들이 실행되고 있으며, 실행되는 각 프로그램들은 처리기를 짧은 시간에 나누어 사용하면서 각자의 작업을 처리한다. 이때 실행되는 프로그램들은 처리기를 사용하기 위하여 대기하거나 실행을 준비하는 대기 큐와 준비 큐를 오고 가면서 각자의 작업을 진행한다. 운영체제에서 프로세스 준비 큐와 대기 큐를 이용하여 처리기의 활용도를 높이고 작업 처리 효율을 높일 수 있다.

실습 13.4

크기가 10개인 원형 큐를 일차원 배열로 구성하지 않고 연결 리스트로 구현할 수 있다. 연결 리스트로 구현하기 위한 방법을 제시하시오. 이때 제약 조건이 있으면 기술하시오.

실습 13.5

(실습 보고서 제출하기) 크기가 10개인 원형 큐를 일차원 배열로 구성하고 3345, 567, 287, 0, 34, 56, 34, 66, 678, 8, 82, 626, 7267, 27의 값을 순서대로 넣는다. 큐가 꽉차면 앞에서 하나씩 자료를 제거하고, 빈 칸이 생기면 다시 넣는 일을 한다. 이러한 일을 할 수 있는 순서도나 의사코드를 작성하시오. 자료를 넣는 부분과 제거하는 부분은 반드시 함수로 작성한다.

연습문제

13.1 원형큐에서 자료를 입력하는 중에 큐가 꽉 찼는지를 어떻게 알 수 있는지 설명하시오. 또 순서도나 의사코드를 작성하시오.

13.2 원형큐에서 자료를 제거하는 중에 큐가 비었는지를 어떻게 알 수 있는지 설명하시오. 또 순서도나 의사코드를 작성하시오.

13.3 원형큐에서 자료를 제거하는 중에 rear == front가 된다면 어떤 의미인지 설명하시오. 그리고 rear == 0이라면 어떤 의미인지 설명하시오.

CHAPTER

14 나무구조의 자료 취급하기

14.1 나무구조와 자료에 대한 연산

자료를 나무구조로 저장하는 방법이 있는데, 이것은 스택이나 큐의 구조와 달리 선형적이지 않고 저장되는 각 자료 사이에서 나뭇가지 처럼 계층이 있는 추상적인 자료구조이다. 이러한 계층 구조는 우리의 생활에서 많이 접하는 구조로서 회사같은 기관이나 행정조직에서 많이 사용한다. 또한 컴퓨터의 파일 디렉토리 구조도 계층적으로 자료와 정보를 저장하는 나무형식의 자료구조이다. 이러한 나무구조로 자료를 저장하는 구조를 '트리'라고 부른다.

그림 14.1는 컴퓨터 디렉토리의 일부분으로 트리구조이다. 일반적으로 하드드라이브 C는 시스템 드라이브로서 수백 개의 디렉토리와 파일을 가지고 있다. 각각의 디렉토리는 관련된 서브디렉토리와 파일로 구성이 되어 있다. 이러한 트리로 할 수 있는 연산으로는 각 계층에 포함되는 요소의 개수, 계층에 요소 삽입 및 삭제하기 등을 할 수 있다.

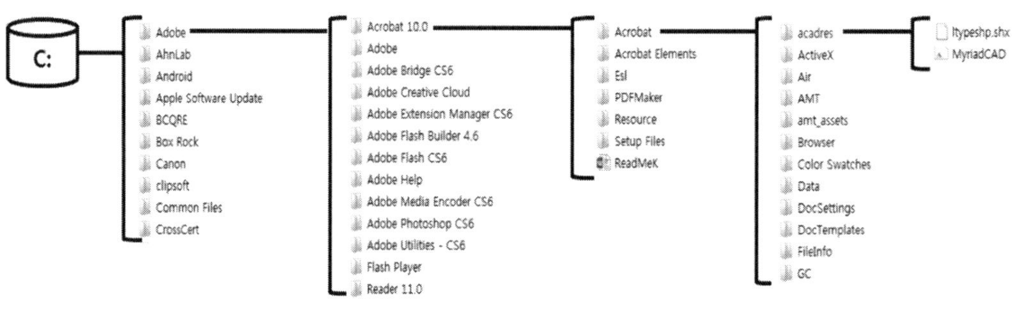

| 그림 14.1 | 컴퓨터 시스템의 디렉토리

그림 14.2는 일반적인 트리에 대한 추상적인 개념을 보이고 있다. 그림 14.2에서 각 요소를 노드라고 하며, 노드를 연결하는 가지를 간선이라고 한다. 그러므로 트리는 노드와 간선으

로 구성된다. 그림 14.2에서 A, B, C, D, E, F, G, H, I, J, K, L은 노드로서 트리는 한 개 이상의 노드로 구성된다. 이들 중 최상위 노드를 루트 노드라고 하며, 나머지 노드들은 서브 트리라고 한다. 그러므로 그림 14.2는 루트노드와 3개의 서브 트리로 구분되는데, 루트 노드 A, 노드 B, E, F, G로 구성되는 서브 트리, 노드 C, H, I, K, L로 구성되는 서브 트리, 노드 D, J로 구성되는 서브 트리로 구성된다.

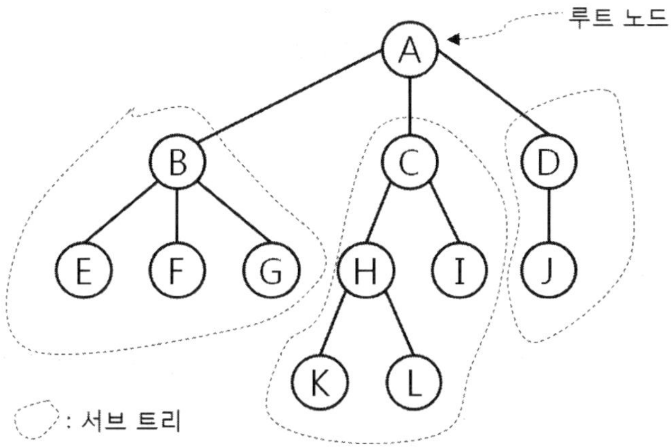

| **그림 14.2** | 트리의 루트노드와 서브 트리

이러한 트리는 계층을 가지는데 그림 14.3에서 보듯이, 루트 노드는 레벨 1로 나타내면, 나머지 하위 레벨은 순차적으로 레벨링을 하여 주어진 트리 최대 레벨은 4가 된다. 그리고 트리에서는 부모 관계, 형제 관계, 조상 및 손자 관계가 있으며, 이 트리에서 노드 A는 노드 B, C, D의 부모 노드가 되며, 노드 B, C, D는 A의 자식 노드가 된다. 또한 노드 B, C, D는 서로 형제 노드가 된다. 이와 같이 바로 상위에 연결된 노드는 하위에 연결된 노드의 부모 노드가 되며, 부모 노드의 부모 노드는 조상 노드가 된다. 그러므로 자손 노드는 부모 노드로부터 하위의 레벨에 간선으로 이어지는 모든 노드들은 자손 노드가 된다. A의 자손 노드는 A를 제외한 트리의 모든 노드이며, 반대로 A를 제외한 모든 노드의 조상 노드는 A가 된다. 더 이상 자식 노드를 가지지 않는 노드는 단말 노드라고 하며, 그 외의 모든 노드는 비단말 노드가 된다. 각 노드는 자식의 개수에 따라 차수가 정해지며, 비단말 노드는 차수가 0이다. 루트 노드의 차수는 3이 되며, 노드 B, C, D의 각각의 차수는 3, 2, 1이 된다.

트리의 높이는 주어진 트리의 레벨 중 최대치가 되며, 그림 14.3의 트리 높이는 4가 된다. 그림 14.3과 같이 자식 노드의 개수가 일정하지 않으면 자료를 관리하고 처리하기가 쉽지 않다.

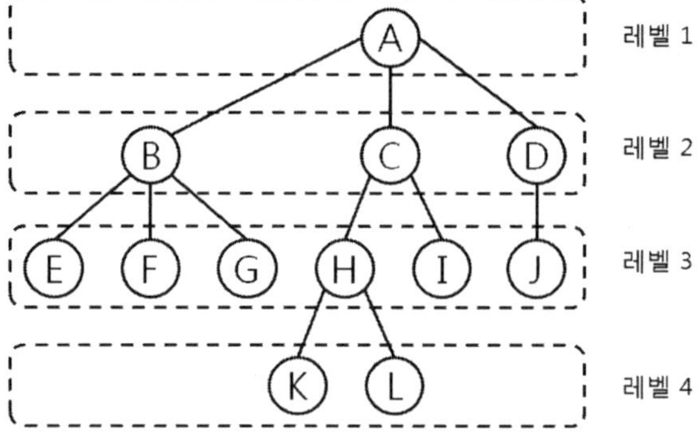

| **그림 14.3** | 트리의 레벨

14.2 이진트리

이진트리는 일반적인 트리의 구조에서 각 노드의 차수가 2이하로 제한된 트리로 차수는 0, 1, 2 중의 하나이다. 이진트리는 컴퓨터나 소프트웨어 개발에서 많이 사용하는 트리로 응용 부분이 매우 넓다. 또 구조가 단순하여 관련 연산인 자료의 삽입, 삭제, 조회 등을 처리하기 쉽다. 그림 14.4는 일반적인 이진트리의 구조이다.

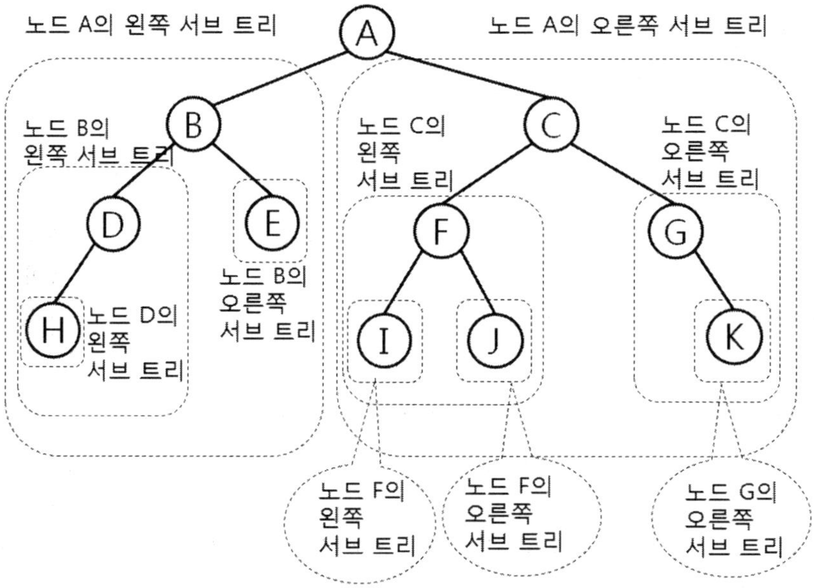

| **그림 14.4** | 일반적인 이진트리의 구조

그림 14.4에서 노드 H, I, J, K는 차수가 0이고, 노드 E, G는 차수가 1이며, 나머지 노드는 모두 차수가 2이다. 이진트리에서 보듯이 모든 노드는 왼쪽과 오른쪽 서브 트리로 구분할 수 있으며, 순서를 가지고, 노드의 자식 수는 2개 이하를 가진다.

이진트리의 특성으로 이진트리가 가지는 노드의 개수가 n개이면 트리는 n-1개의 간선을 가진다. 그 이유는 트리의 루트 노드를 제외한 나머지 모든 노드는 하나의 간선을 가지고 있기 때문이다. 이진트리의 최대 높이는 노드의 개수와 동일하며, 최소 높이는 $\lceil \log_2(n+1) \rceil$ 가 된다. 즉, 높이가 m인 트리의 노드 최대 개수는 2^{m-1}이다. 따라서 $n \le 2^{m-1}$이 성립하므로 양변에 log를 취하여 $m \ge \lceil \log_2(n+1) \rceil$ 이 된다.

실습 14.1

노드 수가 16개라면 이진트리는 몇 개가 존재하는지 살펴보시오.

이진트리는 형태에 따라 포화이진트리, 완전이진트리, 그 외의 이진트리로 분류할 수 있다. 각각의 형태는 그림 14.5와 같다.

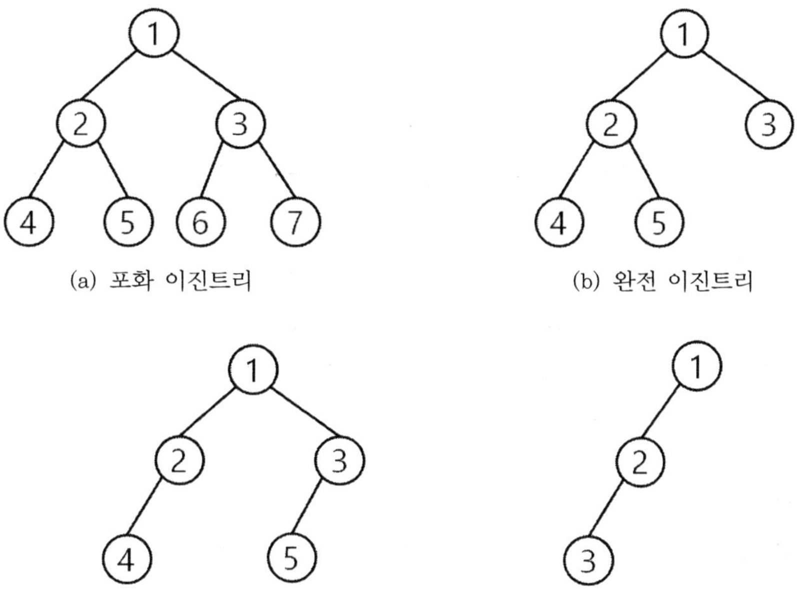

(a) 포화 이진트리

(b) 완전 이진트리

(c) 그 외의 이진트리

| 그림 14.5 | 이진트리의 형태 분류

포화 이진트리는 트리의 각 레벨에 존재할 수 있는 노드가 모두 꽉 차 있는 트리를 말한다. 완전 이진트리는 트리의 루트로부터 순차적으로 왼쪽에서 오른쪽 노드로 순서

대로 차 있는 트리를 말한다. 마지막 레벨에서는 포화 이진트리와 달리 꽉 차 있지 않아도 된다. 하지만 마지막 레벨을 제외한 각 레벨에서는 노드가 꽉 차 있어야 한다. 포화 이진트리는 완전 이진트리이기도 하다. 그림 14.5의 (c)는 이진트리이기는 하나 각 레벨에 노드가 꽉 차 있지 않아 포화 이진트리도 아니며 완전 이진트리도 아니다. (c)의 두 번째 트리처럼 왼쪽 서브트리나 오른쪽 서브트리만 가지는 이진트리를 편향 이진트리라고 한다.

실습 14.2

최대 높이가 8인 완전 이진트리의 총 노드는 몇 개 입니까? 또 터미널 노드는 모두 몇 개인지 살펴보시오.

실습 14.3

최대 높이가 8인 완전 이진트리에서 각 레벨의 총 노드 수를 계산하는 알고리즘을 제시하시오. 그리고 순서도나 의사코드로 작성하시오.

이진트리를 컴퓨터 시스템에 표현하기 위해서는 배열이나 포인터를 이용할 수 있다. 배열을 이용하면 완전 이진트리를 나타내기에는 적당하지만 그 외 이진트리를 나타내기에는 저장 공간의 낭비가 발생할 수 있다. 그림 14.6은 완전이진트리와 편향 이진트리를 배열로 나타낼 경우를 비교한 것이다. 이진트리를 배열로 저장할 때 노드에 부여되는 순차적인 번호가 저장되는 배열의 인덱스가 된다. 편향 이진트리의 경우는 (a)의 완전 이진트리에 비하여 사용하지 않는 공백이 많음을 볼 수 있다. 그러므로 이진트리를 표현하는 배열에서 노드 순서와 인덱스와의 관계는 이진트리에서 노드에 순차적으로 부여된 번호가 i일 경우 아래와 같다.

- 노드에 부여된 번호 i의 부모 노드에 부여되는 배열 인덱스는 $\lfloor i/2 \rfloor$
- 노드에 부여된 번호 i의 왼쪽 자식 노드에 부여되는 배열 인덱스는 $2i$
- 노드에 부여된 번호 i의 오른쪽 자식 노드에 부여되는 배열 인덱스는 $2i+1$

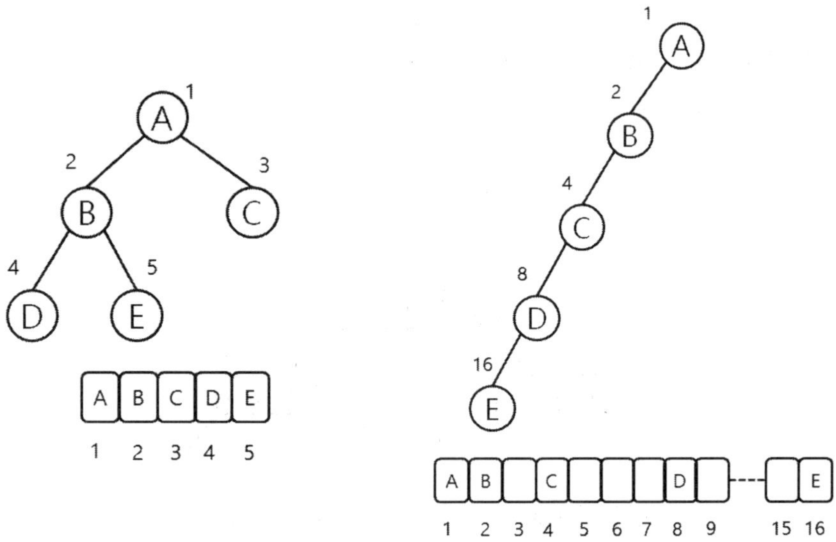

(a) 완전 이진트리의 배열 표현 (b) 편향 이진트리의 배열 표현

| 그림 14.6 | 완전이진트리와 편향 이진트리의 배열 표현

14.3 이진트리의 순회 연산

계층적인 구조의 이진트리를 이용하여 자료를 저장하고, 저장된 자료를 조회하거나 수정하기 위하여 트리에 있는 노드를 방문하는 방법이 필요하다. 이러한 방문 방법을 순회라고 한다. 스택이나 큐에서는 순차적으로 선형 구조를 따라 방문하거나 연결 구조의 링크를 따라 다음 노드로 접근이 용이하지만, 트리는 계층적 구조로 인하여 좌측 노드부터 방문할지 또는 우측 노드부터 방문할지 결정하여야 한다.

이진트리를 순회하는 일반적인 방법은 아래와 같다.

- 전위 순회
- 중위 순회
- 후위 순회

이 세 방법은 방문하는 노드를 중심으로 방문한 노드, 방문한 노드의 왼쪽 노드, 방문한 노드의 오른쪽 노드 데이터를 언제 조회할 것인지에 따라 구분한 것이다. 현재 방문한 노드를 N, 그 왼쪽 노드를 L, 그 오른쪽 노드를 R이라고 하면 전위 순회, 중위 순회, 후위 순회는 다음과 같이 각 노드를 조회한다. 그림 14.7은 이진트리에서 N, L, R을 나타낸다.

• 전위 순회 : N L R 순으로 데이터를 조회
• 중위 순회 : L N R 순으로 데이터를 조회
• 후위 순회 : L R N 순으로 데이터를 조회

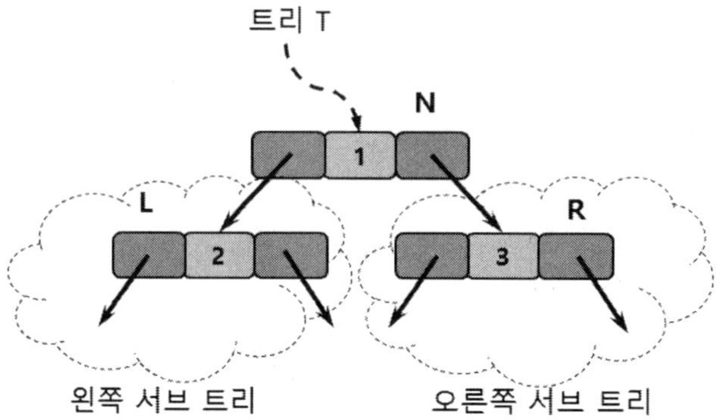

| 그림 14.7 | 이진트리에서 N, L, R의 위치

이진트리에서 각 서브트리도 이진트리이므로 서브트리도 똑같이 N, L, R의 위치가 정해지게 된다. 즉, 그림 14.7의 왼쪽 서브트리를 방문한 시점에서는 그림 14.7의 L은 N이 되며, 노드 N의 왼쪽 및 오른쪽 자식 노드들은 각각 L과 R이 된다.

14.3.1 전위 순회

전위 순회는 루트 노드를 방문한 후 왼쪽 서브트리와 오른쪽 서브트리를 순차적으로 방문하면서 데이터를 조회하는 순회 방법이다. 그림 14.8의 이진트리를 전위 순회 방법으로 각 노드를 방문한다면, 번호 순서(1부터 11까지)로 노드의 자료를 방문 조회한다. 여기서 각 노드는 ○으로 나타내며, 각 숫자는 방문 순서를 나타낸다.

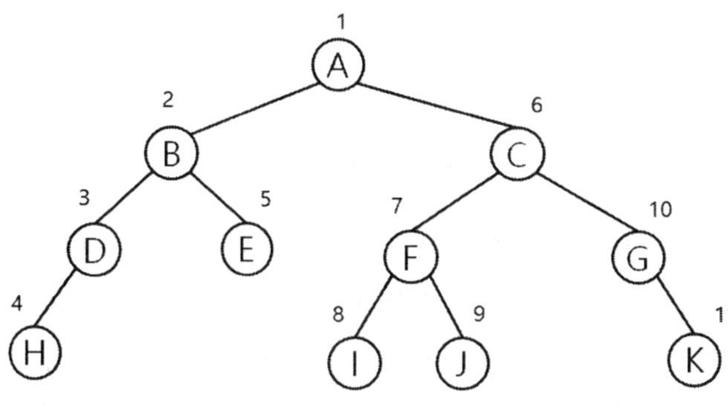

| 그림 14.8 | 전위 순회에서 노드 방문 순서

실습 14.4

아래는 전위 순회를 위한 알고리즘이다. 각 문장을 손으로 따라가면서 그림 14.8의 이진트리에 대한 전위 순회를 확인하시오.

```
preorder(tree T)
{
    if (T != null) {                          /* 현재 방문 노드가 null이 아니면, */
        print T.data;                         /* 조회한 데이터를 출력한다. */
        preorder(T.left_node);                /* 왼쪽 노드를 조회 */
        preorder(T.right_node);               /* 오른쪽 노드를 조회 */
    }
}
```

위의 알고리즘에 따라 그림 14.8의 트리를 조회하면 출력 결과는 다음과 같다.

결과 A, B, D, H, E, C, F, I, J, G, K

14.3.2 중위 순회

중위 순회는 루트 노드를 중심으로 왼쪽 서브트리, 루트노드, 오른쪽 서브트리를 순차적으로 방문하면서 데이터를 조회하는 순회 방법이다. 그림 14.9의 이진트리를 중위 순회 방법으로 각 노드를 방문한다면 번호 순서로 노드의 데이터를 방문 조회한다.

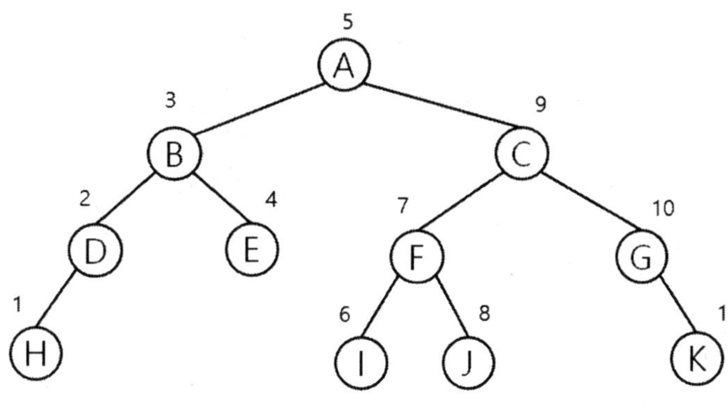

| 그림 14.9 | 중위 순회에서 노드 방문 순서

실습 14.5

아래는 중위 순회를 위한 알고리즘이다. 각 문장을 손으로 따라가면서 그림 14.9의 이진트리에 대한 중위 순회를 확인하시오.

```
inorder(tree T)
{
    if (T != null) {                      /* 현재 방문 노드가 null이 아니면, */
        inorder(T.left_node);             /* 왼쪽 노드를 조회 */
        print T.data;                     /* 조회한 데이터를 출력한다. */
        inorder(T.right_node);            /* 오른쪽 노드를 조회 */
    }
}
```

위의 알고리즘에 따라 그림 14.9의 트리를 조회하면 출력 결과는 아래와 같다.

결과 H, D, B, E, A, F, I, J, C, G, k

14.3.3 후위 순회

후위 순회는 루트 노드를 중심으로 왼쪽 서브트리, 오른쪽 서브트리, 루트노드를 순차적으로 방문하면서 데이터를 조회하는 순회 방법이다. 그림 14.10에서 이진트리를 후위 순회 방법으로 각 노드를 방문하면 번호 순서와 같다.

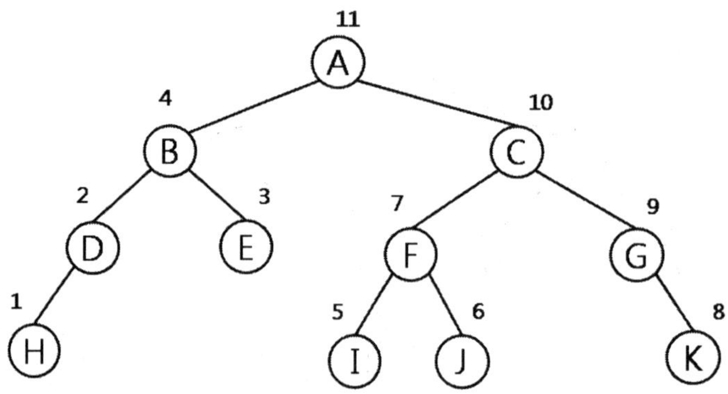

| 그림 14.10 | 후위 순회에서 노드 방문 순서

실습 14.6

아래는 후위 순회를 위한 알고리즘이다. 각 문장을 손으로 따라가면서 그림 14.10의 이진트리에 대한 후위 순회를 확인하시오.

```
postorder(tree T)
{
    if (T != null) {                        /* 현재 방문 노드가 null이 아니면, */
        postorder(T.left_node);             /* 왼쪽 노드를 조회 */
        postorder(T.right_node);            /* 오른쪽 노드를 조회 */
        print T.data;                       /* 조회한 데이터를 출력한다. */
    }
}
```

위의 알고리즘에 따라 그림 14.10의 트리를 조회하면 출력 결과는 아래와 같다.

결과 H, D, E, B, I, J, F, K, G, C, A

14.4 이진트리를 응용한 수식의 계산

스택을 이용하여 수식을 후위 표기로 변환할 수 있으며, 또한 스택을 이용하여 계산도 할 수 있다. 이번에는 수식을 표현한 이진트리에서 연산 결과 값은 서브 트리의 계산 값을 먼저 구함으로서 전체 계산 결과 값을 구할 수 있다. 그러므로 후위 순회 방법을 이용하면 쉽게 수식을 계산할 수 있다. 그림 14.11은 이진트리로 표현된 수식 트리이다. 그림 14.11은 수식 1*3+(4/2−5)를 이진트리로 표현한 것이며, 각 노드의 숫자는 계산 순서로서 후위 순회의 순서와 동일하다.

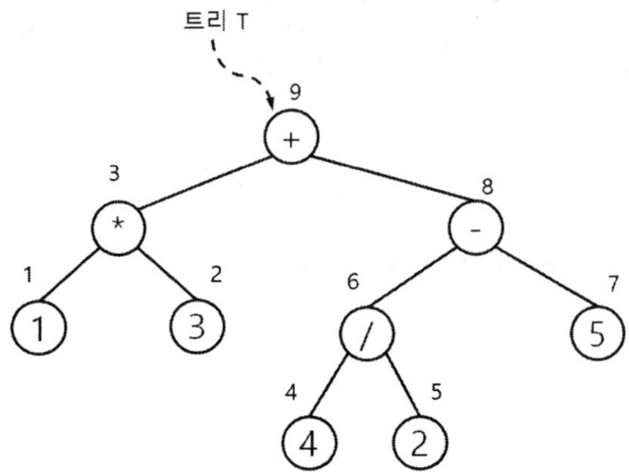

| 그림 14.11 | 이진트리로 표현된 수식

실습 14.7

아래는 이진트리로 표현된 수식을 계산하는 알고리즘이다. 각 문장을 손으로 따라가면서 그림 14.12의 이진트리에 대한 수식 계산 결과를 확인하시오.

```
compute(tree T)
{
    if (T != null) return 0;
                                    /* 현재 노드의 데이터는 피연자 */
    if ((T.left_node == null) and (T.right_node == null)) return T.data;
    left_value = compute(T.left);       /* 왼쪽 서브 트리에서 계산된 값 */
    rigtht_value = compute(T.right);    /* 오른쪽 서브 트리에서 계산된 값 */
    operator = T.data;                  /* 현재 노드의 데이터는 연산자 */
    value = left_value operator right_value;
                          /* 좌우 계산 값과 연산자를 이용하여 value 값을 구함 */
    return value;         /* 계산 값을 반환 */
}
```

그림 14.12는 후위 순회에 따라 알고리즘 compute()를 적용하여 계산되는 과정을 나타낸다.

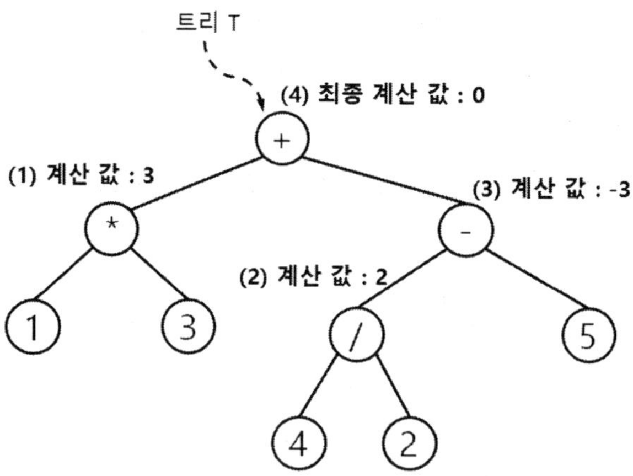

| 그림 14.12 | 후위 순회에 따른 계산 과정

14.5 이진트리를 이용한 탐색

이진트리를 이용한 탐색은 트리의 노드가 일정한 값을 가지고 순서화가 가능한 문제에서 지원이 된다. 예를 들면, 사전에서 단어의 탐색, 학번으로 학생 탐색, 도서관에서 도서의 탐색에 사용될 수 있다. 탐색은 탐색할 요소가 많아도 탐색 시간을 줄일 수 있으면 좋은 탐색 방법이 될 수 있으며, 그러한 탐색 방법 중의 하나가 이진트리를 이용한 탐색 방법이다. 이러한 이진트리를 **이진탐색 트리**라고 하며, 탐색을 위한 조건으로 모든 노드는 유일한 값을 가지며, 트리에 포함된 모든 노드의 각 값은 순서화가 될 수 있어야 한다. 이때 노드의 유일한 값을 키(key)라고 한다. 그리고 루트 노드를 중심으로 왼쪽 서브트리에 있는 각 노드의 값은 루트 노드의 값보다 작아야하며, 오른쪽 서브트리에 있는 각 노드의 값은 루트 노드의 값보다 커야 한다. 또한 왼쪽 서브트리와 오른쪽 서브트리도 각각 이진 탐색트리이어야 한다.

그림 14.13은 이진 탐색트리의 예이며, 비교 키는 십진수이다. 이러한 이진 탐색트리를 중위 순회하면 "1 4 7 8 10 11 13 21 24 31 33"과 같이 키 값의 순으로 순차적으로 조회된다.

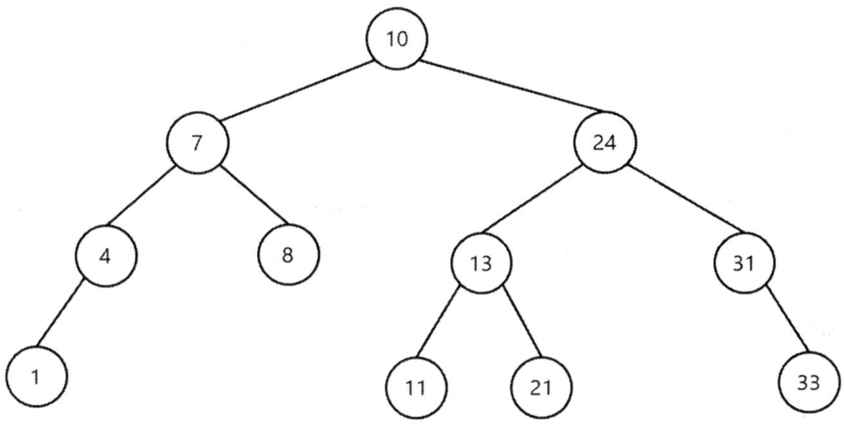

| 그림 14.13 | 이진 탐색트리의 예

14.5.1 탐색

이진 탐색트리에서 탐색 방법은 루트 노드에서 시작하여 주어진 키 값과 루트 노드의 키 값을 비교하면서 왼쪽 서브트리를 탐색할지 또는 오른쪽 서브트리를 탐색할지 정하면서 탐색을 진행한다. 탐색은 비교 결과에 따라 다음 3가지 중 하나에 해당한다.

① 주어진 키값과 루트 노드의 키 값이 같은 경우 탐색이 성공한 경우임
② 주어진 키값이 루트 노드의 키 값보다 작은 같은 경우 왼쪽 서브트리 탐색 진행
③ 주어진 키값이 루트 노드의 키 값보다 큰 경우 오른쪽 서브트리 탐색 진행

그림 14.14는 그림 14.13의 이진 탐색트리에서 주어진 키 값 21을 탐색하는 과정이다.

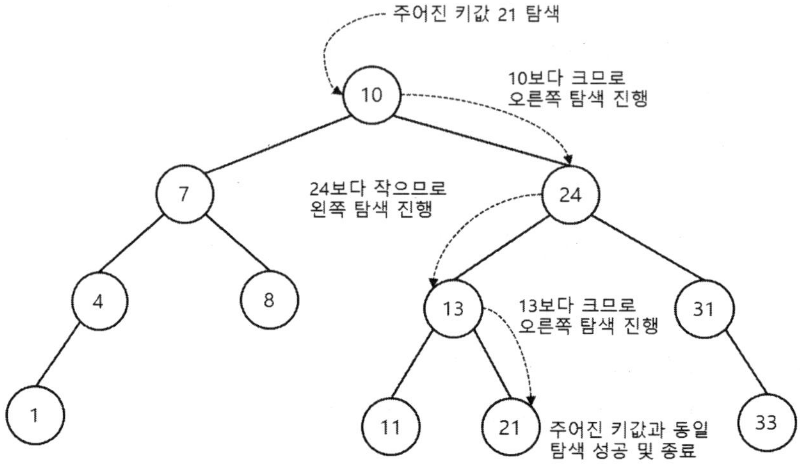

| **그림 14.14** | 이진 탐색트리에서 탐색 과정

실습 14.8

아래는 이진 탐색트리에서 주어진 키 값을 탐색하는 알고리즘이다. 각 문장을 손으로 따라가면서 그림 14.14의 이진 탐색트리의 탐색과정에 대한 결과를 확인하시오.

```
search(tree T, item key)
{
    if (T == null) return null;
    if (T.data == key) {
        print "탐색 성공";
        return T;
    }
    if (T.data > key) return search(T.left_node, key);
    if (T.data < key) return search(T.right_node, key);
}
```

14.5.2 삽입

이진 탐색트리에서 노드의 추가 삽입 연산은 트리를 탐색하여 같은 키 값을 갖는 노드가 없을 경우에 수행할 수 있다. 탐색이 실패할 경우에는 해당 위치가 주어진 키 값을 삽입할 수 있는 위치가 된다. 그림 14.15는 이진 탐색 트리에 12를 삽입하는 과정이다.

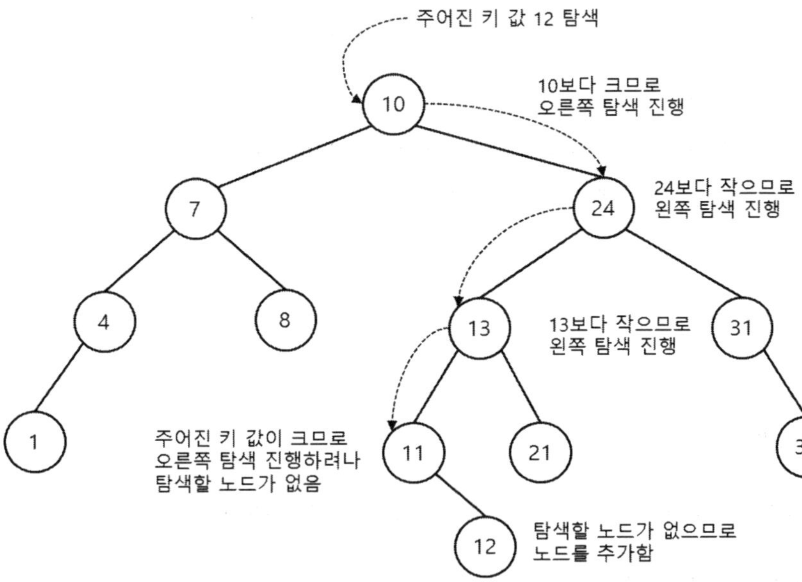

| **그림 14.15** | 이진 탐색트리에서 삽입 연산 과정

실습 14.9

아래는 이진 탐색트리에서 주어진 키 값을 삽입하는 알고리즘이다. 각 문장을 손으로 따라가면서 그림 14.15의 이진 탐색트리의 삽입과정에 대한 결과를 확인하시오. 이 이진 탐색트리에서 삽입 연산 알고리즘은 insert() 함수이다.

```
insert(T, key)
{    tmp = T;                          /* T가 가리키는 노드를 tmp도 가리킴 */
     while (tmp != null) {             /* 삽입할 노드의 위치를 탐색 */
         if (key == tmp.data) {
           print "탐색 성공";
           return;
         }
```

```
        preNode = tmp;                          /* 노드 삽입시 */
                                                /* preNode는 부모 노드로 역할 */
        if (key < tmp.data) tmp = tmp.left;
        else tmp = tmp.right;
    }
    if ( T == null) T = getNode(key);          /* 탐색 트리가 비어있으므로 key */
                                                /* 값을 가지는 노드를 가리키도록 함 */
      else {
        newNode = getNode(key);                 /* 새 노드 생성 */
        if (key < preNode.data) preNode.left = newNode;
        else preNode.right = newNode;
        return;
    }
}
```

14.5.3 삭제

이진 탐색트리의 삭제 연산은 아래의 세 경우를 고려하여야 한다.

- 삭제할 노드가 단말 노드인 경우
- 삭제할 노드가 하나의 자식 노드를 가지는 경우
- 삭제할 노드가 두 개의 자식 노드를 가지는 경우

각 경우마다 삭제할 과정이 다르다. 각 경우 노드를 삭제한 후에도 남아있는 트리는 이진 탐색 트리를 유지하기 위한 처리가 수행되어야 한다.

① 먼저 삭제할 노드가 단말 노드인 경우의 삭제 연산

삭제할 노드가 단말노드이면 단말 노드의 자식 노드가 없는 경우로서, 이진 탐색 트리에서 삭제할 노드를 삭제하고 삭제할 노드를 가리키는 부모 노드의 링크를 null로 만들면 삭제 연산이 완료된다. 그림 14.16은 이진 탐색트리에서 21 키 값을 가진 노드를 삭제하는 경우이다.

② 삭제할 노드가 하나의 자식 노드를 가지는 경우의 삭제 연산

삭제할 노드가 왼쪽이나 오른쪽 자식 노드 중에서 하나의 자식 노드를 가지고 있는 경우로서, 이진 탐색 트리에서 삭제할 노드를 삭제하고 삭제할 노드를 가리키는 부모 노드의 링크는 삭제할 노드가 가리키고 있는 자식 노드를 가리키도록 수정하면 삭제 연산이 완료된다. 그림 14.17은 이진 탐색트리에서 키 값 31을 가진 노드를 삭제하는 경우이다.

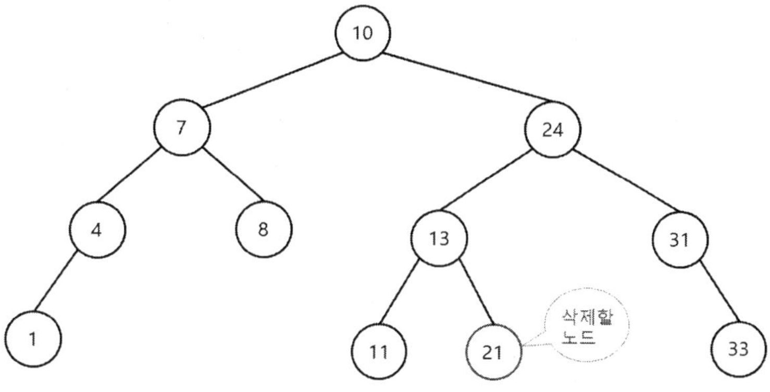

(a) 삭제할 노드가 단말 노드인 경우

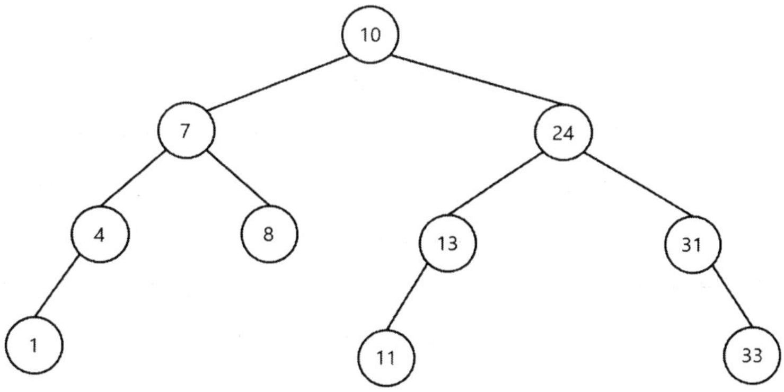

(b) 삭제 후 이진 탐색트리

| 그림 14.16 | 이진 탐색트리에서 단말 노드의 삭제

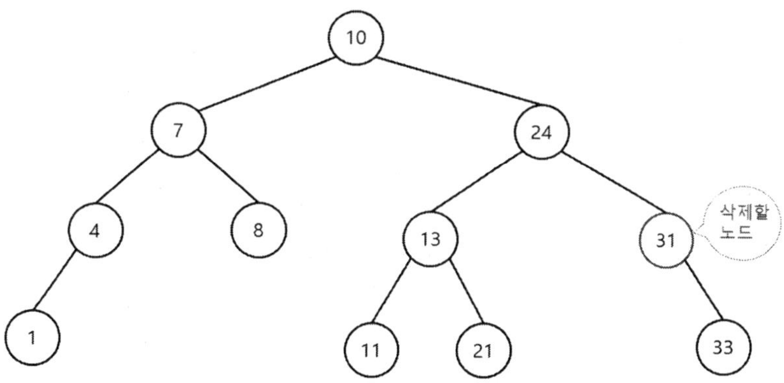

(a) 하나의 자식 노드를 가지는 노드

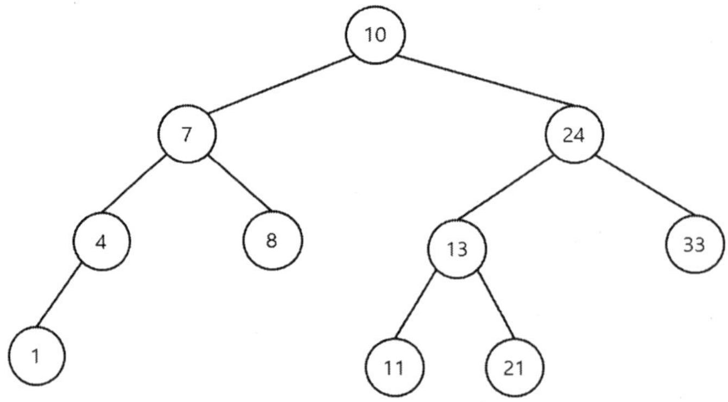

(b) 노드 삭제 후 이진 탐색트리

| 그림 14.17 | 이진 탐색트리에서 하나의 자식 노드를 가지는 노드의 삭제

③ 삭제할 노드가 두 개의 자식 노드를 가지는 경우의 삭제 연산

삭제할 노드가 왼쪽과 오른쪽 자식 노드를 모두 가지고 있는 경우로서, 이진 탐색트리에서 삭제할 노드를 삭제하면 왼쪽 및 오른쪽 서브트리에서 어떤 노드를 삭제된 노드의 위치에 이동시킬 것인지가 문제이다. 그러므로 왼쪽 서브트리에서 가장 큰 키 값을 가진 노드와 오른쪽 서브 트리에서 가장 작은 키 값을 가진 노드 중 아무 노드나 이동시키더라도 이진 탐색트리의 정의를 만족함을 알 수 있다. 여기서는 왼쪽 서브트리에서 가장 큰 키 값을 가지는 노드를 삭제할 노드를 대치하는 노드로 선정하였고, 노드의 삭제 과정은 그림 14.18과 같다.

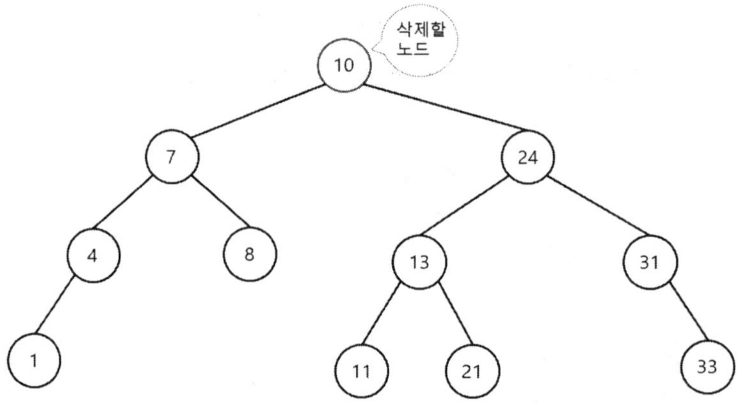

(a) 삭제할 노드가 왼쪽 및 오른쪽 자식 노드를 가지는 경우

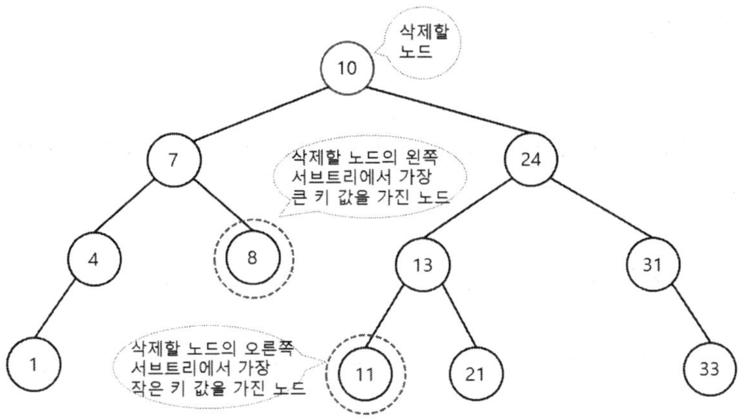

(b) 삭제 노드를 대치할 후보 노드의 선정

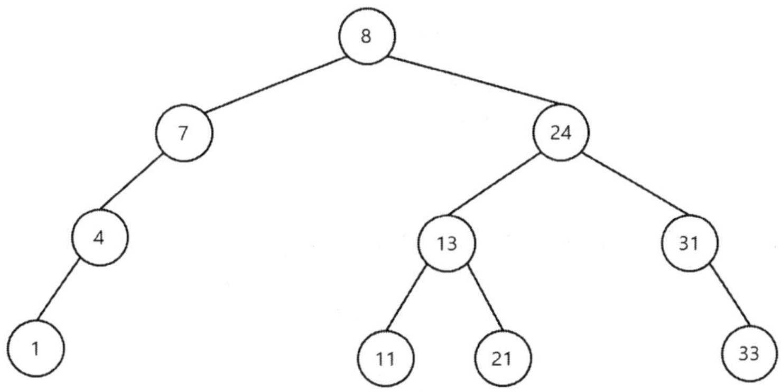

(c) 삭제 노드를 왼쪽 서브트리에서 가장 큰 키 값을 가지는 노드로 대치한 경우

| 그림 14.18 | 이진 탐색트리에서 두개의 자식 노드를 가지는 노드의 삭제

실습 14.10

(실습 보고서 제출하기) 정수 자료 2, 12, 435, 343, 131, 837, 836, 18, 36, 1361, 93, 913, 19, 36, 91에 대한 아래를 수행할 수 있는 순서도나 의사코드를 작성하고 제출하시오.

(1) 자료가 들어있는 이진 탐색트리를 배열로 만드는 함수

(2) 만들어진 이진 탐색트리에서 913을 찾는 함수

(3) 1361을 삭제하는 함수

(4) 새로운 임의의 자료인 정수를 삽입할 수 있는 함수

(5) 임의의 정수인 -34, 0, 300을 각각 삽입하는 과정을 나타내는 그림

연습문제

14.1 완전 이진트리에서 총 노드 수를 계산하는 알고리즘을 순서도나 의사코드로 작성하시오.

14.2 총 노드 수가 16개 이라면 만들 수 있는 이진 이진트리는 모두 몇 개입니까?

14.3 아래와 같은 이진트리를 일차원 배열에 저장한 배열 형식을 그림으로 보이시오.

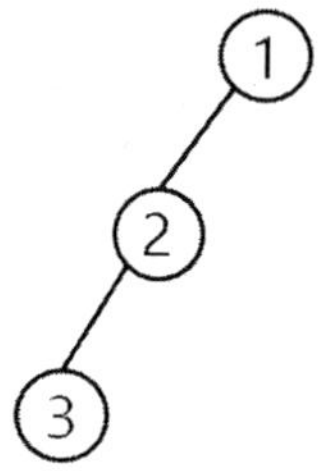

14.4 아래와 같은 이진트리에서 후의 순회한 결과를 보이시오.

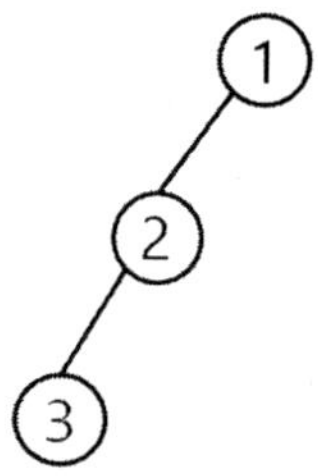

14.5 아래와 같은 이진트리에서 노드 1을 삭제하는 과정을 그림으로 표현하시오.

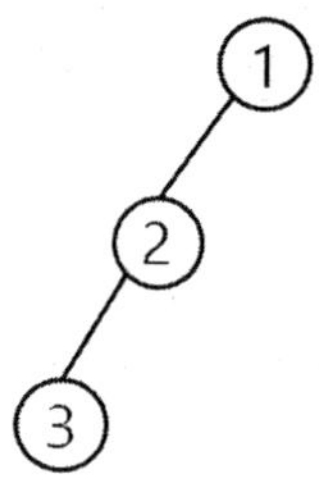

14.6 그림 14.14에서 정수 값 -45를 탐색하는 과정을 그림으로 표현하시오.

14.7 그림 14.15에서 정수 값 11을 삽입하는 과정을 그림으로 표현하시오.

14.8 그림 14.18 (a)에서 노드 24를 삭제하는 과정을 그림으로 표현하시오.

14.9 아래 트리구조에서 (1) 일차원 배열에 저장되는 형식을 그림으로 표현하시오. 또한 (2) 만약 노드 3을 삭제한다면 저장되는 배열 형식은 어떻게 되는지 그림으로 보이시오. (3) 만약 이 트리에 9라는 정수 값을 삽입하는 한다면 저장되는 배열 형식은 어떻게 되는지 그림으로 보이시오.

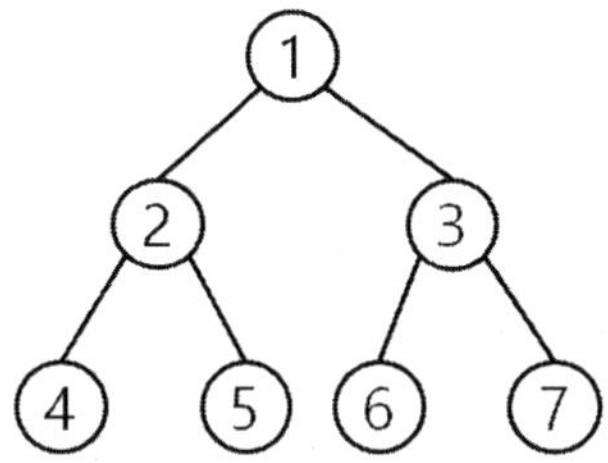

CHAPTER

15 그래프 구조

그래프 구조는 고대로부터 이집트, 그리스 등의 시대를 거쳐 수 백 년 간 관심과 연구되어 온 것으로 수학에서도 깊이 다루는 문제이다. 그리고 그래프의 여러 특성이 오늘날 컴퓨터 학이나 소프트웨어 개발에서 많이 응용되고 활용하는 분야이기도 하다. 수학에서 그래프의 여러 특성과 이론이 밝혀졌으며 그래프를 응용하는 여러 알고리즘이 컴퓨터 프로그램으로 구현되었다.

15.1 그래프 구조의 개념

그림 15.1은 이미 잘 알려진 수학자 오일러의 지도이다. 즉, 그림 15.1과 같은 지형에서 "각 다리를 반드시 한 번 씩만 건너서 원래 출발했던 곳으로 되돌아 올 수 있는가" 라는 문제이다. 즉, 이 지도에서 존재하는 모든 다리를 반드시 한번만 지나서 처음 출발한 위치로 되돌아 올 수 있는 경로를 '오일러 경로'라 하였고, 이 문제에서 답이 존재하지 않는다는 것을 그래프 이론으로 증명하였다.

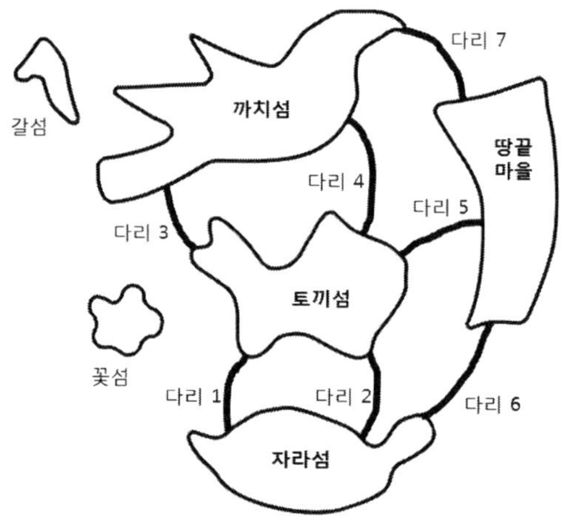

| 그림 15.1 | 모든 다리를 건너는 오일러 그래프 문제

이 문제에서 각 섬과 섬인 위치가 다리로 어떠한 관계로 연결되었는가에 따라 해가 존재할 수도 있고, 존재하지 않을 수도 있다는 것을 알아내었다(그래프 이론의 원론적인 것은 다른 분야에서 취급한다). 이 지도에서 모든 섬과 연결된 다리의 개수가 짝수이어야만 오일러 경로가 존재한다는 것을 증명하였다. 이 지도에서는 다리가 7개 이므로 홀수로서 원래의 위치로 되돌아 올 수 없다는 것을 알 수 있다.

이러한 지도는 간단하게 하기 위해 그림 15.2와 같이 표현할 수 있다. 즉, 위치와 다리를 기호를 사용하여 표현하면 그림 15.3과 같다. 그림 15.3에서 섬이라는 위치는 '정점'으로, 다리는 '간선'으로 표현하는데, 간선은 정점인 위치 사이의 연결 관계를 표현한다.

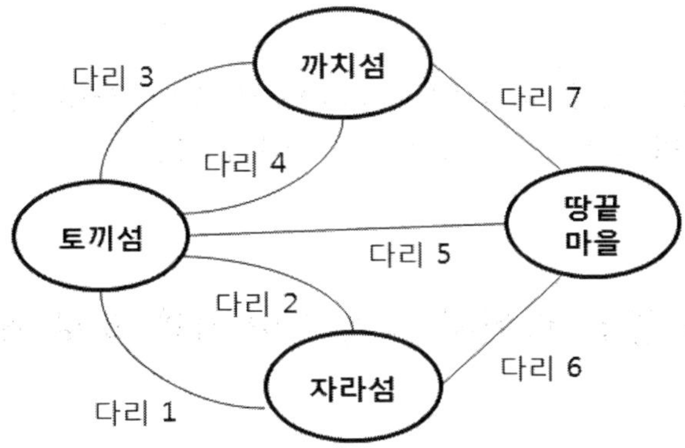

| **그림 15.2** | 단순화한 오일러 그래프 예

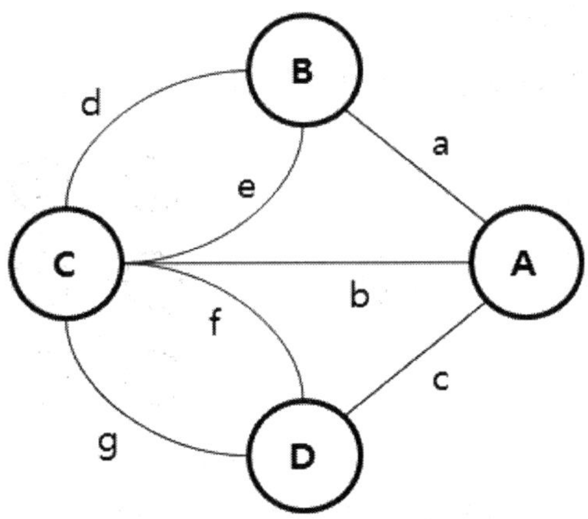

| **그림 15.3** | 기호를 사용한 오일러 그래프 예

이와 같이 그래프는 어떤 점과 점사이를 선으로 연결하는 자료 구조이다. 이러한 그래프의 활용으로는 도시와 도시를 도로로 연결하는 지도가 있을 수 있다. 도시 사이의 연결 상태를

알 수 있으며 어떤 도시 사이에서의 최단 거리 경로 등을 소프트웨어로 알 수 있다. 이외에도 전기전자회로, 소셜 네트워크 서비스에서의 인간관계 망, 석유 송유관 망, 작업 공정의 일정관계 등 다양한 분야에서 사용되고 있다. 앞에서 언급한 트리구조도 그래프 구조의 하나이다.

실습 15.1

보다시피 이런 그래프는 그림이다. 점과 점이 선으로 연결되었다는 것을 컴퓨터 내부에 어떻게 표현할 수 있는지를 예를 보이고 그림으로 나타내시오.

실습 15.2

네비게이션에서 볼 수 있는 도시와 도시 사이의 시간이나 거리를 컴퓨터 내부에 어떻게 표현할 수 있는지를 예를 보이고 그림으로 나타내시오.

15.2 바둑판의 중앙 칸에서 특정 칸까지의 경로 찾기

실습 15.3

우리는 이러한 그래프 이론의 일부를 사용하여 바둑판의 중앙 칸에서 특정 칸까지의 경로를 찾는 방법을 알아보자.

우선 바둑판의 모양을 아래 그림 15.4와 같이 그래프로 표현하자.

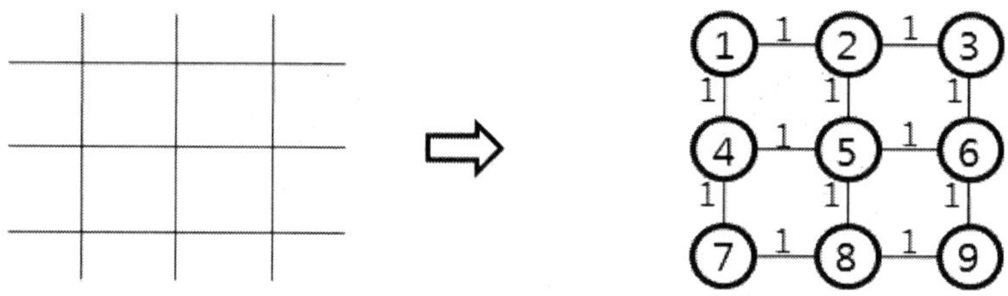

바둑판

각 교점을 기준으로 정점과 간선으로 변환

| 그림 15.4 | 바둑판의 그래프 표현

아래와 같이 알고리즘을 만들어 보자.

[입력하기]

matrix[1…9][1…9]는 바둑판을 변환하여 만든 정점들의 간선 관계를 나타낸 2차원 배열이다 (두 노드 사이에 간선이 있으면 그 간선의 값을 적고, 없다면 -1을 넣는다. 이때, 번호가 같은 노드에는 0을 넣는다).

[출력하기]
result[1...9]는 노드 1번에서 부터 각 노드까지의 최단 경로를 나타낸 1차원 배열이다.
[방법] (알고리즘의 특성을 살리기 위하여 1번 노드부터 시작한다).

단계 1 1번 노드와 연결된 노드 중 가장 짧은 거리에 있는 노드를 연결시킨다. 이때, 이미 연결된 노드를 거쳐 간다면 연결된 노드까지 가는 거리도 합하여 거리를 계산해준다. 연결될 때, 연결되는 노드와 거리를 result 배열에 넣는다. 이렇게 반복하여 모든 노드가 연결되면 종료한다.

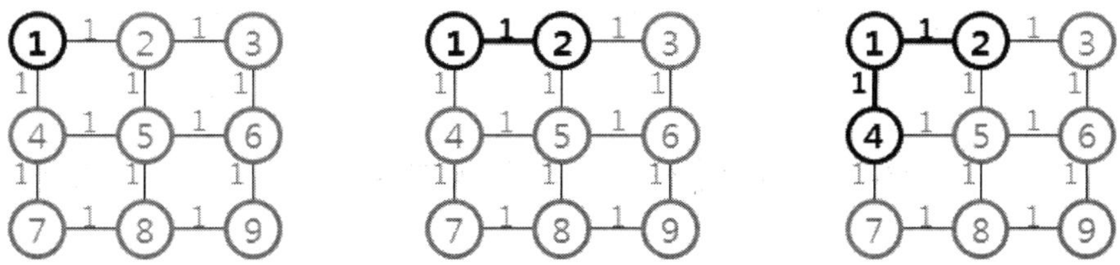

단계 2 1번 노드와 연결된 노드 중 거리가 1로 가장 짧은 거리에 있는 노드 2번과 4번을 차례로 연결시킨다.

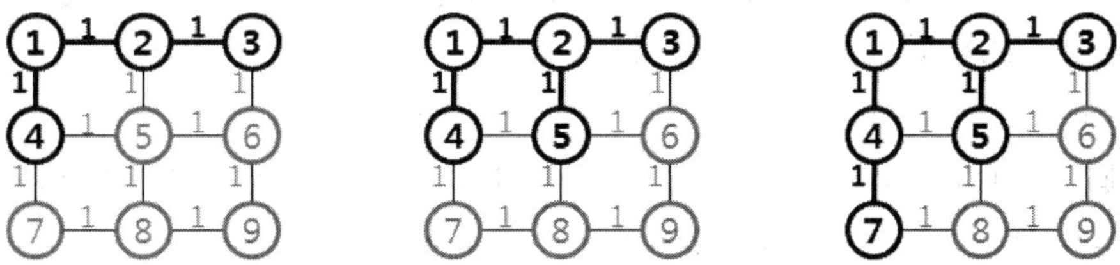

단계 3 1번 노드에서 2번 노드를 거쳐 거리가 2가 되는 3번 노드와 5번 노드를 차례로 연결시킨다. 또한 1번 노드에서 4번 노드를 거쳐 거리가 2가 되는 7번 노드도 연결시킨다.

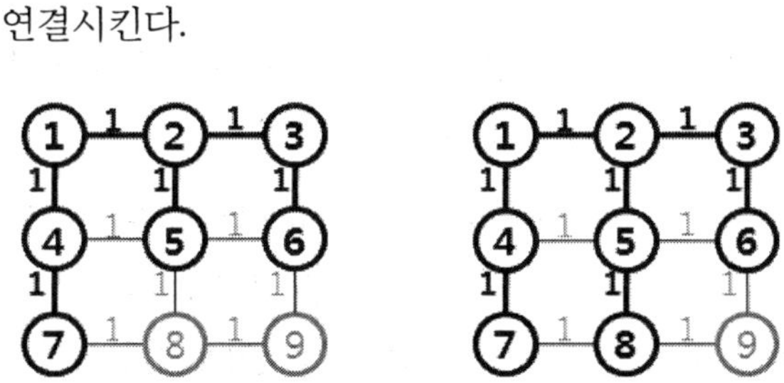

단계 4 1번 노드에서 2번과 3번 노드를 거쳐 거리가 3이 되는 6번 노드를 연결시킨다. 또한 1번 노드에서 2번과 5번 노드를 거쳐 거리가 3이 되는 8번 노드도 연결시킨다.

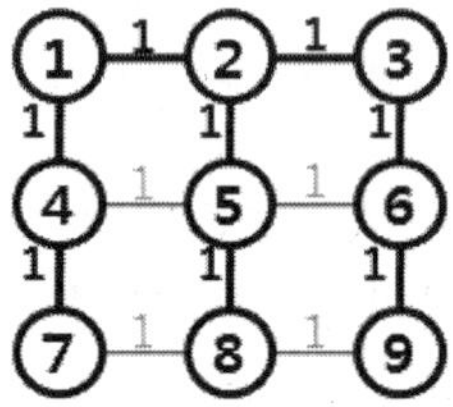

단계 5 1번 노드에서 2번과 3번, 6번을 차례로 거쳐 거리가 4가 되는 9번 노드를 연결시킨다. 모든 노드가 연결되었으므로 연결을 종료한다.

15.3 지도의 특정 지점에서 지정한 목적지까지의 가장 짧은 경로 찾기

실습 15.4

그래프 이론의 일부를 사용하여 지도의 특정 지점에서 지정한 목적지까지의 가장 짧은 경로(최단경로)를 찾는 방법을 알아보자.

[입력하기]

edges[0⋯n][0(시작정점), 1(도착정점) ,2(거리)]는 지도(그래프)의 가장자리들을 거리 순으로 오름차순 정렬된 2차원 배열이다.

[출력하기]

선택된 경로(간선)들을 출력한다.

[방법]

단계 1 거리가 짧은 순으로 정렬되어 있으므로 차례로 하나씩 수행하면 가장 짧은 경로를 이용한 연결 지도를 만들 수 있다.

단계 2 -1로 초기화된 부모 배열을 이용하여, 부모를 비교해보면서 부모가 -1이 아닌 값으로 같지 않으면 원이 만들어지지 않는 것이다. 그래서 이때 가장자리의 정보를 출력하여 해당 가장자리를 이용함을 보인다.

단계 3 그리고 해당 가장자리를 이용한 것을 나타내기 위해 도착노드의 부모를 시작노드로 설정한다.

단계 4 노드의 수보다 하나 적게 가장자리를 골라내면 모든 노드가 연결된 것이므로 종료한다.

이러한 과정을 순서도로 나타내면 아래와 같다.

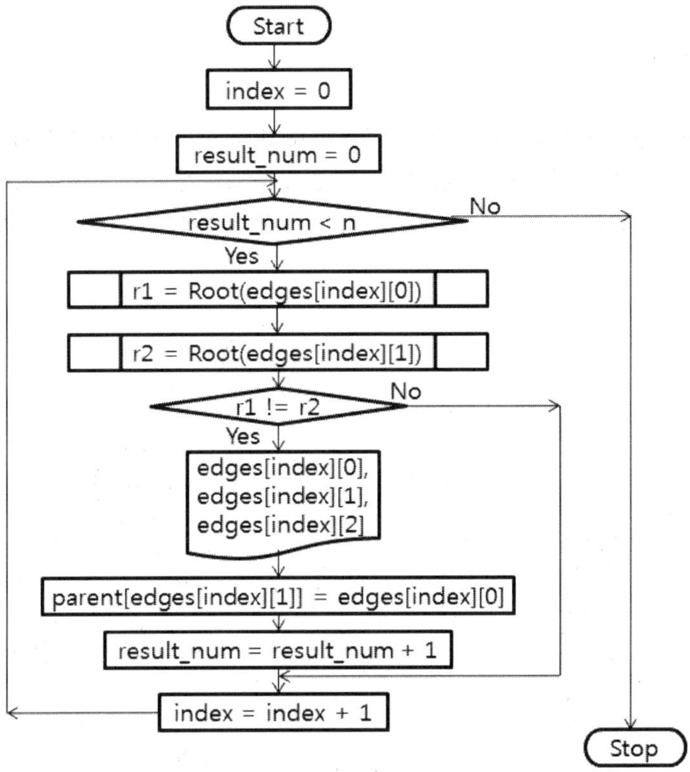

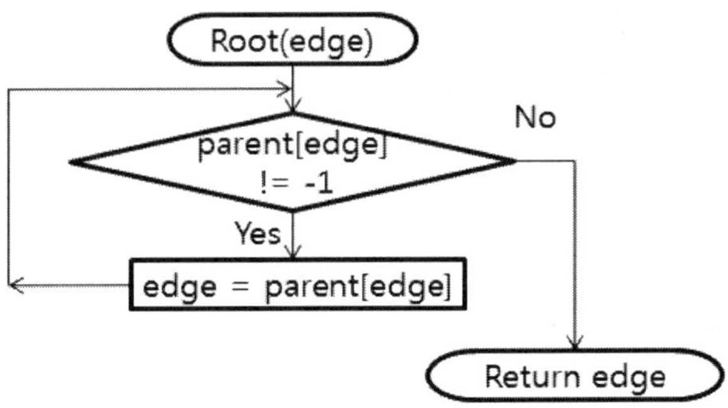

실습 15.5

실습 15.4에서 만들어진 순서도를 의사코드로 변환하시오.

실습 15.6

실습 15.4에서 만들어진 순서도에 따라 시간이나 거리가 나타나 있는 임의의 지도(혹은 가상 지도)를 예를 들어 특정 지역에서 지정한 지역까지 갈 수 있는 최단 경로를 찾는 과정을 단계별로 그림으로 나타내시오.

실습 15.7

(실습 보고서 제출하기) 아래 그림과 같은 각 도시와 도시 사이의 거리를 나타내는 지도가 있다. 이 지도를 활용하여 A 도시에서 I 도시까지는 가는 최단 경로를 찾는 알고리즘을 순서도나 의사코드로 작성하시오. 그리고 각 단계별로 찾아가는 과정을 그림으로 나타내시오.

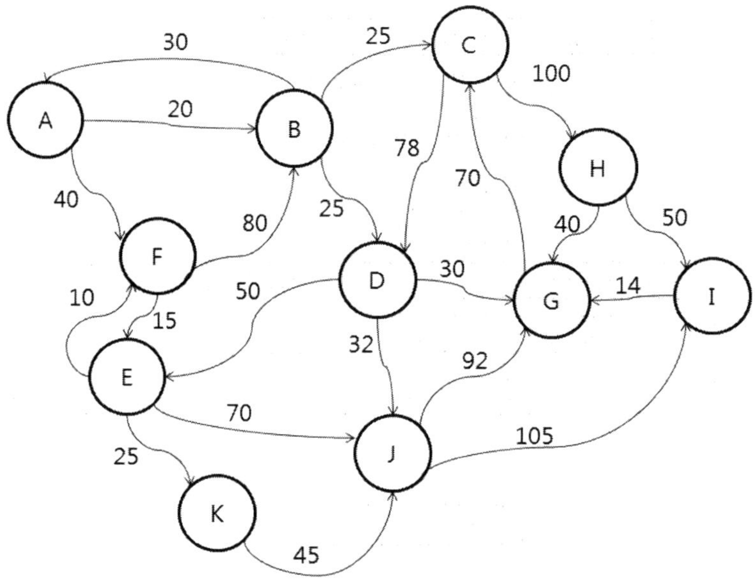

연습문제

15.1 아래 그림과 같이 모든 정점에서 인접 정점까지의 거리가 같은 그래프에서 정점 1에서 정점 9까지 가는 최단 경로를 찾는 과정을 단계별로 그림으로 보이시오.

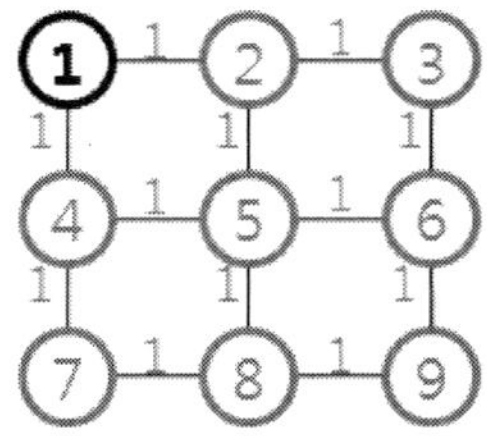

15.2 아래 그림에서 정점에서 정점 5에서 정점 6까지 가는 최단 경로를 찾는 과정을 단계별로 그림으로 보이시오.

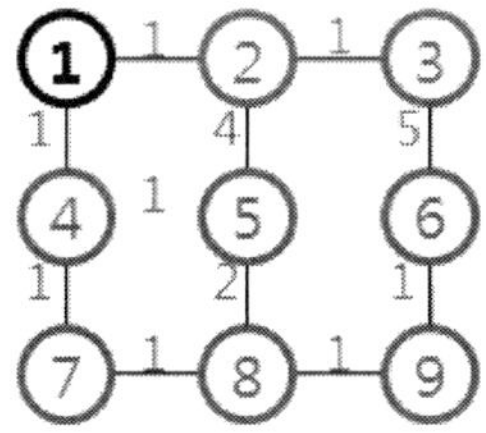

| 저자소개 |

김경덕(위덕대학교 교수)

김상욱(경북대학교 교수)

김황수(경북대학교 교수)

정가 15,000원

소프트웨어와 문제해결기초

2016년 2월 20일 초판 인쇄
2016년 2월 26일 초판 발행
저　자 : 김경덕 · 김상욱 · 김황수
발행자 : 우명찬 · 송　준
발행처 : 홍릉과학출판사
주　소 : 서울시 강북구 인수봉로 50길 10
01093
등　록 : 1976년 10월 21일 제5-66호
전　화 : (02) 999-2274~5, 903-7037
팩　스 : (02) 905-6729
e-mail: hongpub@hongpub.co.kr
http://www.hongpub.co.kr
ISBN: 979-11-5600-420-2

저자와의 협의하에 인지생략